集人文社科之思 刊专业学术之声

集 刊 名：日本文论

主办单位：中国社会科学院日本研究所

主　　编：杨伯江

执行主编：唐永亮

COLLECTION OF JAPANESE STUDIES

编辑委员会

名誉编委

武　寅　刘德有　〔日〕米原谦　〔日〕滨下武志

编　　委（按姓氏笔画排序）

王　伟　王　青　王新生　汤重南　孙　歌　刘江永　刘岳兵

刘晓峰　吕耀东　李　薇　杨伯江　杨栋梁　宋成有　张季风

张建立　吴怀中　尚会鹏　周维宏　胡　澎　胡令远　赵京华

郭连友　高　洪　徐　梅　唐永亮　崔世广　韩东育　董炳月

编 辑 部

唐永亮　叶　琳　李璇夏　陈　祥　张耀之

2020年第1辑（总第3辑）

集刊序列号：PIJ-2019-365

中国集刊网：www.jikan.com.cn

集刊投约稿平台：www.iedol.cn

日本文论

COLLECTION OF JAPANESE STUDIES

1　2020
（总第3辑）

杨伯江　主编

社会科学文献出版社
SOCIAL SCIENCES ACADEMIC PRESS (CHINA)

编者的话

日本继 1968 年超越联邦德国成为资本主义世界第二大经济体后，20 世纪 80 年代初又超越苏联成为名副其实的世界第二大经济体，随之其在政治、经济、外交、科技、社会、环境等领域进行了一系列改革甚至是转型，其中既有成功，亦不乏失败。2010 年中国超越日本成为世界第二大经济体，加之全球正在经历新一轮大发展、大变革和大调整，面对这一百年难遇的大变局，抓住千载难逢的历史机遇，站在新的历史起点上的中国应该如何应对，以顺利推进建设新时代中国特色社会主义、实现中华民族伟大复兴，梳理日本在成为世界第二大经济体后为促进国家转型而做出的努力，总结其经验教训，或有一定的启示意义。围绕这一话题，中国社会科学院日本研究所日本学刊杂志社与复旦大学在 2019 年 9 月联合举办了"日本成为世界第二大经济体后的国家转型：经验与教训"专题学术研讨会，本刊开设专题研究栏目"日本成为世界第二大经济体后的国家转型"，以此次会议成果为基础，并邀请相关领域专家学者，从不同维度深入讨论日本成为世界第二大经济体后的改革转型，陆续刊出，以飨读者。本辑的专题研究选择四篇文章，主要从政治、外交、社会以及历史的角度，分析了日本成为世界第二大经济体后谋求国家转型的历史背景、阶段特征及影响因素等。

在常设研究专栏中，本辑主要分析了隋唐时期中日文化交流对日本"宗庙""山陵""皇祖"等概念与文化的影响，民族主义、保守主义、同盟、地缘政治等因素对日本国家战略制定与实施的制约，投融资活动演变对日本经济发展的冲击，以及中国的日本经济研究情况等。

目　录

CONTENTS

《日本文论》（总第 3 辑）
第 1～38 页
© SSAP，2020

日本"大国梦"的虚与实

——20 世纪 80 年代以来日本国家政治转型的经验与教训

吴寄南[*]

内容提要： 日本在 20 世纪 80 年代坐稳世界第二经济大国之位后，一直渴望提高自身的政治影响，意图在国际事务中发挥与其经济实力相匹配的作用。近 40 年来，日本在探索和推进国家政治转型进程中采取了一些颇为独到的做法，如通过持续的政策争辩凝聚朝野共识，审慎处理与世界头号强国美国的关系，发挥对外投资和援助等经济筹码的作用，增强文化领域的传播力和吸引力，在军事领域逐步突破"和平宪法"的限制，以及推进强化中央集权和提高决策效率的改革等，支撑着日本不断追求其"大国梦"。日本国家政治转型是内外各种因素交互作用的结果，尤其是其自身认知的偏差和行为能力的缺陷，日本没有解决好国家定位问题，导致其难以在国际事务中发挥主导性作用，距离其"大国梦"的实现越来越远。

关 键 词： 政治转型　综合国力　国家定位　日美同盟

二战后，日本迅速从战争的废墟中复苏，并于 20 世纪 50 年代后半期开始经济高速增长。1968 年，日本的国民生产总值（GNP）超过联邦德国跃居西方世界第二位；80 年代初，日本又超过苏联，坐上了世界第二经济大

---

* 吴寄南，上海国际问题研究院研究员。

国的位置，一直到 2010 年被中国赶超。近代史上，还没有哪一个国家能像日本这样长久地在世界经济排行榜上保持"亚军"位置。随着经济实力的逐渐壮大，日本当权者开始寻求更高的目标，渴望在地区和国际事务中成为具有举足轻重影响的政治大国。自 20 世纪 80 年代成为世界第二大经济体后，近 40 年来，日本为实现国家政治转型走过了一段曲折的道路。日本历届内阁在这一转型过程中多少有一些作为，其目标设定和策略方针带有浓重的时代特色，是适应内外环境变化、凝聚执政团队内部最大共识的选择。当然，这一转型也不可避免地受到日本战略文化和历史传统的制约。实现"大国梦"的夙愿既是激励日本朝野上下一心、砥砺奋进的驱动力，也是造成其战略误判和政策错位的重要原因。

一 日本的国家政治转型与"大国梦"

在国际政治的话语体系中，大国（great power）是指相对中等国家（middle power）和小国（small state）而言，拥有更强大的权力资源和地缘政治影响的国家。一般来说，人口众多、疆域辽阔的国家容易造就霸业，但也不是绝对的。古往今来，许多地跨欧亚的庞大帝国随着时移势迁不可挽回地走向没落甚至分裂；而看似柔弱的蕞尔小国却凭借贸易和技术优势奇迹般崛起，一跃成为新兴帝国。世界近代史上，葡萄牙、西班牙、荷兰和英国都曾拥有超级强权而煊赫一时，特别是英国在自 19 世纪初开始的 150 多年里，其势力曾经遍及全世界各大洲，被称为"日不落帝国"。

千百年来，偏居东亚一隅的日本始终处于亚洲文明中心的边缘。它在汲取别国文明精髓、赞叹其博大精深的同时，又常常以妄想代替现实。虽是小国，但日本充当大国的意识却比任何一个国家都强烈。日本人自称是天照大神的子孙，得到天照大神的庇护。汉唐以来，日本是中国周边少有的拒绝向中国长期纳贡称臣的国家之一。这固然得力于万里海域的天然屏障，也与日本人固执地认为自己处于太阳升起的地方、日本才是世界的中心有关。607年，当时地位还十分脆弱的推古天皇遣使来华，在致隋炀帝的国书中写道"日出处天子致书日没处天子无恙"，隋炀帝览之不悦。[①] 这一方面反映了日本

---

① 《隋书》卷八十一《东夷列传》，北京：中华书局，1973 年，第 1827 页。

人不甘为他国附庸、要求平起平坐的心理,另一方面也折射出日本人的"大国"心态。① 历史不止一次地见证了日本"大国梦"的发飙和破产,影响比较大的有两次。

第一次是丰臣秀吉发动侵朝战争。1592 年和 1597 年,丰臣秀吉在统一日本后,两次派兵渡海攻打朝鲜。② 其目的不仅是要并吞朝鲜,而且要借道攻打中国。他曾在致朝鲜国王的信中狂妄声称:"吾欲假道贵国,超越山海直入于明,使四百州尽化吾俗。以施王政亿万斯年。"③ 但是,丰臣秀吉拼凑的 15.8 万大军虽一度攻陷朝鲜首都汉城,控制了与明朝隔江相望的咸镜道,但在中朝联军联手打击下损兵折将、死伤惨重。"随露珠凋零,随露珠消逝,此即吾身。"正如丰臣秀吉在他的遗书中所写的那样,日本企图征服朝中两国进而征服世界的这场迷梦,犹如旭日东升后阳光下的露珠一般转瞬间便破灭了。

第二次是日本军阀推进"大东亚共荣圈"。日本在明治维新之后走上了穷兵黩武、疯狂侵略和掠夺亚洲邻国的道路。20 世纪三四十年代,日本国力达到了鼎盛期。1931 年,日本"关东军"策动"九一八事变",侵占中国东北;1937 年,日本军阀挑起全面侵华战争,开始蹂躏中国半壁江山;1941 年 12 月,日本又对珍珠港发动突然袭击,拉开了太平洋战争的序幕。1942 年 1 月 21 日,时任日本首相东条英机在帝国议会发表演讲,不无得意地夸耀说:"帝国现今举国家之全部力量,正在专门完成雄大而广泛之大作战,向建设大东亚共荣圈之大事业迈进。"④ 日本公然以亚洲霸主身份登台亮相,恰恰是给自己敲响了丧钟。1945 年 8 月,在世界反法西斯阵营联手打击下,日本宣告无条件投降。日本学者井上清如此叙述这场"大国梦"的破灭:"19 世纪末叶,除欧美外,在东亚一角像彗星那样登上舞台的近代帝国主义国家大日本帝国……经历了半个多世纪,又像彗星一样消失了。日本的领土无

---

① 吴寄南主编《站在新世纪入口的日本》,上海:上海教育出版社,1998 年,第 5 页。
② 是时恰值明朝的万历年间,中国将这场战争称为"万历朝鲜战争";而 1592 年是日本的文禄元年,战争结束的 1598 年为庆长三年,日本称之为"文禄 – 庆长之役";朝鲜推行干支历,1592 年是壬辰年,1598 年是丁酉年,在朝鲜典籍中丰臣秀吉的这两次侵朝战争分别被称为"壬辰倭乱"和"丁酉再乱"。
③ 黄枝连:《天朝礼治体系研究(上卷):亚洲的华夏秩序——中国与亚洲国家关系形态论》,北京:中国人民大学出版社,1992 年,第 360 页。
④ 米庆余:《日本近现代外交史》,北京:世界知识出版社,2010 年,第 280 页。

论比日清甲午战争以前，还是比近代天皇制开始当时，都变得狭小了，而且还被剥夺了民族主权。这就是'东洋的霸主''世界的一等国''世界五大强国、三大强国之一'和以牺牲邻国而连续膨胀的大日本帝国的最后下场。"①

自从 20 世纪 80 年代日本成为世界第二经济大国后，"大国梦"在日本列岛悄然抬头，再次成为备受主流社会青睐的思潮，成为日本国家政治转型的重要驱动力。以往的"大国梦"归根结底就是凭借武力攻城略地、攫取资源，用"血"与"火"来确立霸权。这一次的"大国梦"则是依靠日本所掌握的强大的经济筹码，辅之以高超的外交手腕，逐步提高日本的国际话语权和规则制定权，摆脱战后体制的桎梏，寻求成为在地区和国际事务中具有举足轻重影响的政治大国。它规定了日本实现国家政治转型的目标，也提供了推进这一进程不可或缺的精神动力。

日本近 40 年来的国家政治转型，大致可以划分为四个时期：20 世纪 80 年代是其国家政治转型的"酝酿期"，90 年代是"发力期"，进入 21 世纪后的两个十年则分别是"拼搏期"和"收获期"。无论在哪一时期，"大国梦"都是忽隐忽现、贯穿始终的。

（一）日本国家政治转型的"酝酿期"

1979 年，美国学者埃兹拉·沃格尔（傅高义）出版的《日本第一》在国际社会引起了极大的轰动。一时间，欧美主流媒体上满是赞颂日本经济奇迹的报道。随着日本各项经济指标逐渐赶超并领先于美欧国家，战后一直比较低调的日本精英们开始飘飘然。掌握日本最高权力的政治家们开始思考日本未来的走向。

1981～1987 年担任日本首相的中曾根康弘上任伊始就提出了"战后政治总决算"的口号，扬言要重新确定"国家的发展方向"。1983 年 7 月，他在一次竞选演讲中强调："要在世界政治中加强日本的发言权，不仅要增加日本作为经济大国的分量，而且要增加其作为政治大国的分量。"② 中曾根说出了许多日本政治家的夙愿，日本的"大国梦"悄然亮相。

---

① 〔日〕井上清：《日本历史》（下册），天津市历史研究所译校，天津：天津人民出版社，1976 年，第 915、916 页。
② 中曾根康弘在群马县选民集会上的讲话，参见《中曾根说要从长远观点讨论安全保障问题》，《人民日报》1983 年 8 月 9 日，第 6 版。

在中曾根任内，日本追随美欧的新自由主义政策，对国有铁道、日本电报电话公司等国有企业实行了民营化改革。在外交和安全保障领域，在"日美命运共同体"的口号下，日本加紧向美国靠拢。通过与美国共同承担从日本列岛到马六甲海峡的1000海里海上航线的防务、合作研制"星球大战"的兵器，以及突破"武器出口三原则"的限制、废除防卫费不得超过GNP 1%的"红线"、加大军事领域的资源投入等，日本朝"政治大国"的方向迈出了第一步。

不过，可能是觉得"政治大国"这个词太具刺激性，暂时还难以成为朝野两大阵营政治家的普遍共识，不久后中曾根便改用"国际国家"这个相对比较低调的用词。

（二）日本国家政治转型的"发力期"

20世纪90年代，持续近半个世纪的美苏冷战终于画上了句号。与冷战时期大国博弈主要是军事领域的比拼和恐怖平衡不同，冷战后的国家间竞争更多是依靠经济体量、金融实力和科技优势等综合国力。这让一些日本评论家踌躇满志，在他们看来，日本距离世界超级大国仅有一步之遥，21世纪毫无疑问是"日本世纪"，是"日本充当世界主角"的时代。

"日本世纪"论的始作俑者当数评论家、前东京都知事石原慎太郎。他在与索尼公司董事长盛田昭夫合著的《敢说"不"的日本》一书中大言不惭地说："今天，白人创造的现代文明实际上正面临终结……包括经济在内，技术文明正在从西方逐渐向东方、向太平洋方向转移。能否觉察到这一趋势和动向是十分重要的。""美国是在近代历史的末期取代欧洲而成为世界第一强国的，现在却已出现了日薄西山的症候，在很大程度上将要取代美国的竟是在他们看来根本不值得一提而且是有色人种的日本。""日本的尖端技术已经可以左右战争力量的核心部分……假如日本把半导体卖给苏联而不是卖给美国，就可能导致军事力量的平衡发生根本变化。"[1] 就连向来谨言慎行的日本外交官也有一些惊人之语。例如，曾任外务省事务次官的栗山尚一就撰文称，1922年《华盛顿海军军备限制条约》规定"英、美、日三国主力舰比例为5:5:3"，而1988年美国、欧共体、日本在世界国民生产总

---

① 石原慎太郎·盛田昭夫『「NO」と言える日本』、光文社、1989年、14页、40-41页。

值中所占比例也是"5∶5∶3"。这两个数字出现惊人的巧合。他认为，这标志着"在半个世纪后，从经济实力来看，日本再次处于负责构筑和维持国际秩序的地位……日美欧的协调体制掌握着今后世界和平与繁荣的关键"。他的结论是，国际秩序主要是由大国制定和维护的，中小国家的使命只是适应既成秩序以维护本国利益；日本要摆脱以往的"中小国家外交"，而向"大国外交"过渡。①

20 世纪 90 年代初堪称新一轮日本"大国梦"最喧嚣的时期。没过多久，日本"泡沫经济"瓦解，并带来了持续多年的萧条和萎缩。但是，在"大国梦"的驱动下，整个 90 年代日本国家政治转型非但没有放慢脚步，反而走得更快、更远了，具体表现为四大变化。

一是国家发展目标的定位日益清晰。与中曾根康弘的"政治大国"论相比，曾任自民党干事长的小泽一郎提出的"正常国家"论更能凝聚朝野两大阵营政治家的共识。小泽一郎在 1993 年所著《日本改造计划》一书中强调，"日本远未成为正常国家"。作为正常国家有两大条件，"其一，对于国际社会视为理所当然的事情，就把它作为理所当然的事情尽自己的责任去实行……这一点在安全保障领域尤为如此……其二，对于为构筑富裕稳定的国民生活而努力的各国，以及对于保护地球环境等人类共同课题，尽自己所能进行合作"。② 显然，小泽一郎认为，日本要成为"正常国家"，就必须从根本上改变迄今为止不能拥有国家军队、不能在海外展开军事行动等"不正常"状态，这是日本由经济大国走向政治大国的前提。

二是日美同盟通过"再定义"升级。冷战结束后，日美间一度因贸易摩擦出现剑拔弩张的局面。为消除美国对日本的战略疑虑、确保国家政治转型的有序推进，日本在外交和安全保障领域实行"对美一边倒"政策。其中最重要的举措是 1996 年 4 月由时任首相桥本龙太郎与来访的美国总统克林顿签署《日美安保联合宣言》，明确强调日美同盟是"21 世纪维护亚太地区和平与繁荣的基础"。③ 这意味着日美同盟在冷战结束后有了升级版。

---

① 栗山尚一「激動の90 年代と日本外交の新展開—新しい国際秩序構築への積極的貢献のために—」、『外交フォーラム』1990 年 5 月号、16 頁。
② 小沢一郎『日本改造計画』、講談社、1992 年、18 頁、102 – 105 頁。
③ 『日米安全保障共同宣言—21 世紀に向けての同盟—』、外務省ホームページ、1996 年 4 月 17 日、https：//www.mofa.go.jp/mofaj/area/usa/hosho/sengen.html。

　　三是自卫队取得派兵出国的"通行证"。1992 年，在宫泽喜一内阁任内，日本国会通过了《协助联合国维持和平行动法案》（"PKO 法"），允许自卫队赴海外参加联合国发起的维和行动。这是日本当权者绕开现行宪法限制的一场政治赌博，其结果是让自卫队获得了参与"非战争军事行动"（Military Operations Other Than War，MOOTW）的权力。五年后，新版《日美防卫合作指针》出台，允许自卫队以支援美军为由，在日本周边地区为美军提供后勤支援。1999 年，小渊惠三内阁通过的《周边事态法》又为之提供了进一步的法律保障。

　　四是日本政治制度进行了重大的改革。首先，在细川护熙内阁任内，1994 年，日本用小选举区和比例代表并立制取代了原先的中选举区制度，为两大保守政党轮流执政铺平了道路。随后，由桥本龙太郎首相倡议，最终在森喜朗首相任内实现了缩编中央省厅的"大部制"改革，其目的在于提高施政效率、强化中央集权。这也是日本向政治大国转型所必需的。

（三）日本国家政治转型的"拼搏期"

　　进入 21 世纪头十年，日本虽然未能走出"泡沫经济"崩溃的阴影，但仍醉心于"大国梦"。特别是在长期掌权达五年半的小泉纯一郎首相及其继任者安倍晋三的强势推进下，日本国家政治转型在遭遇国内外普遍质疑的情况下艰难前行，取得了若干进展。概括起来，主要有四方面的突破。

　　一是降低自卫队海外派兵"门槛"。在小泉执政期间，美国先后发动了阿富汗战争和伊拉克战争。日本政府一再降低自卫队海外派兵的"门槛"。2001 年底，海上自卫队军舰到印度洋给以美国为首的多国舰队提供燃料；2004 年 1 月，陆上自卫队以参与战后复兴为名进驻尚处于战斗状态的伊拉克。与此同时，小泉纯一郎内阁在 2003 年、2004 年先后出台了多项有事立法，使日本的"用兵法规"逐步臻于完善。《读卖新闻》评论道："有关确定政府针对外来入侵应对方针的三项法律，表明日本终于向'正常国家'迈出了一大步。"①

　　二是发动安理会"入常"冲刺。2005 年是联合国成立 60 周年，日本在精心策划后发动了一场异乎寻常的安理会"入常"冲刺。首相小泉纯一郎

---

① 「日本『普通の国』へ舵を切り始めた」、『読売新聞』2003 年 12 月 28 日。

声称："日本的作用是安理会在维持国际和平与安全过程中所不可缺少的，相信日本所发挥的作用是它成为安理会常任理事国的坚固基础。"① 日本一边以增加经济援助为诱饵争取发展中国家的支持，一边与印度、德国和巴西结成"四国集团"，企图裹挟联合国多数会员强行闯关。这场冲刺虽然以失败告终，但应该说是日本与实现"大国梦"距离较近的一次。

三是强化首相官邸的主导作用。小泉纯一郎是一位不按常理出牌的首相。他上任后，打破了以往按照自民党派系实力分配阁僚位置的陋习，使各派系领袖逐渐边缘化；成立首相直属的经济财政咨询会议，剥夺了历来归财务省垄断的预算制定权；他还不顾自民党内"道路族"以及"邮政族"议员的反对，实行道路公团、邮政事业等国营事业的民营化。日本政论家竹中治坚将小泉纯一郎确立的首相官邸主导体制称为"2001 年体制"。"在这种体制下，首相相对于其他政治家和政治组织，拥有非常强势的地位，造成了堪称'首相支配'的状态。"②

四是将修宪提上议事日程。日本政坛一直存在修宪还是护宪的激烈争论。2005 年 11 月，自民党推出了所谓的"新宪法草案"，其主要内容包括将自卫队改为"自卫军"、设立军事法庭等。2006 年 9 月，安倍晋三在国会发表施政演说时明确提出："我将就宪法如何与新时代相符合的问题与朝野各党深入讨论，希望能由此形成明确的方向。"③ 他也因此成为 1955 年以来唯一在施政演说中提及修宪的自民党首相。在安倍的推动下，日本国会通过了涉及宪法修改手续问题的《国民投票法》，走出了修宪的重要一步。

（四）日本国家政治转型的"收获期"

进入 21 世纪第二个十年，特别是在安倍复出后的七年半里，"大国梦"再次叩动了日本当权者的心弦。原因是多方面的：首先，日本的国内生产总值（GDP）在 2010 年被中国赶超，日本失去了占据 30 多年的世界第二经济

---

① 小泉純一郎「新しい時代に向ける新しい国連—第 59 回国連総会における一般討論演説—」、首相官邸ホームページ、2004 年 9 月 21 日、https：//warp. ndl. go. jp/info：ndljp/pid/11236451/www. kantei. go. jp/jp/koizumispeech/2004/09/21speech. html。
② 竹中治堅『首相支配—日本政治の変貌—』、中公新書、2006 年、242 頁。
③ 安倍晋三「第 165 回国会における安倍内閣総理大臣所信表明演説」、首相官邸ホームページ、2006 年 9 月 29 日、https：//warp. ndl. go. jp/info：ndljp/pid/11236451/www. kantei. go. jp/jp/abespeech/2006/09/29syosin. html。

大国的位置，这给日本民众带来的心理冲击亟须当权者设法缓解；其次，全球化浪潮汹涌澎湃给日本带来了前所未有的挑战，各种内外矛盾呈不断激化的态势，朝野上下普遍期盼能出现一位带领日本走出困境、重铸辉煌的强势领导人，而当权者也需要用更加诱人的愿景来获取民众的支持。

安倍复出后，"夺回强大的日本"一直是他乐此不疲的口号。2013 年 2 月，安倍在美国战略与国际关系研究中心发表演讲时强调："日本无论是现在还是将来都不会沦为二流国家……我重任日本首相，而日本也将东山再起。"① 2014 年 1 月 1 日，他在发表新年感言时强调："夺回强大的日本的战斗刚刚开始。新年伊始，我重新下定决心，今后仍要保持紧张的感觉，在漫长而又艰难的征途上走下去。"② 正是在"夺回强大的日本"的目标激励下，日本的国家政治转型进入了一个"盘整"和"疑似收官"的阶段。安倍采取了比他的任何一位前任都更具进取性和冒险性的政策，主要表现在如下四方面。

首先，实质性启动修宪进程。安倍再次入主首相官邸后，便将修改宪法列为"亟待解决的重大课题"，以实现其"摆脱战后体制"的夙愿。他任命自己的心腹担任内阁法制局局长，用内阁决议的方式修改宪法解释，解禁了集体自卫权。日本评论家认为这是不改变宪法文字的变相修宪。他甚至为实质性修宪设立时间表，将举行东京奥运会的 2020 年作为施行新宪法的"元年"。③ 这是战后任何一位首相都不敢触碰的"禁区"。

其次，强行出台新安保法案。安倍在复出后的最初三年便着手解决了历任首相想解决而始终未能如愿的棘手难题。"制定《特定秘密保护法》、修改《防卫计划大纲》让自卫队得以向海外派遣、设立日本版的国家安全保障局（NSC）、发布《国家安保战略》、废除'武器出口三原则'以及修改宪法解释为集体自卫权解禁等，其速度简直让人们吃惊。"④ 尤其是 2015 年

① 安倍晋三「日本は戻ってきました」、首相官邸ホームページ、2013 年 2 月 22 日、http：//www. kantei. go. jp/jp/96_ abe/statement/2013/0223speech. html。

② 安倍晋三「安倍内閣総理大臣平成 26 年年頭所感」、首相官邸ホームページ、2014 年 1 月 1 日、http：//www. kantei. go. jp/jp/96_ abe/statement/2014/0101nentou. html。

③ 「首相『2020 年、新しい憲法の施行』改憲派集会」、『朝日新聞』2017 年 5 月 3 日、https：//www. asahi. com/articles/asm534rq3m53utfk005. html。

④ 渡辺治・岡田知弘・後藤道夫・二宮厚美『「大国」への執念—安倍政権と日本の危機—』、大月書店、2014 年、7 頁。

出台的新安保法案，允许自卫队随时向海外出动以支援处理国际纷争的他国军队。这是历届内阁想做而不敢做的举动。

再次，推行俯瞰地球的战略性外交。安倍提出"积极和平主义"的口号，将"俯瞰地球仪"的战略性外交作为自己的品牌政策。安倍复出的七年半里访问了 80 多个国家，是他外叔祖父佐藤荣作任期（七年零八个月）内访问国家总数的 7 倍多。而且，其中贯穿始终的一条红线就是策动旨在围堵中国的美国、日本、澳大利亚、印度四国联盟。

最后，染指国际经济政治规则的制定。安倍决定与美国展开有关"跨太平洋伙伴关系协定"（TPP）谈判时强调："（谈判）将使日本在亚太地区巨大经济圈中发挥主导作用，并与盟国美国共同制定相关规则。我认为日本应当成为主角。"① 正是在这一目标的指引下，在 2017 年初美国退出 TPP 后，日本又主导缔结了 11 国版的《全面与进步跨太平洋伙伴关系协定》（CPTPP）。2013 年 10 月，安倍在会见美国《纽约时报》记者时明确表示："我意识到，除了在经济领域，日本还有望在亚太安全领域担任领袖。"② 在战后历任日本首相中，如此露骨表明日本要充当地区领袖意愿的，安倍堪称第一人。

二　日本的"大国梦"并不仅仅是梦呓

在二战结束后很长一段时间里，日本奉行经济至上方针和"消极和平主义"，在国际社会是一个非常低调和不起眼的角色。但是，自日本成为世界第二大经济体后，一直致力于推进国家政治转型。自 20 世纪 80 年代以来孜孜不倦努力，日本终于成了国际事务中一个非常活跃的角色。这种变化的规模之大、速度之快让世人叹为观止。美国当权者也匆忙委托有关智库拟定遏制日本作为全球大国崛起的战略③。

---

① 安倍晋三「自民党全国幹事長会議における挨拶」、2013 年 3 月 16 日，转引自《安倍出席自民党高层会议就加入 TPP 谈判寻求理解》，中国新闻网，2013 年 3 月 17 日，http://www.chinanews.com/gj/2013/03 - 17/4649989. shtml。
② 杰勒·德贝克、乔治·西山：《安倍称日本已作好抗衡中国的准备》，《参考消息》2013 年 10 月 27 日。
③ 1993 年春，由肯尼思·达姆教授领衔的阿斯彭战略小组拟定了一份题为"扼制日本：美国对付日本作为全球大国崛起的战略"的报告，转引自吴寄南主编《站在新世界入口的日本》，第 30 页。

哈佛大学教授约瑟夫·奈在担任该校肯尼迪行政学院院长时,在《美国应该怎样对待日本》一文中如此写道:"日本的崛起带有戏剧性色彩……值得惊叹的是,日本占世界总产值的比例在30多年的时间里上升至原来的8倍;日本已成为世界最大的债权国;日本的工业产品出口已是世界第3位;在许多高技术领域,日本已成为世界第一;日本对联合国和世界银行的出资已占第2位,对外援助已超过美国,成为世界第1位的资金供应国。20世纪80年代土地和证券的暴涨所带来的特殊情况使日本经济实力看上去比实际的要强,但从高储蓄率、投资能力和技术力量等方面来看,日本的崛起是有扎实的基础的。"①

可以说,日本从未像现在这样在世界上拥有如此之高的知名度、影响力和话语权。日本历史上两次瞄准地区霸权和世界大国的"冲刺"都以失败告终,近40年间的新一轮"大国梦"却不仅仅是梦呓,而且在相当大的程度上变成了现实。日本在历史上凭借军事力量未能拿到的,如今却靠经济实力和外交手腕如愿以偿地握在手中。

近40年来,日本在经济、外交领域有如下十大颇为突出的表现。

第一,日本的经济体量名列三甲。1968年,日本的GNP达1466亿美元,超过联邦德国跃居西方世界第二位,1980年日本的GNP达1.11万亿美元,超过苏联成为世界第二经济大国。在1995年的巅峰期,日本的GDP占全世界的17.7%。2005年,日本的GDP为4.53万亿美元,比世界人口排名第1位、第2位的中国、印度的总和还要多。2010年,日本的GDP被中国赶超,退居世界第3位。2018年,日本的GDP为4.97万亿美元,依然排名世界第3位,而第4位、第5位的德国、英国分别为3.95万亿美元、2.83万亿美元。②日本作为世界第三大经济体的地位在2025年前还不至于被撼动。

第二,日本是世界贸易的"顶级选手"。据世界贸易组织发布的《全球贸易数据与展望》报告,2018年日本对外贸易总额达1.487万亿美元,占全球贸易总额的3.8%,居中国、美国和德国之后,名列全球第4位。值得注意的是,日本在关键零部件和新材料的全球供应链上占据绝对的优势地

---

① 约瑟夫·奈:《美国应该怎样对待日本》,《世界》1993年3月号,转引自吴寄南主编《站在新世界入口的日本》,第35页。

② 「世界の名目GDP 国別ランキング·推移(IMF)」、Global Note、2019年12月18日、http://www.globalnote.jp/post-1409.html.

位。以半导体领域为例，日本掌握了硅晶圆、光刻胶和封装膜等 14 种基础性原料 50% 以上的市场份额，2019 年日本对韩国半导体产品的部分禁运就引起了半导体业的极大震动。

第三，日本是世界最大的债权国。2006 年的统计表明，日本对外直接投资累计总额为 53 万亿日元，当年返回的直接投资利润就达到 4.1 万亿日元。如果加上证券投资的收益，每年从海外返回日本本土的利润高达 16.3 万亿日元，超过全年 12.4 万亿日元的贸易顺差。① 从国际横向比较来看，2018 年，日本的海外纯资产为 3.08 万亿美元，连续 27 年居世界第 1 位，并且与排名第 2 位、第 3 位的德国（2.37 万亿美元）和中国（2.13 万亿美元）拉开了很长一段距离。②

第四，日本是世界主要对外援助国。凭借雄厚的资金实力，日本提供的政府开发援助（Official Development Assistance，ODA）也非常引人注目。从 1977 年起，日本政府先后制定了 5 次政府开发援助中期规划，每年提供的政府开发援助金额由 14 亿美元增至 100 亿美元。③ 1991～2000 年，日本每年对外提供的政府开发援助金额在发达国家中始终名列第 1。2016 年，日本提供的政府开发援助达 104.17 亿美元，位居世界第 4。政府开发援助成为日本拓展外交影响的重要手段。④

第五，日本在科学技术领域独树一帜。日本一直是全世界申请专利数最多的国家之一。日本在新材料、云计算、生物工程等领域的技术水平居世界领先地位。1949～2019 年，日本共有 27 人获得诺贝尔奖，其中在 1980 年以后获奖的就有 22 人，人数之多，堪称亚洲第 1、世界第 2，尤其是在 2000 年后，日本几乎每年都有人获得诺贝尔奖。2016 年，汤森路透集团评选出的"2015 全球创新企业百强"榜单里，日本以 40 家企业高居榜首，力压美国的 35 家。⑤

---

① 「海外投资の利益」、OKWAVE、2008 年 2 月 18 日、http：//okwave. jp/qa/q3787948. html。
② 「世界の名目 GDP　国别ランキング・推移（IMF）」、Global Note、2019 年 12 月 18 日、http：//www. globalnote. jp/post – 14758. html。
③ 山下道子「日本のODAの现状と课题」、『ESRI 调查研究リポート』第 3 号、2003 年、http：//www. esri. go. jp/jp/archive/tyou/tyou010/tyou003a. pdf。
④ 外务省『开发协力白书』、2019 年、3 页。
⑤ 《全球创新企业 100 强》，搜狐网，2016 年 5 月 3 日，http：//www. sohu. com/a/73085674_131990。

第六,日本在联合国框架内"长袖善舞"。从 1956 年 10 月加入联合国后,日本一直利用这一平台提高自己的国际地位。在很长时间里,日本一直是仅次于美国的第二大出资国。[①] 2015 年 10 月,日本第 11 次当选联合国安理会非常任理事国,其当选次数在联合国成员中居第 1 位。2005 年,日本还曾与印度、德国和巴西联合发起一场试图挤进安理会常任理事国行列的冲刺,这是日本对外关系最活跃也是距离实现"大国梦"最近的时期。

第七,日本掌握一定的全球治理话语权。1975 年 6 月,根据法国的倡议,在巴黎郊外的朗布依埃举行了西方主要发达国家的首脑会议——"七国集团首脑峰会"(G7)。这一机制后来演变为磋商世界经济和政治议题的西方七国首脑会议。作为亚洲唯一的代表,日本一直是这一机制的积极参与者,多次利用东道国身份塞进若干符合日本利益的议题。2008 年全球金融危机后问世的"二十国集团峰会"(G20),日本也是其中非常活跃的参与者之一,目的是提高日本的全球治理话语权。

第八,日本积极斡旋和介入地区热点。1990 年 6 月,日本政府邀请柬埔寨冲突四方代表到东京磋商和平进程,促成西哈努克和洪森以私人身份签署相关协议。这是柬埔寨和平进程的一个重要节点,也是日本战后首次斡旋国际事务。日本著名国际政治学者五百旗头真称其为日本外交的一大"亮点"。[②] 2019 年 6 月,安倍晋三作为时隔 41 年访问伊朗的日本首相,与伊朗总统举行会晤,虽然调停美伊冲突的目标未能实现,其试图斡旋的影响却不可小觑。

第九,日本是地区和全球公共产品提供者。从 20 世纪 80 年代以来,历届日本内阁积极推进东亚地区的一体化进程,支持成立"亚太经济合作组织"(APEC)。在 1997 年的亚洲金融危机后,日本提出以设立亚洲基金为核心的"新宫泽构想",携手中韩两国和东盟在危机后签署"清迈协议",迈出了亚洲金融合作的关键一步。此外,日本主导成立湄公河合作机制、举办非洲开发会议(TICAD),在区域经济发展和一体化过程中发挥了公共产

---

① 自 20 世纪 80 年代以来,日本负担的联合国经费的比例一直仅次于美国。直到 2019 年,日本负担的联合国经费比例(9.6%)才第一次被中国(12%)超越,退居第 3 位。

② 〔日〕五百旗头真主编《新版战后日本外交史(1945~2005)》,吴万虹译,北京:世界知识出版社,2007 年,第 183 页。

品提供者的正面作用。①

第十，日本拥有不可小觑的军事实力。2018 年，日本的防卫预算居世界第 9 位。② 海上自卫队的舰艇总吨位约 40 万吨，大中型舰艇总数名列世界前茅；航空自卫队拥有的 F－15 战斗机的数量仅次于美国。近 30 年来，自卫队向海外派兵的"门槛"也一再降低。日本对武力的炫耀，折射出日本当权者的大国情结，同时也向世界表明了日本在地区和国际军事博弈的舞台上已经是一个不可小觑的厉害角色。

三　支撑日本"大国梦"的因素

经济大国谋求成为政治大国在世界史上屡见不鲜。这种转型不仅会深深烙上时代的印记，也因为转型国家不同的内外环境、历史传统和战略文化而呈现出不同的态势。其中，既有顺利转型的国家，也有半途而废的国家；在同一个国家，既有高歌猛进的岁月，也有举步维艰的时刻。那么，近 40 年来日本执政当局在推动国家政治转型上有哪些值得关注的经验？哪些因素支撑着日本不断追求其"大国梦"？

（一）通过持续的政策争辩凝聚朝野共识，让日本国家发展战略渐趋清晰

近 40 年来，日本精英阶层围绕日本的国家定位和发展方向展开了热烈的讨论。朝野各种政治势力、利益集团纷纷提出自己的国家发展构想。

20 世纪 70 年代，日本刚刚奠定其在西方世界第二经济强国的地位，便遭到石油危机的冲击，举国上下都感到强烈的不安。1978 年 12 月，时任首相大平正芳邀集一些官僚和学者精英进行研讨，提出了著名的"综合安全保障战略"。这一战略强调世界和平正在由美国一国担保演变为各国分担责任，日本的作用基本上以经济为中心，但也要发挥相当的政治上的作用；日本的安全保障应该是包括能源安全、粮食安全以及应对大规模地震灾害在内

---

① 卢昊：《日本外交与"印太构想"——基于国际公共产品角度的评析》，《日本学刊》2019 年第 6 期，第 19 页。

② 数据来自世界银行统计，转引自「世界の軍事費国別ランキング（2018）」、Global Note、2019 年 7 月 26 日、https://www.globalnote.jp/post－3871.html。

的综合安全保障。①《朝日新闻》记者本田优对此予以高度评价，认为这是"战后日本历届政权中第一次由政府出面将国家战略明文化的尝试"。②

从日本参众两院的审议记录来看，20 世纪 70 年代，国会讨论时，"国家战略"这个词出现的频率差不多是一年一次，80 年代和 90 年代前期增加为每年数次，从 1995 年起差不多就是两位数，2002 年第一次突破了 100 次。③ 在国会讨论时首次使用"国家战略"这个概念的是中曾根康弘。④ 他是历届日本首相中为数不多的几位具有战略眼光的政治家之一，在 1982 年出任首相后不久便提出"战后政治总决算"的口号，要求对战后被占领时期以来的政策方针进行全面评估与纠正。让日本成为"政治大国"就是他为日本设计的新国家定位。中曾根康弘明确指出，所谓"政治大国"就是"要在世界政治中加强日本的发言权，不仅要增加日本作为经济大国的分量，而且要增加其作为政治大国的分量"。⑤ 这是与日本政府沿袭多年的习惯做法截然不同的一张"路线图"。

战后，日本政界的主流思潮是被称为"保守主流"的"吉田主义"，这是一条遵循和平宪法、维持日美同盟、以经济发展为中心的路线。它奠定了日本经济复苏和高速增长的基础，但是冷战结束以后，这条路线受到越来越多的挑战。继 20 世纪 80 年代中曾根康弘的"政治大国"论之后，90 年代风靡日本政坛的是前自民党干事长小泽一郎倡导的"正常国家"论。中曾根康弘提出"战后政治总决算"时还不敢公开点名吉田茂，小泽一郎就没有那么多的顾虑，他在 1993 年问世的《日本改造计划》一书中强调"经济优先"不应该成为"一成不变的政治原则"。"在冷战结束后的今天，应该尽快地从'吉田主义'的说教中解放出来，制定一个新的战略。当然，要成为'正常国家'，并非只要实施政治改革就可以了。日本国民也应该清醒

① 吴寄南：《新世纪日本对外战略研究》，北京：时事出版社，2010 年，第 7 页。
② 本田优『日本に国家戦略はあるのか』、朝日新書、2007 年、115 页。
③ 本田优『日本に国家戦略はあるのか』、65 页。
④ 本田优『日本に国家戦略はあるのか』、64 页。民社党议员吉田之久在 1970 年 3 月 7 日众议院预算委员会上呼吁设立讨论国防问题的常设机构防卫委员会。时任防卫厅长官的中曾根康弘回应道："从迄今为止日本政治家中有关安全保障问题的讨论来看，非常高度的国家战略以及由此延伸而来的外交战略和防卫战略的讨论是非常欠缺的。"
⑤ 中曾根康弘在群马县选民集会上的讲话，参见《中曾根说要从长远观点讨论安全保障问题》，《人民日报》1983 年 8 月 9 日，第 6 版。

地意识到日本在国际社会中所处的地位，改造自己的思想，使自己成为能被国际社会所接受的'正常的国民'。""日本除了成为'国际国家'外，别无其他的生存方式。"①

　　但是，"吉田主义"的影响也不是一下子就可以摆脱的。事实上，冷战结束以后，日本政坛有关日本未来走向的构想，除中曾根康弘、小泽一郎倡导的"政治大国"论和"正常国家"论以外，小渊惠三担任首相后提出的"全球民生大国"论也有很多支持者。1999 年，小渊惠三委托京都大学名誉教授河合隼雄牵头成立了"日本 21 世纪恳谈会"，其汇总发表的一份研究报告——《日本的新边疆就在日本》提出，日本应该从战后一贯的"非军事经济大国"走向"全球民生大国"。具体来说，日本要运用民生的手段而不是军事的手段，在稳定世界经济秩序、缩小贫富差距、保护环境、保障人权以及联合国维和活动等领域，为提供国际公共产品做出贡献。"在 21 世纪，日本要更加有意识地朝这一适合自身特征的国家形态努力。同时，也要让国际社会接受这样的日本。"② 不难发现，"全球民生大国"论依然有非常明显的"吉田主义"痕迹。

　　正是在各种似乎相互对立的战略构想持续不断的碰撞中，日本新的国家战略的基本轮廓渐趋清晰。比如，"全球民生大国"论的内涵这些年来也有变化，主要是增加了要增强日本的防卫力量、在安全保障领域履行国际贡献的义务。这就意味着它在某些方面开始接近"正常大国"论的主张，庆应义塾大学教授细谷雄一称之为"全球民生大国"论的"2.0 版"③。进入 21 世纪以后，特别是在小泉纯一郎和安倍晋三这两位长期掌握日本权力中枢的强人首相任内，日本统治阶层围绕日本究竟要成为什么样的国家终于达成了若干共识，给出了较为明晰的答案。其要点可以概括为五点。其一，日本应该在联合国框架内发挥更大的影响，特别是要争取成为联合国安理会常任理事国。这既是对日本长期作为联合国第二大出资国的回报，也是日本彻底摘掉"战败国"帽子、成为国际主导国家的标志。其二，日本的对外经贸活动必须服务其国家利益。正如 2003 年修改《政府开发援助大纲》时所强调

① 小沢一郎『日本改造計画』、123 頁。
② 河合隼雄等『日本のフロンティアは日本の中にある』、講談社、2000 年、58 頁。
③ 細谷雄一「グローバル・シビリアン・パワー 2.0」、船橋洋一編『ガラパゴス・クール』、東洋経済新聞社、2017 年、279 頁。

的，日本作为世界主要大国，实施政府开发援助应增强日本在国际社会上的话语权，为日本的国家利益服务。① 其三，日本应积极参与和主导制定国际经贸规则。1997 年，日本筹划和主办世界气候大会，通过了第一份以日本地名命名的《京都议定书》，对温室气体减排、防止地球气候变暖规定了具体的目标；2019 年，日本在 G20 峰会上又启动了关于数据治理的"大阪轨道"。其四，日本要持续加大推行全球性战略外交力度。从 20 世纪 90 年代初为结束柬埔寨冲突进行斡旋，出台欧亚大陆外交政策，到进入 21 世纪后推行"自由与繁荣之弧"的构想、密切与非洲各国的关系等，日本在国际事务中越来越成为活跃而有影响的角色。其五，日本在国际事务中应逐渐凸显军事存在感。持续增加防卫预算，加大军事领域的投入，在强化日美军事同盟的同时，推进"有事立法"，出台新安保法案，解禁集体自卫权，为自卫队海外派兵彻底"松绑"。

战后日本在国际社会从保持沉默到积极发声，从被动追随到主动出招，从单纯追求经济利益到全面融入战略考量，在各种驱动因素中，核心因素也是最能持久发挥影响的就是上述正在成为涵盖朝野两大阵营、指导历届内阁行动的战略共识。

（二）审慎处理与世界头号强国美国的关系，确保日本国家转型有序推进

二战后，美国成为世界头号强国，它不能容忍任何有可能挑战其霸权地位的竞争对手。美国在发展对外关系中有所谓的"60%"潜规则，即无论哪一个国家，只要其 GDP 达到美国的 60%，美国就会将其视为潜在挑战者而予以遏制。二战前的德国和二战后的苏联都曾被美国视为竞争对手而遭到打压。日本成为世界第二经济大国，特别是 20 世纪 80 年代末其 GDP 一度接近美国的 60% 且人均 GDP 赶超美国后，日美关系异乎寻常地紧张起来，90 年代初更出现了所谓"同盟漂流"② 的局面。美国对日本施加的压力骤然加大。为了避免来自美国的"敲打"，确保国家政治转型的有序推进，日

---

① 『政府開発援助大綱』、外務省ホームページ、2003 年 8 月 29 日、https：//www.mofa.go.jp/mofaj/gaiko/oda/shiryo/hakusyo/04_ hakusho/ODA2004/html。

② 日本著名政论家、《朝日新闻》前主笔船桥洋一在 1997 年出版的《同盟漂流》一书中详述了那些年里日美同盟动摇的状态。参见船橋洋一『同盟漂流』、岩波書店、1997 年。

本当权者可谓煞费苦心。

首先，坚持日美同盟关系定位，消除美国的战略疑虑。1960 年，日美两国修订《日美安全条约》后，日本当权者始终将其视为日本外交的基轴。20 世纪 80 年代初，日本政界对于与美国结盟尚有疑虑。1981 年，铃木善幸结束访美时在联合声明中第一次写进了"同盟"一词，尽管他再三强调"同盟"一词并无军事上的含义，但还是在日本政坛引起了轩然大波，时任外务大臣伊东正义被迫辞职。① 随着时间的推移，"同盟"一词在首相施政演说和政府出版物中出现的频率越来越高，并成为政坛主流普遍的共识。冷战结束后，通过日美同盟"再定义"结束所谓"同盟漂流"局面的是桥本龙太郎首相。1996 年 4 月，他与来访的美国总统克林顿签署了《日美安保联合宣言》，将日美同盟由单纯的双边军事同盟"升级"为"21 世纪维护亚太地区和平与繁荣的基础"。此后，日本在外交和安全保障领域实行"对美一边倒"，使美国对日本的战略疑虑明显减少。近 40 年来，日本经历了四次政权轮替，分别是 1993 年七党一派联合政权问世，1994 年自民党、社会党和先驱新党联合执政，2009 年民主党上台和 2012 年自民党、公明党夺回政权，但是日本与美国结盟的政治定位没有丝毫动摇。在小泉纯一郎任内，日美同盟更被提升为"全球规模的伙伴关系"，被奉为不可动摇的圭臬。

其次，密切与美国的战略协调，始终以美国为选边对象。20 世纪 80 年代初，东西方冷战出现新的紧张态势，时任首相中曾根康弘宣布将在必要时封锁津轻、宗谷、对马三海峡，阻止苏联太平洋舰队南下，确保日本成为美国"不沉的航空母舰"。"9·11"事件发生后，除英国外，日本在美国所有盟国中表态最快、支持美国的态度最鲜明。在美国先后发动阿富汗战争、伊拉克战争后，日本还通过相关法律分别派遣海上自卫队舰艇赴印度洋为以美国为首的多国部队提供燃料补给，派遣陆上自卫队到伊拉克从事所谓的"人道主义援助"。日本的表现远比欧洲的法、德两国让美国满意。另外，从联合国大会表决的记录来看，日本与美国保持一致的比例与英国并驾齐驱，高于法、德两国。②

① 丸谷浩司「日美安保同盟 60 年」、『日本経済新聞』2019 年 12 月 24 日。
② 朱立群：《联合国投票变化与国家间关系（1990~2004）》，《世界经济与政治》2006 年第 4 期，第 52 页。

再次，精心维护在日美军基地，为美国提供地区战略支撑。日本在《旧金山对日和平条约》生效、恢复独立国家地位后仍接受美国在日本驻军。截至 2019 年 3 月，美国在日本 13 个都道府县总共拥有 78 个基地，占地总面积逾 263 平方千米，驻军 3.3 万人。其中，神奈川县的横须贺、冲绳县的嘉手纳分别是美国在西太平洋地区最大的海军基地和空军基地。从1978 年起，日本政府在每年预算中都列出专项资金用来补贴基地内美军雇员工资和水电煤气等费用。根据美国国防部公布的资料，日本政府承担的驻军费用比例为 74.5%，远高于意大利的 41.0%、韩国的 40.0% 和德国的32.6%。① 日本防卫省统计的这一比例更高达 84.6%（2015 年）。② 尽管驻日美军给驻地附近居民带来噪声、环境污染甚至发生盗窃和性犯罪等扰民事件，日本民众中反对美国驻军、要求撤销基地的呼声此起彼伏、连绵不断，但日本历届内阁一直加以压制，心甘情愿地将日本作为美国在印太地区最大的战略支撑点。

最后，妥善管控与美国的经济摩擦，避免日美关系整体脱轨。长期以来，作为世界第一大、第二大经济体，美日两国间一直存在难以调和的利益对立和经济博弈，摩擦领域从纺织品、钢铁、电器、汽车到半导体、金融保险，几乎涵盖所有的产品领域和服务领域。冷战结束后，随着苏联威胁的消失，经济摩擦加剧一度导致日美尖锐对立。美国采取了一系列"敲打"日本的做法，日本也开始对美国"离心离德"，出现了如日本著名评论家船桥洋一所形容的"同盟漂流"的状态。但是，为了避免日美关系的整体脱轨，日本历届内阁采取"一拖二磨三让步"的方针，在化解美国贸易攻势的同时，尽可能维持对日本有利的经贸环境。具体而言，有三种比较成功的模式。一是自主设限模式，即通过对特定产品对美出口设定上限的办法化解美国的压力。二是产业融合模式。以汽车行业为例，日本各大汽车公司在本土对美出口受限的情况下，纷纷赴美投资设厂。2017 年，日本在美销售汽车达670 万辆，市场占有率接近 40%。其中，在美国当地生产的有 377 万辆，远超从日本出口美国的 174 万辆。③ 三是开放市场模式，典型事例是农产品摩

① 「韓国の悲鳴『明日は我が身』米軍駐留負担増への圧力」、『朝日新聞』2020 年 3 月 2 日。

② 『日米安保 60 年—「ただ乗り論」回避を腐心—』、『日本経済新聞』2020 年 1 月 4 日。

③ 高田創「日本の対米通商問題は、結局、自動車問題だ」、リサーチTODAY、2018 年 5 月 15日、https：//www.mizuho - ri.co.jp/publication/research/pdf/today/rt180515.pdf.

擦和半导体摩擦。日本在对美国产品进口开放问题上，步步为营、逐步放开，必要时还接受进口数量的约束，以缓和美国的贸易攻势。

整体而言，日本在国家转型过程中成功地避免了美国的打压和排斥，赢得了宝贵的时间和发展机遇。当然，它所付出的代价也是很多国家很难接受的。

（三）发挥对外投资和援助等经济筹码的作用，提高对外话语权和规则主导权

20 世纪 80 年代日本成为世界第二经济大国，自此后的 40 年里，东西方冷战由紧张趋于缓和直至终结，综合国力竞争逐渐成为大国博弈的核心内容。日本利用自己拥有的巨额外汇储备和技术积累，一方面通过对外直接投资和以政府开发援助为轴心的对外援助拓展自己的势力范围；另一方面则通过缔结双边和多边的自由贸易协定，利用作为 G7 和 G20 成员的双重身份，为日本争取更大的话语权和规则主导权。

在很长一段时间里，日本政府开发援助的援助对象以亚洲为主，印尼、中国和印度曾先后成为日本政府开发援助的最大受援国。日本的政府开发援助由无偿援助、无偿技术援助和有偿资金援助构成。其中，有偿资金援助即通常所说的日元贷款，其利率为 0.75% ~ 2.2%，偿还期为 30 ~ 40 年，还有为期 10 年的宽限期。对受援国来说，日元贷款的还本付息负担较轻，有利于兴办一些大型的基础设施项目。对于日本而言，政府开发援助是其按照和平宪法履行国际贡献义务的特殊手段。在日本提供政府开发援助初期，曾附带必须购买日本产品和服务的条件，显然政府开发援助是为日本拓展商品市场服务的，具有既赚名声又获实利的"一箭双雕"效应。不过，随着国际社会对这种变相扩大出口的援助方案的不满日益上升，到 20 世纪 90 年代初这种附带条件的日元贷款下降为总体的 30% 以下。

截至 2018 年，全世界一共有 190 个国家和地区接受过或正在接受日本的政府开发援助[1]，总金额达 61 万亿日元，日本先后派遣了 18 万名专家和 5 万多名志愿者。[2] 应该说这是一份相当不错的成绩单。同时，日本也从提

---

[1] 亚洲国家中唯一没有接受过日本政府开发援助的是朝鲜。

[2] 「5 分でわかる ODA！活动内容や实绩、国别ランキングなどをわかりやすく解说」、Honcierge、2018 年 11 月 13 日、https://honcierge.jp/articles/shelf_ story/6925。

供政府开发援助中收获了战略利益,主要有三方面:一是受援国的基础设施建设有助于改善其投资环境,为日本企业提供能获利的投资机会;二是日本致力于拓展全球市场,赚取了巨额的贸易顺差,它拿出一部分资金"还流"给发展中国家,在一定程度上还可以缓解美欧等贸易逆差国对日本的不满;三是政府开发援助让日本赢得了国际社会的好感,对外援助的业绩以及在受援国的良好口碑成为日本软实力的重要组成部分。

作为二战战败国,日本在 1964 年才加入关贸总协定(GATT)和经济合作与发展组织(OECD),并且在很长一段时期是美欧主导的现有国际秩序和经贸规则的遵从者。但随着经济实力的膨胀,特别是在成为世界第二经济大国后,日本越来越热衷于参与国际秩序和经贸规则的谈判,在改善自身贸易环境的同时,提高自己的国际地位。

1975 年 11 月,在巴黎近郊朗布依埃举行了由美、英、德、法、意、日六国首脑参加的旨在讨论世界经济问题的会议。翌年,加拿大加入其中,使这一机制成为一年一度的西方七国首脑会议。日本一直是这一"富国俱乐部"的积极成员。进入 21 世纪,随着新兴经济体国家的群体性崛起,特别是 2008 年金融危机后,一个新的探讨和解决世界经济重大问题的平台——G20 应运而生。日本审时度势,充分利用 G20 平台,积极推销自己的主张。这从它在 2019 年 G20 大阪峰会上倡导所谓数据治理的"大阪轨道"中可见一斑。[1]

日本以 2001 年与新加坡缔结"经济伙伴关系协定"(EPA)为开端,积极推进各种双边和多边的自由贸易协定。截至 2020 年 1 月,与日本缔结各类自由贸易协定的国家已覆盖日本对外贸易对象国的 51%,这一比例高于美国和欧盟。值得注意的是,日本在缔约谈判中致力于改善和提高自己的话语权。例如,在日本主导的 CPTPP 中,不仅规定互相减免关税,还对保护知识产权、限制政府补贴、规范国有企业行为等做出规定。在 2020 年 1 月生效的日美贸易协定中,也有关于数据自由流通、禁止政府强制企业提供源代码等规定。日本自诩这是为未来全球数据治理立规矩。

---

① 孙丽:《日本主导国际经贸规则制定的战略布局——兼谈日本在大阪峰会上的得与失》,《日本学刊》2020 年第 4 期。

（四）增强文化领域的传播力和吸引力，提高日本在大国博弈中的地位

从 20 世纪 80 年代以来，日本一直谋求增强文化领域的对外传播能力和吸引力，使之成为国家软实力（soft power）的重要组成部分。"软实力"由哈佛大学教授约瑟夫·奈首创，他认为，软实力是通过吸引力而非威逼或利诱达到目的的一种能力。其核心是文化，是让别的国家感受其魅力的文化。一国软实力越强，国际社会对它的好感度也越高。

日本在国家政治转型过程中注重软实力的建设。1979～1980 年在位的大平正芳首相最早提出"文化立国"的口号，他在首次施政演说中即提出，日本已从"经济中心的时代过渡到了重视文化的时代"。大平内阁推出的《综合安全保障战略》明确指出，日本未来应以《日美安全条约》为前提，综合运用经济、文化和科学技术等各种非军事手段，为日本争取稳定的国际环境。这实际上就是今天所说的"大战略"。

大平以后的历任日本首相在增强文化领域传播力和话语权方面都有不小的动作。例如，以倡导"政治大国"著称的中曾根康弘在其任内创设了国际日本文化研究中心，通过举办国际学术会议、邀请海外日本问题学者从事客座研究，在向全世界推广日本文化、深化日本研究方面发挥了重要的引领和示范作用。小泉纯一郎首相任内，日本先后出台了《知识财富战略大纲》和题为"创造文化交流的和平国家日本"的战略报告，明确提出日本 21 世纪文化外交的目标有三个：一是要促进外界对日本的了解，提升日本的对外形象；二是要增进不同文化与文明间的相互理解，避免彼此间的冲突；三是为培育全人类共同价值与理念做出贡献。其中尤其提到，东亚与中东应作为日本开展文化外交的重点。①

从具体实践来看，日本也一直注重利用文化交流提升自身国际形象、改善国际舆论环境，主要包括以下三个方面。其一，着眼全球布局，推动日语教育普及。这项工作主要由国际交流基金会负责。每年都拨出巨款，大量增

---

① 『文化外交の推進に関する懇談会報告書　「文化交流の平和国家」日本の創造を』、首相官邸ホームページ、2005 年 7 月、http://www.kantei.go.jp/jp/singi/bunka/kettei/050711 houkoku.pdf。

设海外的日语教学点；向海外的日语教育机构派遣专家；扩大海外日本语能力测试的网点。2018 年的调查显示，全球有 142 个国家开展了日语教育，日语学习者的总数达 384.7 万人，相当于 1979 年的 30.3 倍。① 其二，弘扬人文精神，推介日本影视文学。20 世纪 80 年代，日本政府购买了人气电视连续剧《阿信》的版权，无偿提供给中国、新加坡等全球 59 个国家和地区播放，向世界展示日本人善良、坚韧和同情弱者的人性之光。进入 21 世纪后，在亚洲一些国家和地区又悄然兴起了一股"村上春树热"。其三，引领世界潮流，弘扬日本动漫文化。漫画是日本政府在提高国家软实力方面最成功的一项事业。日本政府通过设立面向海外的日本动画和电视剧的专用电视频道、向发展中国家赠送动漫版权、举办以海外年轻漫画家为对象的国际漫画大奖赛，甚至将卡通形象机器猫"哆啦 A 梦"任命为"动漫文化大使"，不遗余力地推广日本的动漫文化。据日本经济产业省统计，全世界放映的动画片中有近六成是日本生产的。日本动漫作品用"润物细无声"的方式，在世界各国成功地培养起一个对日本人和日本文化有好感的庞大群体。

美国学者道格拉斯·麦克格雷在《外交政策》上发表的《日本国民酷总值》一文中指出，衡量一国的实力除了国民生产总值外，还有一个重要的指标是"国民酷总值"（Gross National Cool，GNC），它是国家软实力的一种形态。日本的"国民酷总值"遥遥领先，成为超越 20 世纪 80 年代经济大国的文化强国。对于 21 世纪的日本来说，"魅力"远比"经济"更能成为有用的指标。② 2007 年 4 月 28 日，时任外务大臣的麻生太郎发表演讲时也称，日本的动漫作者将现代的日本文化推向世界，让各国年轻人从心底里倾慕日本，成为日本的"粉丝"，这是外务省官员无论怎么努力都做不到的。他强调："我们这代人是在吸收莎士比亚、贝多芬等西欧文化的精神食粮过程中成长起来的。今天，我们要让漫画、动画、日本料理和大相扑等源自日本的文化，成为世界各国民众特别是年轻人的毫不逊色的精神食粮。"③

① 「2018 年度海外日本語教育機関調査結果（速報値）」、国際交流基金ホームページ、2019 年 10 月 8 日、https：//www. jpf. go. jp/j/about/press/2019/dl/2019 - 029 - 02. pdf。

② Douglas McGray, "Gross National Cool", *Foreign Policy*, May/June 2002, pp. 44 - 54.

③ 「麻生外務大臣演説　文化外交の新発想—みなさんの力を求めています—」、データベース「世界と日本」、2006 年 4 月 28 日、http：//worldjpn. grips. ac. jp/documents/texts/exdfam/20060428. S2J. html。

应该说，日本提高文化领域传播力和话语权的努力取得了一定的效果，国际社会对日本的好感度明显提高。从 2004 年起，英国 BBC 广播电视台委托国际著名调查企业 Globe Scan 公司与美国马里兰大学 Program on International Policy Attitudes（PIPA）在全球 33 个国家共同实施一项调查，了解各国对主要大国在世界上所发挥作用的评价。从 2005 年起，日本也被列入调查对象，这一年的调查结果表明，在所有被调查的国家中，日本的平均好感度是 55%，居第 1 位。2007 年后，BBC 与 Globe Scan 公司将调查范围缩小为 27 个国家，日本在所有国家中获得的正面评价平均值是 54%，与加拿大并列第一。2008 年的调查中，日本在所有国家中与德国并列第一（56%）。2009 年以后，日本的排名有所下降，但最低也是第 5 位（2011 年、2014 年）。2017 年，日本的排名上升为第 3 位，在被调查的国家中，日本获得的正面评价平均值是 56%，仅次于加拿大（61%）和德国（59%）。①

（五）在军事领域用"切香肠"方式突破和平宪法对日本派兵出国的限制

日本要彻底摘掉"战败国"的帽子，最关键的是自卫队能否堂堂正正地在海外施展拳脚。朝鲜战争爆发后，日本政府根据美国占领当局的旨意建立了警察预备队，后来又先后改名为"保安队"和"自卫队"，但自卫队问世的 1954 年，日本国会曾专门通过决议禁止自卫队向海外派兵。至 20 世纪 80 年代初，自卫队已发展为东亚地区一支装备精良、训练有素的武装力量。然而，囿于宪法第九条和《自卫队法》，向海外派兵始终是自卫队一道难以逾越的"红线"。1987 年 9 月，时任首相中曾根康弘曾有意派遣海上自卫队的舰艇到波斯湾为维护航行安全做"贡献"，但遭到时任内阁官房长官后藤田正晴的激烈反对，只得放弃。然而，在冷战结束后的 30 年间，日本先后进行了三轮防卫政策的调整，用"切香肠"的方式，终于突破了这道"红线"。

第一轮调整是在 20 世纪 90 年代。其背景是 1991 年的海湾战争、1994 年的朝核危机和 1996 年的台海危机。日本国会在 1992 年 6 月通过 "PKO 法"，为自卫队颁发了派兵出国的"通行证"。1996 年 4 月，在美国总统克

---

① "2017 Country_ Ratings Poll", Globe Scan, July 4, 2017, https：//globescan.com/images/images/ pressreleases/bbc2017_ country_ ratings/BBC2017_ Country_ Ratings_ Poll.pdf.

林顿访日之际，日美两国发表了有关安全保障的联合宣言，强调日美同盟是亚太地区和平与稳定的基础。1997 年 9 月《日美防卫合作指针》和 1999 年 5 月《周边事态法》的出台，标志着日美同盟已从"防御日本"变质为"预防和遏制地区冲突"，揭开了《日美安全条约》重新定义的序幕。

第二轮调整是在 21 世纪头十年。以 2001 年"9·11"事件为契机，美国先后发动了阿富汗战争、伊拉克战争这两场反恐战争，时任日本首相的小泉纯一郎坚定地站在美国一边，推动国会在 2001 年 10 月和 2003 年 7 月先后通过了《反恐活动特别措施法》和《支援伊拉克重建特别措施法》。根据前一项法律，日本海上自卫队赴印度洋向以美国为首的多国部队舰艇提供燃油；而后一项法律则使日本陆上自卫队和航空自卫队能够进入仍处于战争状态的伊拉克，主要是为美军提供后勤支援，也开展了一些象征性的复兴援助活动。2003 年 6 月，日本国会通过了小泉内阁提出的《应对武力攻击事态法》等"有事立法"，标志着日本防卫政策体系化、法制化取得进展，日本朝"正常大国"的目标迈出了关键性的步伐。

第三轮调整发生在 21 世纪第二个十年。2012 年 12 月安倍晋三再次入主首相官邸后，日本防卫政策的调整紧锣密鼓地向前推进。安倍内阁在 2013 年 12 月接连出台《国家安全保障战略》、《防卫计划大纲》和《中期防卫力量整备计划》。这 3 个文件被称为安倍的"安保三箭"，与构成"安倍经济学"的 3 支"箭"相得益彰。2014 年 7 月，安倍内阁通过决议，对明确禁止行使集体自卫权的宪法解释进行了修改，规定日本在与自己有密切关系的国家遭到外敌攻击，导致日本国民的生命、自由与追求幸福的权利有从根本上被颠覆的危险时，日本可以行使必要的、最低限度的武力。[①]

2015 年是新一轮防卫政策调整的收官阶段，其标志是新版《日美防卫合作指针》和新安保法案的出台。2015 年 4 月，日美两国在华盛顿举行首脑会谈，公布了修改后的《日美防卫合作指针》，其要点包括：一是将日本自卫队与美军的合作地域从日本的"周边地区"扩展到全球；二是规定了日美在军事领域实行"无缝"合作，维和、救援、预警、情报分享、监控、侦察、训练、演习、拦截弹道导弹、舰船护卫等均涵盖在内。同年 7 月和 9

---

① 内阁决议「国の存立を全うし、国民を守るための切れ目のない安全保障法制の整備について」、2014 年 7 月 1 日、孙引き防衛省『防衛白書』、2014 年、376 頁。

月，日本众参两院分别通过了由安倍内阁提出的《国际和平支援法》的新法律和对原有十项法律进行修改合并而成的《和平安全法制整备法》。这两项法律就是通常所称的日本"新安保法案"。

按照新安保法案，日本自卫队可以随时向海外出动，以支援处理国际纷争的他国军队。支援内容不仅包括供水和加油等物资补给、人员与物资运送、伤者医疗、建造工事等常规项目，甚至允许自卫队为他国军队提供弹药。而且，自卫队在出现介于战争与和平状态的"灰色地带"或日本"存立"受到威胁时也能出动。《朝日新闻》发表评论称，新保安法案意味着日本的防卫政策发生了"战后最深刻、最重大的转折"。① 就这样，日本当权者一步步给自卫队"松绑"，争取海外派兵的永久化、制度化，导致日本和平宪法遭到实质性的"阉割"。

（六）进行一系列旨在强化中央集权和提高决策效率的改革

战后，日本实行"议会内阁制"，由在众议院掌握过半数席位的政党或政党联盟组建内阁，进行政治运作。自民党长期垄断权力中枢，在制定政策和具体实施政策时，依靠一支专业素质较高、具有较强渗透能力和主导能力的公务员队伍，对企业和各类社会团体实施所谓的"行政指导"。这套独特的政治制度运行了半个多世纪，在日本赶超欧美成为世界第二经济大国的过程中发挥了不可或缺的作用。但是，随着时间的推移，这套治理体制的弊端也日渐突出，出现了日本媒体所形容的"制度疲劳"的现象。备受诟病的是中央各省厅在政治家和利益集团间扮演输送利益的中介角色，形成相互勾连、盘根错节的"政官财"铁三角构造。"改革"成为这40年日本经济政治领域的"热词"，大致分为四个阶段。

第一，改革"萌芽期"。20世纪80年代中期，中曾根康弘首相力推国有铁道、烟草专卖公社、电报电话公社和日本航空公司实行民营化改革。其结果，不仅使政府摆脱了因为国有企业效率低下、入不敷出而背上的财政包袱，也大大削弱了最大工会组织"总评"的影响力。

第二，改革"饥渴期"。进入20世纪90年代，由于执政的自民党不断曝出"金权政治"丑闻，日本国内要求在政治领域进行改革的呼声与日俱

---

① 「戦後防衛政策の大転換」、『朝日新聞』2015年9月20日。

增。细川护熙首相任内推进的选举制度改革以及桥本龙太郎首相任内启动的中央省厅改革对改变日本政治生态产生了巨大的影响。

第三，改革"狂躁期"。21 世纪以后，日本国内要求改革的呼声更加高涨。小泉纯一郎在竞选自民党总裁时喊出了"整垮自民党"的口号，而取代自民党执政的民主党更是企图颠覆沿袭几十年的官僚统治体系。它向日本国内外展现了除弊兴利、重振日本的坚定理念和前所未有的改革姿态。然而，由于缺乏经验，加上官僚体系顽强抵抗，民主党在各个领域推进的改革措施几乎无一例外地出现停滞不前甚至大幅度后退的局面。

第四，改革"疲惫期"。2012 年，民主党执政的失败为安倍晋三再次入主首相官邸铺平了道路。日本政界再没有人扯起"改革"的旗号，学术界、传媒界在改革问题上也出现了集体"失语"。一方面，安倍利用各种机会抨击民主党执政的失败，将民主党执政的三年形容为日本的"至暗时刻"；另一方面，安倍肆无忌惮地扩张自己的权力，使首相官邸成为日本名副其实的权力中枢。安倍复出后，诸如修改宪法解释、出台新安保法案等有悖于传统决策模式的独断专行引起了日本政坛一次又一次的震撼。

概括地说，40 年来日本的政治生态出现了三大转变。

其一，由"官僚主导"向"政党主导"转变。① 战后，日本在美国主导下进行了一系列改革，但官僚体制及其管理国家的模式几乎原封不动地保留了下来。长期以来日本流行"官高政低"的说法，历届内阁在重大的内政外交问题上都听命于官僚。日本学者饭田润将日本这种统治结构概括为"官僚内阁制"。② "泡沫经济"崩溃后，日本经济持续滑坡的事实粉碎了"官僚万能"的神话，一系列渎职、贪污丑闻更加剧了国民对官僚体系的不信任。小泉纯一郎是第一个公开挑战官僚主导体制的首相。打着结束"官僚主导"体制旗号上台的民主党政权对这一体制造成了重大的冲击，废除了沿袭 123 年的事务次官会议。安倍复出后，不仅没有恢复这一制度，还在内阁府设立人事局，掌握了各省厅局长以上干部的任免权。这就如同掐住了官僚体制的命脉，迫使各省厅官僚对安倍及其率领的自民党俯首帖耳、唯命

① 战后，按照《国家公务员法》，政府各级公务员不再是"天皇的侍从"，而是"国民的公仆"。但日本媒体仍使用"官僚"这一名词。在通常情况下，"官僚"是指通过国家公务员 I 级考试的所谓"Career 组"。

② 饭田润『日本の統治構造』、中央公論社、2007 年、33 頁。

是从。

其二，由"两党对峙"向"一强多弱"转变。近 40 年里，日本政坛先后有过自民党与社会党，自民党、公明党与民主党两大阵营对峙的局面，也曾多次出现众参两院分别由朝野政党掌控的"扭曲国会"现象。但是，自民主党在 2012 年丢失政权后，日本政坛出现了自民党"一党独大"的局面。如今，最大在野党立宪民主党在众参两院的席位还不及自民党的"零头"。而且，在野党还互相倾轧、互相拆台。这就为安倍内阁一意孤行利用国会的多数席位，出台各种有悖民意的内外政策铺平了道路。

其三，由"派系均衡"向"官邸主导"转变。自民党自成立起，一直派系林立，派系间相互竞争又相互牵制。首相由派系领袖轮流担任，受到各派势力牵制，处于相对弱势的地位。近年来，随着政治资金和职务肥缺越来越集中到总裁和干事长手里，派系的凝聚力越来越弱。借用日本著名评论家御厨贵的话来说："第二次安倍政权最大的特征就是'强有力的官邸主导'……（日本）还不曾有过官邸力量如此强大的时代。""如今的派系领袖已经沦落到相当于'公寓管理人'那样的地步。让人吃惊的是派系领袖完全没有昔日的那种霸气了。"① 安倍自己经常说的话就是，过去的内阁总是"议而不决"，如今是可以立即做决断了。这说明日本的中央集权有所加强，决策机制实现了一定程度的高效化。

四 日本距离实现"大国梦"还有多远

日本成为世界第二经济大国后，其国家政治转型的道路并非一帆风顺。日本曾有过风光一时的辉煌，也不时遭到挫折，饱尝失败的苦果；日本在很多领域拥有明显的优势，也存在难以克服的软肋；日本似乎距离实现"大国梦"的目标只有咫尺之遥，却又发现距离"圆梦"还有很长一段路要走……

毋庸讳言，日本国家政治转型是内外各种因素交互作用的结果。它所遭遇的困难和挫折，有的是缘于内外环境的制约，但更多地要归结于自身认知的偏差和行为能力的缺陷。

---

① 御厨贵『安倍政権は本当に強いのか』、PHP 出版社、2015 年、42 頁、125 頁。

（一）日本国家政治转型中的教训

在开启"令和"新时代的今天，回顾自20世纪80年代以来日本国家政治转型的历史进程不难发现，日本当权者受到自身战略文化、历史传统和体制机制的局限，在顶层设计和具体施政中存在以下三大根本性的缺陷。

1. 未能与时俱进地确定国家长远的发展目标

如前所述，近40年来日本精英阶层一直未停止有关国家定位与发展方向的战略思考和政策辩论。目前，日本以争取加入联合国安理会常任理事国行列、成为"正常大国"为目标的国家发展战略是在持续的政策争辩中逐渐清晰和最终定型的，它得到了主流精英层的认同，成为涵盖朝野两大阵营、凝聚最大战略共识的治国理政的指导方针。但是，日本国内还是一直有人对这一国家定位和发展方向提出质疑。与此针锋相对的是"中等国家"论，主张日本应在经济、文化和社会领域为世界做贡献，而无须在政治与军事领域与其他国家争夺领导地位。① 随着时间的推移，瞄准"正常大国"还是"中等国家"的定位之争会逐渐凸显。

当今世界正在经历着百年未遇的大变革，国与国之间的关系越来越趋向平等、互利、共生，无论强弱贫富一律平等，不容许以大压小、倚强凌弱，也反对任何一个国家凭借其优势地位支配和榨取别的国家。许多迹象表明，日本对这一变化的反应比较迟钝，日本的国际政治理念在相当程度上滞后于全球化时代的新国际政治理念的要求。"日本依然停留在威斯特伐利亚体系阶段，依然热衷于玩弄长达百年的传统地缘政治，依然在用冷战思维去思考国家政治。"② 比如，安倍首相2014年1月在达沃斯论坛的演说中居然将中日关系比喻为一战前的英德关系，两国在经济上相互依存，最终却走向战争。中国外交部部长王毅批评这种论调是"时空混乱、莫名其妙"。③

在国家定位问题上，日本之所以不能很快适应时代潮流的要求，迅速而

---

① 庆应义塾大学教授添谷芳秀在2005年出版的《日本的"中等国家"外交——战后日本的选择和构想》一书中对这一构想做了非常详尽而权威的诠释，参见添谷芳秀『日本の「ミドルパワー」外交—戦後日本の選択と構想—』、ちくま新書、2005年。

② 武心波：《"一元"与"二元"的历史变奏——对日本"国家主义"的再认识》，上海：上海三联书店，2008年，第565页。

③ 《王毅：把中日关系比喻为一战前英德关系莫名其妙》，中国新闻网，2014年1月25日，http://www.chinanews.com/gn/2014/01-25/5780329.shtml。

准确地进行调整，在很大程度上与日本独特的战略文化、历史传统和体制机制有关。日本的长处是比较注重细节、讲究极致，在特定时期、特定领域可以做到有声有色、精彩纷呈。但是，在推行时间跨度较大、涉及领域较多、需要多方协调、比较系统和具有整合性的对外战略上，这一长处就相形见绌了。

首先，40年来日本政局跌宕起伏，历届内阁忙于应付眼前挑战，无暇制定一以贯之的长期战略。特别是1996年启动的选举制度改革，其初衷是加快日本政党轮替的步伐。但引进小选举区制度的结果是打破了日本国会议员相对稳定的结构，政治家们将精力集中在如何确保自己继续当选上，在涉及国家战略的核心问题上普遍缺乏创新意识和战略视野。而且，政党加快轮替、内阁频繁更迭也屡屡打破政策的连续性，执政者不得不将选民能够理解、容易见效作为有关战略和政策采纳与否的"硬"指标。国家的长远利益被迫让位于政党夺取和保持政权的眼前需要。

其次，"剧场政治"的盛行压抑政策创新，产生了"劣币驱逐良币"的效应。近年来，日本选民的"脱离政党"化趋势日益明显，传统政党的支持团体逐渐弱化，组织票越来越不可靠，而不支持任何政党的所谓无党派群众已接近选民的50%。决定朝野政党命运的恰恰是这些无党派阶层。为了吸引数量众多却缺乏组织、十分散漫的无党派阶层，朝野两大阵营的政治家从拉拢明星、名模竞选，出演电视脱口秀，到曝光内幕新闻、故作惊人之语，可以说只要是能吸引人们眼球的，无所不用其极。日本政界最流行的一句话就是："政界的事情除了眼皮底下以外其余都是漆黑一团。"正如森岛通夫在《透视日本："兴"与"衰"的怪圈》一书中所指出的，日本的政治家完全忘记了政治家所应当有的姿态，即作为政治家应当为全体国民争取更大的利益、提出新的政治方案并加以实施。①

必须指出的是，日本特有的政府部门纵向分割的弊端也严重影响了其国家战略的整合。行政机构的纵向分割、各自为政是很多国家的通病，但是这一弊端在重视集团意识的日本尤为突出。日本企业普遍实现"终身雇佣制度"，政府机构也对所辖的公务员关怀备至，其前提就是对所属省厅有"忠

---

① 〔日〕森岛通夫：《透视日本："兴"与"衰"的怪圈》，天津编译中心译，北京：中国财政经济出版社，2000年，第276页。

诚感"。日本行政机构就单一部门而言，运转有序、效率很高，但总体上部门间纵向分割、各自为政、相互推诿，不仅效率低下，而且难以形成合力。日本传媒用"圈地之争"① 这个词概括省厅之间的这类争吵，这是颇为精辟的。

2. 未能摆脱对美国过于依赖的思维惯性

日本要从经济大国走向政治大国，美国的默认和支持至为重要。有鉴于此，从20世纪80年代起，日本历届内阁在处理与美国的关系时非常用心，在重大国际事务中坚持"选边站"，在外交和安全领域不断加大"对美一边倒"的力度，甚至不惜在经贸领域对美国一再让步，以减少美国的战略疑虑。这些举措在一定程度上是有效果的。可以说，日本迈向"正常大国"的每一个步骤，特别是在军事领域试图挣脱和平宪法束缚的举措，都得到了美国的默许和支持。但是，不管日本怎么努力，美国都不会将日本视为平等的伙伴，也不愿意与日本一起分享东亚事务的领导权，遑论在全球事务中容忍日本与自己渐行渐远，甚至在它羽翼丰满后摆脱美国的控制而自行其是。

首先，美国是一个崇尚实力、讲究实际利益的国家。美国对待它的盟国，无论是欧洲的还是亚洲的，从来都没有把它们当成平等的合作伙伴，而是将它们当作仆从和工具，将它们紧紧绑在自己的"战车"上，让它们为自己的全球战略服务，唯美国马首是瞻。"美主日从"是日美同盟的基本框架。日本只有在美国默认的情况下或者是在美国睁一只眼、闭一只眼的情况下，才可以偏离美国的指挥棒做些小动作；美国需要日本对自己的绝对忠诚，而它自己却可以在需要时将日本撇在一边，推行所谓的"越顶外交"。

其次，美国对作为其盟国的日本从来没有放松在政治、军事和经济上的控制，对日本朝野任何疏远、摆脱美国或试图构建"对等"日美关系的动向始终保持高度的警惕。从田中角荣、小泽一郎到鸠山由纪夫，凡试图拉开与美国距离、表现出一些独立性的日本首相，最终都遭到美国的打压。② 在经济上，美国对日本也是颐指气使，一味施压。从1994年起，美国每年向日本提出年度改革要求的清单，单方面要求日本改变不符合美国利益的商业习惯甚至国内法律，最终目的就是让日本向美国开放其国内市场。

---

① 在日语中称作"縄張りの争い"。
② 日本前驻伊朗、乌兹别克斯坦大使，外务省前国际情报局局长孙崎享在他2012年出版的《战后史的真面目》一书中透露，田中角荣、小泽一郎都是有意要与美国拉开距离，却让美国施展伎俩俩搞下台的。参见孙崎享『戦後史の正体』、創元社、2012年。

再次，虽然日美间的历史宿怨已逐渐让位于两国共同的战略利益，但美国不可能认同日本保守政治家歪曲二战历史、否定战争责任的行径。美国试图按照"远东的英国"来塑造日本，对日本的地区扩张予以默认和支持。但是从安倍2013年参拜靖国神社后，美国政府在第一时间表示"失望"，从中可以看出日美间很难迈过远东国际军事法庭的审判所形成的那道历史问题的"坎"，日美间也很难建立起类似美英在两次大战中并肩作战、用鲜血凝结起来的那种特殊关系。

日本几十年来习惯于接受美国保护、免费"搭车"，在日本政治家中已经形成了一种如美国学者理查德·塞缪尔斯所说的拥抱美国却担心陷入战争旋涡、想与美国拉开距离又担心被美国抛弃的矛盾心理。① 日本虽然偶尔表现出一些自主性，但绝大多数时候看美国眼色行事，这是国际社会不大关心日本在外交上究竟想怎么说、怎么做的根本原因。用日本学者的话来说，日本在外交和安全保障领域一直是"停止思考"、唯美国马首是瞻的。② 所以，日本"傍美"外交不断加深的过程也是日本自主外交不断削弱的过程，是其战略贫困的深刻反映。

3. 未能同亚洲邻国实现真正的历史和解

近40年来，日本一直想成为亚洲的盟主，采取政治、外交、经济和文化多管齐下的方针，改善和发展与亚洲各国特别是同处东北亚的中国、朝鲜和韩国等近邻国家的关系。它主导建立了亚洲开发银行，积极推进区域一体化。作为曾经对亚洲邻国进行过侵略和殖民统治的二战战败国，日本与这些国家的关系总体上是有很大程度改善和发展的，但是由于历史和现实多种因素的综合作用，日本与亚洲邻国的关系总是磕磕碰碰、风波迭起。这是影响它在国际事务中发挥更大影响的最大障碍。

长期以来，有三大问题一直困扰着日本与东亚国家建立真正的互信关系。

首先，日本国内始终存在轻视邻国的民族优越感。近年来，东亚地区以中国为代表的新兴国家的群体性崛起导致全世界对这一地区刮目相看，但是日本政治家总是摆脱不了明治维新以来沿袭已久的"日本优越"论，习惯

---

① 〔美〕理查德·塞缪尔斯：《日本的大战略与东亚的未来》，刘铁娃译，上海：上海人民出版社，2010年，第234页。

② 森田実「まだ对米追従、思考停止状態の日本」、日本を守るのに右も左もない、2006年12月8日、http://blog. nihon - syakai. net/blog/2006/12/108. html。

居高临下地看待亚洲邻国。这种心理状况必然给日本与东亚的关系投下浓重的阴影。

其次，日本在侵略战争历史问题上缺乏彻底的反省。应该说，战后日本政府和日本领导人曾多次就日本历史上的对外侵略和殖民统治问题表示深刻反省，并对受害国进行道歉。但日本右翼势力包括一些有影响的政治家一有机会就要翻案历史，美化侵略战争和军国主义分子。日本首相参拜供奉着东条英机等甲级战犯的靖国神社，不能不使人们对日本是不是真心悔改产生极大的怀疑。

再次，日本在对外经贸交流中过于强调本国的利益。国与国之间的经贸交流是一种利益的交换和博弈，当然要最大限度地维护本国的利益，但同时也要照顾对方的利益。一般来说，在国际分工中处于优势地位的发达国家，在与处于劣势地位的发展中国家打交道时多少要给对方一些看得见的好处，要显得大度和宽容些。但日本往往锱铢必较、寸利不让。短视、狭隘和盲目自信的岛国心理阻碍了它以平等地位与亚洲邻国进行交往。

日本在亚洲苦心经营多年，其政府开发援助差不多大半投向了亚洲。但是，由于日本在上述问题上的表现，它的"投入"并未带来原先所期盼的"回报"。从 2005 年那次"入常"冲刺的失败来看，在日本最需要它的亚洲邻国出力的时候，却未能得到这些国家的支持，日本、印度、德国、巴西"四国提案"在亚洲仅有阿富汗、不丹和马尔代夫支持。船桥洋一在 2005年 8 月 19 日的《朝日周刊》中曾如此总结道："日本同德国、印度和巴西搞的联合国安理会改革，受到美国和中国的抵制，为非洲所鄙视，已经完全走进了死胡同……为同邻国一起构筑未来，日本需要为克服过去、走向未来做出战略决断。"①

（二）日本国家政治转型的趋势展望

世界上无论哪一个国家，也无论是在哪一个时期，总是有自己的利益诉求和对未来的憧憬。虽然其背景、内涵和途径各有不同，但共同的一点是都希望在世界民族之林中为自己的国家找到最理想的位置，让自己在世界上受

---

① 《日刊：战后 60 年 日本外交大败退》，人民网，2005 年 8 月 15 日，http：//world. people. com. cn/GB/41219/3615540. html。

到更多的尊重和赞许，并拥有持久而广泛的影响力。

恩格斯指出："历史是这样创造的：最终的结果总是从许多单个的意志的相互冲突中产生出来的……这样就有无数互相交错的力量，有无数个力的平行四边形，由此就产生出一个合力，即历史结果，而这个结果又可以看作一个作为整体的、不自觉地和不自主地起着作用的力量的产物。"① 日本希冀由经济大国一跃成为政治大国的"大国梦"也是如此。能否圆梦，最终是要由内外多种因素，即恩格斯提到的"无数个力的平行四边形"相互作用所形成的总的"合力"决定的。在可以预见的未来，日本的"大国梦"作为激励朝野两大阵营政治家和支持他们的社会精英的重要驱动力还会持续发挥作用。但是，由于内外多种因素的交互作用，日本要想成为一个在国际社会具有主导性影响的大国，面临的困难和阻力还是比较大的。

首先，日本要跻身联合国安理会常任理事国，恐怕是不切实际的幻想。且不说日本尚未与亚洲邻国实现真正的历史和解，能否凑足通过相关提案所必需的支持票还存在不确定性，日本对美国的战略攀附与盲从也使人们普遍怀疑有没有必要在安理会为它准备一个常任理事国的位置。联合国改革的话题一直吸引着国际社会的关注，但这绝不意味着一定要改变安理会的既有构成与运作方式。日本用"入常"绑架"改革"未必能行得通。

其次，军事领域是日本成为"正常大国"的"短板"，也是它最容易陷入的"误区"。日本总有人迷恋昔日"大日本帝国"的所谓"赫赫武功"，热衷于挣脱"专守防卫"的枷锁、走"军事大国"道路。但是，一方面，日本的财力、人力都不允许它无限制地扩张军事力量；另一方面，凭借武力和武力威慑提升国家威望已是落后于时代的陈旧观念。未来，日本即便能在地区热点冲突中施展一些拳脚，但基本上是从事打击海盗、救灾纾难等"非战争军事行动"，只是充当美军的附庸，不会给日本带来多大政治上的好处。

再次，日本在文化领域有一些"亮点"，但终究难以成为世界潮流的引领者。日本人注重细节、讲究极致，这是它能够在动漫、美食和服饰等方面吸引世人眼球的奥秘。但是，日本从来没有产生过恢宏大气、影响深远的哲学思想和战略理念。这些年来，日本也很少就国际政治经济秩序提出新的设想和新的原则。而且，除非日本愿意并真心实意地与中国、韩国等亚洲邻国一起

---

① 《马克思恩格斯选集》（第四卷），北京：人民出版社，2012 年，第 605 页。

为保存和弘扬东亚文明做出努力,否则它只能停留在单纯诠释和转述欧美现有的价值理念和道义诉求的层面上,其战略贫困和文化贫弱的软肋会一直存在。

在可以预见的未来,不排除日本在国际舞台上的某些时候、某些领域还会有一些出彩的表现。但是,正如"逆水行舟,不进则退"所揭示的,日本当权者可能很快就会醒悟到,由于内外环境的变化,加上自身努力的不足,日本与实现"大国梦"的距离不仅没有缩短,反而会越来越远、越来越遥不可及。日本实现"大国梦"主要面临以下三大障碍。

第一,日本曾引以自傲的经济筹码明显缩水。

日本的自然禀赋,除了四周环海、拥有较长的海岸线以及位居世界第4的领海和专属经济区构成的海洋国土外,在其他方面很难与美、中、俄等幅员辽阔、资源丰富、具有战略纵深的大国相比。日本主要依仗二战后迅速膨胀的经济实力。但是,正是当年将日本推到与世界主要大国并驾齐驱地位的这张"经济牌",最终又会将它从金字塔顶端拉下来。

战后,日本在1956~1973年的经济高速增长时期,年均经济增长率为9.1%,被誉为"世界经济的奇迹",这是它最辉煌的时期。1974~1990年,日本的平均经济增长率为3.8%,虽然下跌了一大半,但应对两次石油危机的成功使日本跃上世界第二经济大国的地位。之后,20世纪90年代,日本经济的年均增长率又跌至1.2%,低于欧美发达国家的平均水平,其中1993年、1998年还是负增长。进入21世纪以后,日本经济始终处于低速滑翔状态,2001~2018年的平均增长率仅为0.8%。其中,2001年日本的GDP在全球所占份额跌至12.9%,2006年跌进了一位数,为9.0%,2018年进一步下降为5.7%。换言之,日本的经济规模在20世纪80年代末距离赶超美国只有一步之遥,但是在即将进入21世纪20年代时,日本的GDP已锐减为美国的1/3。据预测,到2040年,日本的GDP将被印度、印尼等国赶超,在全球所占份额将跌至3.8%,仅为同期美国的1/5,2060年还将跌至3.2%,恐怕会被挤出世界前十的行列。①

目前,长期以来推动日本经济持续领先的内外因素已经风光难再。大企

---

① 「選択する未来—人口推計から見えてくる未来像—」、内閣府ホームページ、2015 年 12 月 2 日、125 頁、https://www5.cao.go.jp/keizai-shimon/kaigi/special/future/sentaku/s3_2_15.html。

业日益僵化，中小企业后继乏人，雇佣体制改革导致劳资对立加剧，非正式雇佣比例持续上升的就业结构也造成职工对企业的归属感日益淡薄。虽然日本在科技创新、商品开发等领域依然处于相对领先的地位，但是日本政府和企业持续减少对科研开发的投入，日本的中小学校过分强调减轻学生负担的"宽松"教育，这些消极因素叠加在一起，将导致日本发展高科技缺乏后劲，难以继续保持在世界"第一梯队"的位置。

第二，日本未来走向受少子老龄化严重拖累。

日本的少子老龄化问题在发达国家中是最严重的。安倍晋三在 2017 年 9 月的临时国会上将这一问题称作日本的"国难"，翌年元旦又重复了这一判断①。一方面，二战后，日本的人口出生率在 1950 年曾高达 2.94%，到 1980 年就跌至 1.36%，2019 年更低到 0.73%。另一方面，日本人的平均预期寿命逐年增长，从 1947 年的男性 50.06 岁、女性 53.96 岁上升到 1980 年的男性 73.35 岁、女性 78.76 岁，2010 年进一步上升到男性 79.64 岁、女性 86.39 岁。② 日本老龄化问题日益突出。1980 年，日本 65 岁及以上人口占人口总数的比例为 9.1%，2005 年上升为 20.1%。2015 年，在其他发达国家中，65 岁及以上人口占人口总数的比重最高的是意大利，为 19.7%，以下依次是德国（18.8%）、瑞典（17.2%）、西班牙（16.8%）、法国（16.3%）、英国（16.1%）、美国（12.3%）。发达国家平均为 15.3%。③ 从 2005 年起，日本每年的人口出生率低于死亡率，总人口呈递减趋势。截至 2018 年 10 月，日本的人口总数为 1.2644 亿人，其中 65 岁及以上人口为 3558 万人，占比为 28.1%。按照目前的发展趋势，到 2065 年，日本的人口总数将跌至 8800 万人，每 2.6 人中就有 1 人是 65 岁及以上的老人。④ 少子老龄化的直接后果，首先是日本在世界人口排名中的位次下降，1990 年日本人口排名世界第 7 位，2016 年被墨西哥挤出前 10 位，未来还将进一步下降；

---

① 安倍晋三「安倍内閣総理大臣平成 30 年年頭所感」、首相官邸ホームページ、2018 年 1 月 1 日、https://www.kantei.go.jp/jp/98_abe/statement/2018/0101nentou.html。
② エイジング総合研究センター『高齢社会基礎資料（2012 - 2013）』、中央法規出版株式会社、2012 年、3 頁。
③ 『平成 21 年版高齢社会白書（概要版）』、内閣府ホームページ、http://www8.cao.go.jp/kourei/whitepaper/w - 2009/gaiyou/21pdf_index.html。
④ 『令和元年版高齢社会白書（概要版）』、内閣府ホームページ、https://www8.cao.go.jp/kourei/whitepaper/w - 2019/gaiyou/01pdf_index.html。

其次是劳动力供应将日趋紧缺,甚至自卫队的兵源都难以保证;再次是医疗和看护费用的上升将严重挤压普通的消费支出,内需疲软的局面将日益严重;最后是为应对老龄化而不断攀升的社会成本使日本社会越来越缺乏创新活力。

第三,东亚地缘政治格局变化压缩日本空间。

日本在20世纪七八十年代跃居世界第二经济大国时,东亚没有哪一个国家的经济实力可以与它相比。当时,中国刚刚结束长期封闭的状态走上改革开放的道路,GDP还不到日本的1/10;韩国也正在经历由军事独裁向文官统治转型的阵痛;东盟各国则只是比中国稍早一点走上经济发展的"快车道"。日本、东盟和中国在产业结构和经济发展程度上存在较大差异,构成了在不同层级轨道上运行的经济结构,即东亚的"雁行模式",日本作为"头雁"发挥着引领的作用。在美欧日三极磋商机制中,日本俨然以亚洲的代表自居。这自然促使它谋求更高的国家定位。

然而,随着新兴经济体国家群体性崛起,东亚的地缘政治格局发生了深刻的变化。特别是中国经济近40年来的迅猛发展从根本上颠覆了"雁行模式"。中国的GDP在2010年赶超日本,2019年达到日本的近3倍,中国对世界经济增长的贡献度高达30%,这是日本即使在其巅峰时期也未能企及的。目前,中国已是包括东亚在内的130多个国家和地区的第一大贸易伙伴,"一带一路"倡议和"人类命运共同体"构想在全世界引起广泛的反响,这种辐射能力也是跟着美国亦步亦趋的日本所无法比拟的。如果说在G7框架内,日本是唯一的亚洲国家,那么如今在更具权威性的G20中,东亚地区就有中国、日本、韩国、印度尼西亚,还包括印度、沙特和土耳其等亚洲其他国家。尽管随着新安保法案的逐步落地,自卫队向海外派兵陆续"松绑",日本开始在地区和世界范围的大国博弈中发挥军事力量的作用,但是它暂时还难以跨越和平宪法这道最后的法律障碍,也越来越受到拥有相当军事力量的俄罗斯和韩国等国的牵制。未来,随着新兴经济体国家总体实力的增强,日本在东亚乃至亚洲的话语权和影响力上升的空间将越来越小。尽管"大国梦"依然十分诱人,但日本与圆梦的距离会日益拉大。

结　语

日本在成为世界第二经济大国后,渴望成为政治大国,尤其是成为能引领世界潮流的主导国家。它审时度势，采取了一系列有助于国家政治转型的举措。应该说，在反复试错、历经曲折后，这些举措起到了一定的效果：与40 年前相比，日本在国际社会的活跃程度大大提高，在国际秩序调整和重构过程中的话语权和影响力明显提高。但是，由于日本所处的内外环境发生了一系列深刻而复杂的变化，加上日本当权者在有关日本国家定位的顶层设计与具体施政中存在明显的战略误判和政策错位，日本由经济大国到政治大国的转型将遇到越来越多的困难和障碍。从这个意义上，可以说日本又一次站在了历史的十字路口。如果日本的当权者能审时度势，适应全球化时代新的国家政治理念的要求，选择最适合日本国情和国际社会期盼的国家战略定位，逐步摆脱对美国这一超级大国的战略攀附和盲从，与亚洲近邻实现历史性和解，将自己拥有的经济优势、文化魅力转化为可以持续向地区和国际社会提供的公共产品，日本将在世界上赢得众多国家的理解和尊重，发挥一个地区大国引领潮流、创造历史的作用。如若不然，日本面临的各种内外制约因素将使它四面碰壁、步履维艰，日本距离它所憧憬的"正常大国"只会越来越遥远。日本从 20 世纪 80 年代开始的这场"大国梦"虽然未必会像前两次那样迅速破灭，但很可能是在痛苦地挣扎一阵子后，最终还是与历史给它创造的机遇失之交臂。

（审校：孟晓旭）

• 专题研究　日本成为世界第二大经济体后的国家转型 •

《日本文论》（总第3辑）

第 39 ～ 56 页

© SSAP，2020

战后日本的亚洲外交

〔日〕宫城大藏/著[*]　唐永亮/译[**]

内容提要： 以往的战后日本外交史研究多以日美关系为中心，近些年全面研究战后日本与亚洲的外交关系变得日益必要。战后日本的亚洲外交就是从"日本与亚洲"转变为"亚洲中的日本"的过程。本文在梳理日本视角下的"亚洲"地区概念变迁的基础上，考察日本亚洲外交的不同时代特征，把握日本亚洲外交的整体状况。如今，日本亚洲外交不仅会对其整体外交产生影响，还将对日本国内政治产生巨大影响。

关键词： 日本　亚洲　亚洲外交　地区主义　日美关系

一　怎样书写日本的亚洲外交

此前学者们在书写战后日本外交通史时，多以日美关系为中心，本文的目的是考察第二次世界大战后日本亚洲外交的整体情况及其特征。

若列举出战后日本外交的主要事件，《旧金山对日和平条约》以及《日美安全条约》的签订（1951年）、《日美安全条约》的修订（1960年）、冲绳返还（1972年）等都是与日美关系相关联的。在以自民党和社会党为主要政党的"五五年体制"下，两党争论的焦点是《日本国宪法》第九条和日美安保问题，这些与美国有着紧密联系。战后的日本外交史研究发现，战

---

[*]　宫城大藏，日本上智大学教授。

[**]　唐永亮，中国社会科学院日本研究所研究员。

后的日本主要政权都在尝试制定具有自身特色的外交路线，要么走"对美协调"路线，要么走"对美自主"路线。日本学界时常有学者整理日美关系史方面的著作出版，代表性著作如细谷千博所编《日美关系通史》①、五百旗头真所编《日美关系通史》② 等，显示出日美关系在日本外交史研究中的重要性。

再看日本与亚洲的关系，作为战后日本起点的《旧金山对日和平条约》，只有东南亚一部分国家参与签署，中国、韩国、印度等国都未参加。此后的日本与亚洲关系则表现为 20 世纪 50 年代后期与东南亚诸国进行赔偿交涉、日韩邦交正常化（1965 年）、中日邦交正常化（1972 年）等，这些都以处理战后问题为中心。日本的战后外交研究，大多以个别事件、现象为中心，比如吉川洋子的《日菲赔偿外交交涉研究》③、井上正也的《日中邦交正常化的政治史》④ 等。

可以说，近些年全面研究战后日本与亚洲的外交关系很有必要，对当下而言更显得特别重要。在日本外交中，以《日美安全条约》为中心的对美关系今后仍居于中心位置，而与以中国为代表的亚洲国家的外交关系，对日本来说也越来越具有重要意义。

日本与亚洲邻国的关系，因为存在战争、侵略和领土争端等问题，会刺激日本与相关国家的民族主义情绪，使事态变得复杂。了解现代形塑前的历史中存在的问题，就能知晓通过怎样的智慧和努力解决问题或管控问题，这是非常重要的。日本的亚洲外交史研究无疑就是要解决这样的问题。

亚洲各国间经济领域的联系日益紧密，地区主义也日新月异，在此时将亚洲作为一个地区加以把握，考察其发展过程具有非常重要的意义。如果用一句话来概括这个过程中日本的亚洲外交，就是要从"日本与亚洲"转变为"亚洲中的日本"。直至 20 世纪 60 年代，除日本等一部分地区外，"亚洲"仍然是战乱和混乱的代名词，经济上也很难看到发展的契机。与之相对，将自身标榜为"和平国家"的日本经过经济高速增长，走上了通往发达国家的道路。在这种状况下，日本认为自己与亚洲其他国家和地区不同，

---

① 細谷千博編『日米関係通史』、東京大学出版会、1995 年。
② 五百旗頭真編『日米関係通史』、有斐閣、2008 年。
③ 吉川洋子『日比賠償外交交渉の研究』、勁草書房、1991 年。
④ 井上正也『日中国交正常化の政治史』、名古屋大学出版会、2010 年。

并以"日本与亚洲"的观念来思考问题也是可以理解的。

然而,进入 20 世纪 70 年代以后,亚洲进入了经济高速增长时期,纵观当今世界没有任何地区能够像亚洲一样在经济上如此富有活力。整个亚洲都获得了发展,在经济上亚洲已不再只有日本独树一帜了。从 20 世纪 90 年代开始,在亚洲乃至亚太地区,地区主义迅速发展,地区主义也成了日本外交的重要课题。基于这种状况,日本的亚洲外交发生了从过去的"日本与亚洲"转变为"亚洲中的日本"的巨大改变。[①]

下文将在梳理日本视角下的亚洲地区概念变迁的基础上,考察日本亚洲外交的不同时代特征,以期把握日本亚洲外交的整体状况。

二 亚洲地区概念的变迁

(一)日本离亚洲还有多远

要揭示战后日本亚洲外交的整体情况,首先要弄清亚洲的范围、阐明亚洲的含义。对美关系意味着美国是日本外交关系的对象,而亚洲不是一个国家,而是由许多国家构成的地区。不仅如此,"亚洲"这个地区概念还随着时代发展而发生着变化,使这个问题变得更为复杂。作为讨论日本亚洲外交的前提,下面将梳理日本对"亚洲"这一概念的用法及其演变过程。

在地理上,亚洲指欧亚大陆中除了欧洲以外的地区,具体而言是从苏伊士运河和土耳其的伊斯坦布尔海峡以及俄罗斯的乌拉尔山脉以东的地区。但是,实际上土耳其、以色列等中东国家很少被纳入日本视野中的亚洲。"亚洲"一词起源于古代东方"太阳升起的地方"。若如此,从古代东方看东边都是亚洲,因此亚洲就缺少了作为一个地区的共通性和一体性。

在日本,"亚洲"等同于"亚细亚",这个词据说源自 17 世纪在中国明朝时期活跃的耶稣会传教士利玛窦制作的世界地图《坤舆万国全图》,此图流入日本并得到传播。在《坤舆万国全图》中,世界被分为五大洲,其中之一就是亚细亚。对于当时的日本知识人士而言,与过去日本以中国为中心的世界观相比,"亚细亚"的地区概念能够将日本和中国同等看待,更方便

---

① 参见宫城大藏编著『戦後日本のアジア外交』、ミネルヴァ書房、2015 年。

使用。①

进入明治时期，日本政府为追赶欧美列强，走上了"富国强兵"的道路，在民间则兴起了所谓"亚洲主义"风潮。该风潮认为，面对西方帝国主义列强的到来，亚洲国家应该联合起来共同应对。这种主张包含由亚洲率先实现现代化的日本主导东亚联合的浓厚色彩。因此，可以说此时日本的"亚洲"概念已经超越了地理上的概念，成为一种意识形态。有学者指出，日本政府的现实主义与民间的理想主义构成了日本外交的特征。②

此后，日本政府与"亚洲主义"构想渐行渐远，成了帝国主义列强的一员。二战前，日本帝国将"亚洲主义"思想融入现实政策，大概在太平洋战争爆发后提出了"亚洲解放"和"大东亚共荣圈"概念。然而，这在现实中并没有带来"解放"与"共荣"的意义。

日本在战败后被以美国为首的联合国军占领，其时"远东"（far east）这一地区概念传入日本。"远东"是基于英国视角的地区概念，与之比较接近的东方是"中近东"，更为遥远的东方被称为"远东"。美国的行政机构使用"远东"一词，故而这个地区概念也被引入了日本。即使现在，《日美安全条约》第六条"远东条项"（在日美军能够为远东的国际和平与安全做出贡献）等主要涉及日美安保的问题中也使用"远东"的表述。

日本在二战后已经基本不像二战前那样使用"东亚"和"大东亚"。日本与东亚（＝中国、朝鲜半岛）断绝了外交关系，或许因为无法传来足够的信息，也就自然失去了使用"东亚"的机会。与战争中"大东亚共荣圈"直接相关的"大东亚"一词也几乎不再使用了。

（二）"东南亚"与"南亚"

1952 年《旧金山对日和平条约》生效，日本恢复了主权，但尚没有足够余地与亚洲各国开展外交活动。中国和朝鲜半岛暂且不论，日本与东南亚诸国也因没有解决战争赔偿问题，而无法恢复外交关系。对于日本来说，在与亚洲国家修复邦交关系上最早取得进展的是印度和南亚国家。持不结盟主义、具有世界影响力的印度总理尼赫鲁在日本很有影响，印度的经济也颇受

---

① 松田宏一郎『江戸の知識から明治の政治へ』、ぺりかん社、2008 年。
② 入江昭『日本の外交—明治維新から現代まで—』、中公新書、1966 年。

关注，在当时的日本简直形成了一股"印度热潮"。

如果从地区概念着眼，这一时期"东南亚"包含以印度为首的"南亚"。从当时日本官厅的出版物来看，印度、巴基斯坦都在东南亚范围内。

关于其背景，笔者想谈以下几点。第一，"东南亚"这一地区概念在当时并没有明确得到广泛承认。现在的"东南亚"几乎成为东南亚国家联盟的同义词。东盟成立于1967年，20世纪50年代还不存在这一组织，当时的马来西亚、新加坡处于英国的殖民统治之下，印度尼西亚虽然经过独立战争实现了独立，但新几内亚岛的西半部分仍是荷兰的殖民地（1962年被划入印度尼西亚）。东南亚并不都是主权国家，作为一个地区的一体性并不牢固。

"东南亚"这一地区概念本身（此处的东南亚不包含南亚，相当于今日的东南亚）的历史并不长。具体而言，最初的用例是，第二次世界大战中今日的"东南亚"处于日本军队占领下，为进行反攻，1943年国际反法西斯联盟设立"东南亚总司令部"（Southeast Asia Command），这是"东南亚"一词首次被正式使用。二战前的日本也有一部分人使用"东南亚细亚"（東南アジア），但一般都称之为"南洋"。

此外，还存在横跨现在的东南亚和南亚的组织框架，有代表性的是由印度、巴基斯坦、斯里兰卡、缅甸、印度尼西亚构成的"科伦坡会议"。这五个国家唯印度总理尼赫鲁马首是瞻，具有较强的自立主义志向。1955年，召开了反对殖民主义、主张亚非联合的万隆会议（亚非会议）。这五个国家之中，除印度尼西亚以外，其余四个国家都是从英国的殖民统治下独立的。当时，英国依然将新加坡和马来西亚置于自己的殖民统治之下，印度等也作为英联邦的成员与英国保持着紧密联系。因此可以说，在东南亚和南亚作为一个地区已经具有一定一致性的背景下，英帝国依然在这里保持着存在感。

但是，这种情况在20世纪60年代发生了很大变化。尼赫鲁死后，印度在国际上失去了存在感，经过第二次印巴战争后，印度内向化的姿态趋强。一方面，在东南亚地区，美国开始正式以军事手段介入越南（1965年）。在越南战争中，美国将泰国作为前沿基地，还要求韩国也派兵参加，在日美军基地、美国托管之下的冲绳也发挥了重要作用。由此，从东南亚到日韩等东北亚，都被笼罩在越南战争厚厚的阴影当中。另一方面，印度等南亚地区增强了与东南亚不同的区域性质。曾经作为连接东南亚与南亚桥梁的英国也因财政困难从"瑞士以东撤退"，并于20世纪70年代初期关闭了长期作为其据点的新加坡军事基地，从该地区撤军。

与日本有关联的事件是，1966年在日本主导下召开了东南亚开发部长级会议。最初印度和巴基斯坦也希望参加这个会议，但最后日本并没有邀请它们。这是因为，日本政府认为如果让具有强烈自我主张的印度和巴基斯坦参加的话，会议将失去统一性，故而日本将所致力的开发集中于缅甸以东的东南亚。东南亚开发部长级会议是在美国深陷越南战争，要求日本提供相应战略合作的压力下召开的。通过提高东南亚经济水平消除该区域共产主义扩张的基础是此次会议的重要议题。由此，将印度和巴基斯坦排除在外也就不难理解了。越南战争的结果为东南亚和南亚强化各自的区域色彩提供了重要契机。

20世纪50年代，曾经与日本关系较近的印度逐渐淡出了日本的视野。21世纪，中国的综合国力日益增强，日本重新重视印度，将其作为应对中国的"平衡手"。

（三）"亚洲太平洋"与"东亚"

20世纪70年代至80年代，出现了"环太平洋"和"亚太"等新地区概念。广阔的太平洋向来被认为是大陆和大陆、地区与地区的分隔，而此时人们的想法发生了转变，认为环绕太平洋的国家形成了一个地区。

"环太平洋"和"亚洲太平洋"概念形成的背景是日本与澳大利亚建立合作关系。在此之前，一直在经济上与澳大利亚紧密联系的英国于1973年加入欧洲共同体，这对澳大利亚具有很大影响。英国加入欧洲共同体，澳大利亚被孤独地留在了地球的另一侧。这时，澳大利亚发现经济高速发展、拥有经济大国地位的日本与持续战乱、混乱不堪的亚洲毫无一体感。日本方面，大平正芳首相在20世纪70年代末提出了"环太平洋连带构想"，其想法是日本和澳大利亚形成南北合势，推动已经实现出口导向型经济发展的新兴工业化经济体（韩国、中国台湾、中国香港、新加坡）以及东南亚诸国逐渐形成一个经济圈。该构想的一个优点是资源贫乏的工业国家日本与资源丰富的澳大利亚可以形成互补关系。以这个时期建立的日澳合作关系为基础，1989年亚太经济合作组织（APEC）应运而生。

进入20世纪90年代，今日的"东亚"地区概念得到了广泛传播。此前的"东亚细亚"（東アジア）包括日本、中国、朝鲜半岛等，一般认为其相当于二战前的"东亚"（東亜）。与之相对，这一时期广泛使用的"东亚"包括从前的东亚、东南亚，与过去的"东亚"相比，这里的"东亚"可以称为"广义的东亚"。

"广义的东亚"的首倡者是马来西亚总理马哈蒂尔。1990 年，为深化东盟与中日韩的经济合作，马哈蒂尔提出了"东亚经济集团"（East Asia Economic Group，EAEG）构想。在马哈蒂尔看来，欧洲切实地推进了欧洲整合，美国也欲推进与加拿大、墨西哥的北美自由贸易协定，东盟也要与中日韩进行同样的尝试。

这一构想的前提是囊括了中日韩和东盟的区域在经济上正在急速形成深刻的相互依存关系。特别是为了实现削减贸易赤字，美国通过 1985 年的"广场协议"迫使日元升值、美元贬值，日元汇率大幅攀升，使日本企业大受影响。长此以往日本企业将难以维持出口产业价格竞争力，便将工厂大举向东南亚诸国转移，其结果是大大加深了日本与亚洲诸国的经济关系。马哈蒂尔的构想就是想进一步推动该区域内已经形成的经济一体化趋势。

然而，美国坚决反对这一构想，严厉批判马哈蒂尔的构想是"在太平洋上画了一条分隔线"，并要求日本政府也不要赞同这个构想。马哈蒂尔曾就人权问题与美国进行过激烈的交锋，再加上这个构想本身，美国政府对马哈蒂尔批判有加。

遭到美国强烈反对后，为了表明此构想的非排他性，"EAEG"的"G"（Group）改成了团结度弱一些的"Caucus"，即变为 EAEC（东亚经济会议），但美国的批判并没有停止。

马哈蒂尔为了实现 EAEC 构想，要求日本发挥领导力，而美国则要求日本不要参与。在当时日本的宫泽喜一政府中，以通产省等部门为中心赞同 EAEC 构想，经过一番苦苦思索，日本政府最终表明态度，即如果澳大利亚和新西兰参加，日本也会参加 EAEC 构想。作为回应，马哈蒂尔认为与自己同美国的矛盾相比，自己与澳大利亚的矛盾有过之而无不及，对澳大利亚参加 EAEC 构想不抱有希望。

当时自诩为东盟"盟主"的印度尼西亚总统苏哈托认为马哈蒂尔独断专行而不赞同他的构想等，再加上美国的反对、东盟内部的不团结，EAEC 构想最终未能实现。然而，这一构想提倡的中日韩与东盟各国开展经济合作的思想，以 1997 年亚洲金融危机为契机，事实上以"东盟 10 + 3"的形式得以实现。

（四）从"亚太"到"印太"

发端于泰国货币泰铢大跌的亚洲金融危机倏然之间席卷东南亚诸国和韩国，日本大型金融机构也接连破产，形势非常严峻。面对这场危机，国际货币基金组织提出的对策将结构改革作为提供资金援助的条件，反而导致危机进一步加深。

发生危机之际，中国、日本、韩国领导人受邀参加 1997 年的东盟首脑会议，共同商讨应对金融危机的对策。而后，"东盟 10 + 3"首脑会议形成惯例。后来，在"东盟 10 + 3"框架下又召开了部长级、事务级等各种级别的会议，达成了广泛的共识。而推进该事态发展的是正在形成中的"东亚共同体"意识。可以说，"广义的东亚"概念在这个阶段已为人们所接受。

当"东盟 10 + 3"形成之时，日本小渊惠三政府的态度非常积极。日本积极加入"东盟 10 + 3"，积极提出响应措施，实现了设立中日韩领导人会议，推出了被称为"新宫泽构想"的大规模援助政策，以积极应对。

进入 21 世纪，在小泉纯一郎执政时期，围绕整合东亚地区的结构，中国主张将"东盟 10 + 3"作为整合东亚地区的架构，而日本认为如此一来中国的影响力会提高，主张推进"东盟 + 6"，即在中日韩的基础上再增加印度、澳大利亚、新西兰三国。而东盟则绞尽脑汁维持自身在其中的主导权。

日本曾经在 EAEC 问题上被夹在马哈蒂尔和美国中间，为了摆脱这种状态，日本把澳大利亚和新西兰加入 EAEC 构想作为日本加入的前提条件。而此次在亚洲地区整合问题上，为对抗中国，日本又要求澳大利亚和新西兰加入。最后，"东盟 10 + 3"发展为东亚峰会，在"东盟 10 + 6"的基础上，美国和俄罗斯也参与进来。或许正是因为参加国增加，东亚整合失去了向心力。

至此，围绕亚洲、亚太出现了各种各样的地区概念，而最新的概念大概就是"印太"了。日本从第一次安倍晋三内阁、麻生太郎内阁时期开始，为牵制快速发展的中国，提出了强化日本与印度战略性合作的路线，在第二次安倍内阁时期又提出了"自由开放的印太"。美国在特朗普执政以后也经常言及"印太"。"印太"成为近来日美领导人经常挂在嘴边的概念。

回过头来看，在新的地区概念出现时，譬如始于第二次世界大战"东南亚司令部"的"东南亚"、以马哈蒂尔构想为发端的"广义的东亚"等，以具体的战略和构想为契机，进行过许多尝试。这些新的地区概念正因有相应的实实在在的内容，才没有成为过眼云烟，得以一直延续。那么，"印太"是否已经具备了可以被视为一个地区概念的实实在在的内容，还有必要做进一步探讨。

从日本视角梳理关于亚洲的地区概念的变迁，可以看出"地区"并不是与地理联系在一起的固定概念，而是对政治、经济以及其他活动的反映。换言之，二战前与二战后，在不同时代何种地区概念受到重视，似乎可以反映出彼时日本对外的关注点。在梳理上述地区概念变迁的基础上，接下来将围绕从二战战败至现代的日本亚洲外交，考察其不同时期的特征。

三　日本亚洲外交的时代特征

（一）战败、占领、媾和与亚洲

曾经广泛侵占亚洲太平洋一带、倡导建立"大东亚共荣圈"的日本帝国于1945年8月投降，第二次世界大战宣告结束。日本瞬间就从"战前"来到"战后"，往昔的亚洲也不复存在。

日本被置于以美国为首的联合国军的占领下，最终通过新宪法成为所谓"和平国家"。而与之相对，亚洲重燃战火，中国再次爆发内战，还有朝鲜战争、印支人民抗法战争、印度尼西亚独立战争，以及随着印度和巴基斯坦的分裂、独立而发生的第一次印巴战争等。

第二次世界大战的终结对日本而言，是"战后"这一"长久和平"的开端，而在日本以外的亚洲却爆发了新战乱。由此看来，战后日本与亚洲，如果从出发点而言毫无共同之处，可以说走上了两条看起来完全不同的道路。

二战结束后不久亚洲仍战乱频仍，这与日本帝国的崩溃有着深刻的关联。第二次世界大战末期，德国投降后，日本仍负隅顽抗，高喊着"本土决战""一亿玉碎"，进行激烈的抵抗。国际反法西斯联盟计划于1945年秋对日本本土发起进攻。日本遭到两次原子弹轰炸，在苏联参战后，1945年8月中旬，日本最终无条件投降。对国际反法西斯联盟而言，日本的投降比预期早了一些，而国际社会还没有充分想清楚日本投降后的亚洲秩序，国际反法西斯联盟还没有形成明确的战后构想，亚洲出现了巨大的"权力真空"。

由此可见，1945 年夏季日本投降与此后出现的亚洲战乱可以说构成了历史的表里两面。但是，对于战败后被置于占领之下、丧失了殖民地、与亚洲诸国断绝关系的日本来说，亚洲一下子成为遥远的存在。日本不把自身视为亚洲的一部分而以"日本与亚洲"的视角看问题，正是在这种与亚洲中断关系的过程中形成的。

1951 年，为结束对日本的占领，在旧金山召开了对日媾和会议。然而，这个会议与亚洲的关系微乎其微。中国方面，美国想邀请已经败退到台湾的"蒋介石政权"参会，而占据着香港的英国于 1950 年与中华人民共和国建立了外交关系，主张应由中华人民共和国参加此次会议。最终，美英两国交涉未果，"蒋介石政权"和中华人民共和国都未被邀请参会。韩国以战争中流亡上海的临时政府曾宣布对日开战为由，要求以战胜国身份参加旧金山对日媾和会议。美国也曾讨论过韩国参加会议的问题，但是拥有众多殖民地的英国担心实现独立的殖民地国家提出同样的申请而加以反对，最终韩国也未能参会。东南亚的菲律宾、印度尼西亚等国参加了会议。印度尼西亚对日本赔偿仅限于"劳务"的规定感到不满，虽然签订了和平条约，但在国内未能获得批准。

可见，亚洲诸国中很多国家没有参加旧金山对日媾和会议，所以媾和会议并未反映战争中被日本占领过的亚洲的声音，而是在朝鲜战争爆发后，全面体现了美国想把亚洲拉入冷战而希望日本尽早实现复兴的冷战逻辑。在媾和会议上，亚洲的声音微乎其微，这大概也是战后日本对亚洲战争责任的讨论直到 20 世纪 80 年代都比较少的一个重要原因。

因为很多亚洲国家没有参加旧金山对日媾和会议，所以对恢复主权的日本来说，其与中国和韩国的关系、与东南亚诸国的赔偿交涉等成为主要问题。在战后日本的亚洲外交中，战后处理问题成为重要问题之一正是因为其在《旧金山对日和平条约》中没有得到解决。

（二）"民族主义时代"的亚洲与日本——20世纪50年代

战前亚洲遍布西方国家的殖民地，到了战后不断有国家从殖民统治中解放出来获得独立。在 20 世纪 50 年代的亚洲，这些新兴独立国家迸发出炙热的民族主义，标志性事件就是 1955 年召开的万隆会议。

众所周知，万隆会议主张反殖民主义和亚非合作。对于已经恢复了主权的日本来说，这个会议是其参加的第一个国际会议。日本能受邀参加万隆会议是因为巴基斯坦的强烈要求。对巴基斯坦而言，堪称宿敌的印度与提出"和平共处五项原则"的中国共同主导亚非会议而实力大增，巴基斯坦想方设法对此加以阻止。因为欧洲各国无法参加万隆会议，巴基斯坦将目光转向在亚洲能够与中国相对抗的日本，热情地邀请日本参会，最终如愿以偿。

但是，日本与巴基斯坦的想法不同，将受邀参加万隆会议视为实现"回归亚洲的绝好机会"，舆论为之沸腾。此时击败吉田茂坐上首相之位的鸠山一郎将"吉田政策"称为"对美从属"，高举"对美自主"的外交旗号。对鸠山一郎而言，参加万隆会议是实现"对美自主"和"回归亚洲"的绝好机会。但是，实际上很重要的一点是，日本归根结底还是要看美国的脸色。

美国十分警惕万隆会议的召开将增强中立主义势力，最初期望万隆会议因内部矛盾而胎死腹中，但是眼见会议召开在所难免，就转而要求亚洲的自由主义国家积极参加万隆会议，以增强会上的反共产主义势力。对于日本而言，日本应该充分利用这个"回归亚洲的绝好机会"，但如果按照美国的要求全面展现反共产主义的姿态，将很难处理与亚洲中立主义国家的关系。最后，鸠山一郎政府派出经济审议厅长官、经济界出身的高碕达之助作为日本参加万隆会议的代表，提出了不涉及政治问题而专注于经济合作的方针。当时日本的经济实力还不足以主导亚洲的经济合作，在万隆会议上发挥的影响力十分有限。即便如此，日本也展现出其亚洲外交的最初模式，即不深入政治问题、重视经济关系。

如前所述，20 世纪 50 年代是印度在日本备受关注的时代。在战后的亚洲，中国走上了社会主义道路，而印度则走上了以糅合计划经济的自由民主主义来建设国家的道路。在国际上，印度的前途引人注目，日本以经济界为中心也形成了"印度热"。当然，这也反映出在与二战前一直保持紧密关系的中国和朝鲜半岛的关系中断、与东南亚赔偿交涉未果、日本无法"走出去"的情况下，亚洲只剩下印度还向日本开放。进入 20 世纪 50 年代后半期，印度经济逐渐停滞，而日本与东南亚各国的赔偿交涉完成后，日本经济界遂开始转而关心与东南亚开展赔偿经贸，对印度的关注渐渐减弱。

（三）战后亚洲的转折点——20世纪60年代

二战后，亚洲在 20 世纪 60 年代迎来了转变。纵览战后亚洲的国际政治史，前半期的亚洲充满了民族主义和政治活力，但也面临战争、社会混乱以及经济停滞等问题；到 20 世纪 70 年代亚洲则出现了明显的经济增长迹象，经过被称为"东亚的奇迹"的高速经济发展，今日"广义的东亚"成为世界经济增长的重心。战后的世界，除东亚以外再无其他地区有如此翻天覆地的变化。是什么造就了东亚的巨变呢？从国际政治史的脉络来看，笔者认为"十年转折期"起到了极为重要的作用。①

"十年转折期"指从 1965 年印度尼西亚发生未遂军事政变的"9·30 事件"开始，经过 20 世纪 70 年代初期的中美关系缓和，到 1975 年越南战争结束的十年。

1965 年，"9·30 事件"发生后，苏加诺失势，继任者苏哈托施行反共路线，印度尼西亚国内转向发展经济体制，与马来西亚实现和解，使东盟的形成具有了可能。1975 年越南战争结束，至此亚洲地区内不再有大规模战乱。这就意味着亚洲初步实现了在政治上摆脱殖民化，广泛形成了以确立发展经济体制、实现经济增长为目标的政治格局。

亚洲从"政治性时代"开始走向"经济性时代"，日本顺应了这种趋势，以经济为中心，加深了与亚洲各国的关系。1965 年，日本与长时间难以建立外交关系的韩国实现了邦交正常化，当然其中也有来自美国要求亚洲自由主义阵营团结的压力。日本对韩国的朴正熙政府进行了带有准赔偿色彩的经济援助，这对推动韩国工业化发展起到了非常重要的作用。日本于 1968 年赶超联邦德国成为自由主义阵营中仅次于美国的第二大国，美国要求日本在亚洲承担相应的任务，日美贸易摩擦也成为影响日美关系的重要问题。

（四）冷战格局的流动化与日本——20世纪70年代

20 世纪 70 年代是亚洲国际政治版图发生巨变的时代。中国与美国关系缓和使亚洲的冷战格局出现流动化。日本佐藤荣作首相以冲绳返还为契机隐

---

① 宮城大蔵『「海洋国家」日本の戦後史』、ちくま新書、2008 年。

退，在选定继任者的自民党总裁选举中，中美关系缓和后的日本对华政策成为一大争论焦点。佐藤政府的外务大臣福田赳夫主张，即便日本与中国接近，也应该在中国与苏联等国之间寻求平衡。与之相对，田中角荣在要求早日与中国实现建交的自民党党内势力的支持下，主张积极促进早日实现中日邦交正常化。在自民党总裁选举中，田中角荣取得胜利，1972 年 7 月就任首相。他趁着刚刚组建政权之势，于 1972 年 9 月实现了战后日本首相首次访问中国，致力于实现中日邦交正常化。

这一时期苏联开始尝试接近日本。通过镇压国内共产党势力而取得政权的印度尼西亚总统苏哈托因为反共立场且担心日本的贸易和援助从印度尼西亚等东南亚国家流向中国，期待与自己有着深交的福田赳夫能够在自民党总裁选举中取胜，但希望落空后，转而挖空心思与田中角荣建立关系。日本总是抱有在日美中框架下来看待时局的强烈倾向，在亚洲自由主义阵营中拥有突出经济体量的日本转向尽早与中国建立外交关系，从苏联和印度尼西亚的反应来看，这已经产生了很大的国际性影响。

1975 年 4 月，越南战争结束，亚洲又迎来了一个崭新的局面。其一，此时美国不再有介入亚洲的想法；其二，有迹象表明，中苏关系也影响到东南亚等地。

此时，福田赳夫首相在外交上提出一个动议，即"福田主义"（1977 年）：一是日本不做军事大国；二是日本与东南亚建立心与心相通的友好关系；三是作为对等的伙伴，日本要为东南亚的安定做出贡献。"福田主义"的内容乍一看好像不痛不痒，然而若从当时的国际形势看，却具有重大意义。

第一点，美国从越南撤退、英国从新加坡撤退后，东南亚出现军事空白，其间日本再次宣告不做军事大国，以让东南亚各国放心。虽然日本国内有人认为这是脱离现实的空话，因为这很难改变东南亚各国对曾经侵占过该地区的日本抱有的潜在警惕感，并且日本作为经济大国，已经具有了十分强大的实力。第二点是对当时日本向经济利益一边倒的反省。第三点对日本支援走共产主义道路的中南半岛三国与东盟共存也具有意义，其目的是避免东南亚成为中苏对立的舞台。此外，第三点的具体目标是阻止统一后的越南追随苏联，与东盟形成共存关系。但事实上越南进攻柬埔寨后，与东盟针锋相对，接着追随苏联。以美苏冷战终结为背景，柬越战争结束、中南半岛三国加入东盟，可以说，"福田主义"的第三点所描绘的东南亚未来蓝图得以实现。

佐藤卸任首相后，激烈争夺首相之位的田中与福田在此后也是自民党内权力斗争的中心，二人之间的不睦被称为"角福战争"。在亚洲外交方面，实现了中日邦交正常化的田中率领自民党田中派（后为竹下派）负责对华关系；而福田领导的派阀（福田派）作为岸信介派阀的继承者，对中国台湾地区和印度尼西亚、菲律宾等东南亚外交具有很大的影响力。自民党内部的派阀与日本的亚洲外交存在紧密的联动关系。[①]

（五）"经济大国"日本与亚洲——20世纪80年代

20 世纪 80 年代，日本作为经济大国的地位得以巩固。在亚洲，继新兴工业化经济体之后，很多东盟国家走上发展经济的轨道，中国也开始切实推进改革开放政策。日本通过提供日元贷款等，支援了这些亚洲国家的经济发展。也有观点认为，日元贷款需要偿还，并不是援助，但是至少可以说低利率、还款期限长且数额巨大的日元贷款在各国的基础设施建设等方面发挥了巨大作用。

20 世纪 80 年代，坐上首相之位的中曾根康弘努力处理在那时仍悬而未决的对韩经济援助问题。韩国以朝鲜半岛的安全保障对日本也很重要为由，向日本求援。对此，日本认为韩国是"军事政权"（全斗焕政权），国内大多持慎重态度。中曾根就任首相后，首先访问韩国，决定为韩国提供援助，而后将其作为成果访问美国，与里根总统会谈。中曾根康弘首相一方面对苏联采取严厉的姿态，另一方面与美国里根总统和中国领导人构筑密切关系，进一步稳定日本与美国、中国的关系。

尽管如此，日美关系并不是没有摩擦。很久以前出现的日本对美贸易黑字就是日美之间的一个大问题，美国为缩小贸易赤字，与发达国家协商，决定通过抛售美元协调介入。其结果是"广场协议"造成日元大幅升值，受此影响，日本企业大举将工厂转移至东南亚等地，促成了日本与亚洲经济关系的深化。如前所述，这使"日中韩＋东盟"作为"广义的东亚"的新地区概念登场。

---

① 宫城大藏「自民党内派閥とアジア外交」、宫城大藏编『戦後アジアの形成と日本』、中央公論新社、2014 年。

因中曾根康弘提出"战后政治总决算"并参拜靖国神社，日本与中国之间的关系出现了问题，中曾根此后对参拜一事十分谨慎。[①]

20世纪80年代，日本作为经济大国登上顶峰，此时冷战格局也有所强化。在此之前，日本对是否完全配合美国的冷战战略犹豫不决，而中曾根内阁对苏联明确表现出强硬姿态，由此也进一步稳定了日本对美关系和对华关系。换言之，日本试图通过明确对苏强硬路线，让中国与美国消除对经济大国日本的不满和警惕。此后，冷战结束、苏联解体，日本经济也受到泡沫经济崩溃的影响，日本外交被迫转向。

（六）亚洲地区主义的隆盛——20世纪90年代

20世纪90年代，在亚洲、亚洲太平洋，围绕地区主义的活动日益频繁。在亚洲，地区主义的先行实践是成立于1967年的东盟。此后地区主义日益活跃，表现在"亚太"概念的形成上。如前所述，"亚太"概念形成的关键是日本与澳大利亚的合作，1989年促成APEC成立。最初APEC只是部长级的组织，从1993年西雅图会议开始举办领导人会议，这个会议体现了冷战结束后倡导经济优先、意欲灵活利用APEC推进亚太自由贸易的美国克林顿政府的想法。

对日本而言，"亚太"概念的一个好处就是可以避免在美国和亚洲之间选边站。战前曾经出现过"亚洲主义"的潮流，在日本摸索构建地区架构之际，多数的想法是"整合亚洲"。而其中的问题就是如何摆放美国的位置。一个典型的例子是，马来西亚的马哈蒂尔总理提出EAEC构想后，遭到美国强烈反对，日本就被夹在两者中间。与之相对，如果用"亚太"的话，就可以把对日本都很重要的美国和亚洲囊括进来。

与之相比，由日本、中国、朝鲜半岛等构成的"东北亚"（也就是相对于"广义的东亚"的狭义"东亚"概念）的地区主义概念却没有那么好的机运。不论是从地理层面看还是从外交关系层面来看，这一地区主义都很难实现。在外交关系层面，日本于1965年与韩国建立邦交，于1972年与中国实现邦交正常化，中国与韩国则于1992年正式建交。东北亚的地区主义是搭了东盟的"便车"，通过"东盟10＋3"才最终实现了中日韩领导人

---

① 中曾根康弘『天地有情—五十年の戦後政治を語る—』、文芸春秋、1996年。

会议。

20 世纪 90 年代的亚洲、东亚，存在 APEC、协商安全保障问题的东盟地区论坛（ARF）等，而大幅提高地区主义水平的契机是 1997 年的亚洲金融危机促使"东盟 10 + 3"定期召开。日本的小渊惠三政府对此抱有浓厚兴趣的原因也在于此。

20 世纪 90 年代，以第一次朝鲜核危机（1993～1994 年）为发端，朝鲜核问题迅速凸显，不仅影响了日本的外交和安全保障，对日本国内政治也产生了巨大影响。第一次朝鲜核危机发生时，日本正值非自民党的联合政权细川护熙内阁和羽田孜内阁时期。朝鲜核危机的发生恰恰命中了在安全保障政策上联合执政党内部意见不统一的薄弱点，加剧了联合政权的不稳定。

羽田内阁倒台后，自民党、社会党和先驱新党联合执政的村山富市政权上台，而自民党和社会党能够联合起来的一大因素就是美国前总统卡特访问朝鲜，暂时避免了朝鲜核危机。假如朝鲜核危机仍持续，自民党和社会党很难就这个问题达成妥协。

担心再次爆发朝鲜核危机的美国，为了强化在朝鲜发生非常事态时的日美合作，强烈要求日本完善《日美防卫合作指针》相关法案。该法案在小渊惠三执政时顺利通过，其原因在于除自民党和自由党组建的联合执政党之外，还得到了公明党的支持。"五五年体制"崩溃后，自民党已经无法单独在众议院和参议院同时获得过半数的议席，为了稳定执政地位，自民党不得不与其他政党联合。此后不久，公明党开始与自民党联合，组成自公联合政权。《日美防卫合作指针》相关法案成为检验自公联盟的试金石，为了让今后类似该法案的重要法案能够顺利通过，自民党要求与公明党结成联盟。

（七）21 世纪的亚洲与日本

在 21 世纪的亚洲国际政治中，最大的事件大概就是中国的快速发展。20 世纪 90 年代末，中国的经济规模相当于日本的 1/4，现在已经快达到日本的 3 倍了。另外，朝鲜核危机问题也对日本构成了深刻的威胁。而在日本国内，接二连三地发生戏剧性的事件，如 2001 年高呼"打碎自民党"的小泉纯一郎就任首相，2009 年民主党政权实现了战后首次真正意义上的政权交替。为了实现政权交替，将以小选举区为中心的选举制度导入众议院，逐步改变了日本的政治面貌。这与日本外交特别是日本的亚洲外交结合在一起，产生了各种影响。换言之，与此前相比，进入 21 世纪以后日本的内政和外交密切相连，成为这一时期日本的一大特征。

这造成的结果是，小泉内阁实现了五年之久的长期执政。小泉纯一郎参加自民党总裁竞选，争夺继任森喜朗的首相之位，有不少人认为他的对手桥本龙太郎处于更加有利的地位。小泉为了从桥本手里争取自民党的强有力支持团体日本遗族会的选票，表示在其就任首相伊始便会去参拜靖国神社。他当选后，尽管受到中国等国的强烈反对，但仍每年参拜靖国神社，直至卸任。对于在自民党内基础并不稳固的小泉来讲，有必要做出自己一旦决定就会一以贯之执行的姿态。另一方面，小泉一直说"中国的快速发展对日本而言不是威胁而是机会"，事实也是如此，小泉执政时期，日本经济恢复景气，确实是结构改革外加中国经济的迅速发展让日本企业受益匪浅。

小泉卸任后，安倍晋三（第一次执政）、福田康夫、麻生太郎都曾组建过一年左右的短期内阁。其中一大理由是自民党在安倍内阁时期举行的参议院选举中惨败，执政党在参议院中的席位没有过半数而深陷"扭曲国会"困局。在外交层面，安倍与麻生主打"自由与繁荣之弧"，其基本思路是加强与共同拥有民主主义、法治等基本"价值观"的国家间的合作。尽管有内阁成员否认，但还是有人指出这一理念意在与同日本没有共有"价值观"的中国相对抗，构筑一种包围网。福田打出的则是"共鸣外交"，意欲加强与中国、东南亚等亚洲国家与区域外交，他认为，日本的对美关系和对亚洲外交并不是"二者择其一"的关系，两者的共鸣可以增强日本的外交实力。小泉卸任后的三位日本首相的外交方针反映出，日本对于以什么样的姿态来应对快速发展的中国还处于摇摆不定当中。

实现了戏剧性政权交替的民主党鸠山由纪夫、菅直人、野田佳彦三位首相在对亚洲外交上出现了大幅度的变动调整。鸠山政权对于"东亚共同体"是否应包含美国摇摆不定。继任的菅直人内阁转而意欲稳定对美关系，推出了加入"跨太平洋伙伴关系协定"（TPP）的方针。野田佳彦就任首相后，想要将日美安保与 TPP 结合起来进行考虑，而他决定先于东京都知事石原慎太郎一步将钓鱼岛"国有化"，遭到中国的强烈反对。在这种紧张状态下再次登上首相之位的安倍晋三，为巩固政权，在内政上主张"安倍主义"，施行大规模的金融缓和政策，在外交上对中国和朝鲜表现出强硬姿态。

综上所述，可以说 21 世纪的日本政治受到亚洲国际形势的巨大影响，这种倾向今后还将增强，不会减弱。如今，已经进入日本亚洲外交不仅会对其整体外交产生影响，还将对日本国内政治也产生巨大影响的时代。

（审校：中　鹄）

《日本文论》（总第 3 辑）

第 57～75 页

© SSAP，2020

从权力转移到范式转移[*]

——"中国崛起"背景下的日本对华认知演变

王广涛[**]

内容提要： 自冷战结束以来，随着中国综合国力的日益提高以及日本的相对衰落，日本对华认知趋于消极，其中"中国威胁论"、"中国崩溃论"以及"中国冲击论"是比较有代表性的对华消极认知。本文基于"权力转移"的视角，探讨在中日国力逆转的背景下，上述日本对华认知的发生机制、演变以及对正确处理中日关系产生的复杂影响，并在此基础上探讨日本对华认知"范式转移"的可能性，从中国的视角来分析如何促进日本的对华认知向着积极方向转变。

关 键 词： 中日关系　权力转移　范式转移　对华认知

日本已故中国史学家沟口雄三曾经在其著作《中国的冲击》一书中指出："快则至二十一世纪中叶为止，明治以来一直在经济上军事上抑制并刺激中国的周边国家日本（我宁愿把日本定位于周边国家）在经济方面将丧失如意棒的占有权，明治以来持续了一百几十年的，日本人对于中国的优越

---

* 2018 年上海哲学社会科学规划青年课题"冷战后日本右翼势力的谱系构成与发展演变研究"（编号：2018EGJ001）。

** 王广涛，复旦大学日本研究中心副研究员。

感也该到梦醒时分了。"① 该著作成书于 20 世纪末，彼时中国的经济总量尚不及日本的 1/4。20 年后，根据 2018 年世界银行公布的数据，中国的国内生产总值（GDP）已经是日本的 2.5 倍。② 仅从经济的角度来看，日本失去对中国的领先优势比沟口雄三的预言提前了近 40 年。为应对这种必然的结局，沟口雄三认为日本"有必要重新建构我们的假设"。③ 然而，中日之间的这种结构性变化来得过快过早，似乎并没有为日本重构假设提供太多的回旋余地。进入 21 世纪以来，中日关系之所以出现这么多的问题，不否认两国在历史、领土等问题上存在矛盾，因经济地位此消彼长而引起的认识失衡则更加助长了这一格局的发生。

中国的 GDP 在 2010 年即实现了对日本的逆转，虽然经济总量并不代表国家实力的全部，但其背后蕴含的权力禀赋是不容忽视的。这意味着中日两国的权力关系逆转在 21 世纪的第二个十年内提前发生。但是，日本对中国的认知转换相对落后，从而导致事实与认知之间的错位，这是当前中日关系的基本事实。本文写作的出发点正是基于中日国力逆转这一事实，在当前东亚地区发生权力转移的背景下，日本的对华认知正在或即将发生哪些积极抑或消极的变化？日本对华认知的固有范式会不会因权力转移而发生变化？概括而言，本文讨论的核心问题是，日本是否正在重新建立对中国的认知。

一　分析框架：从权力转移到范式转移

"权力转移"（Power Transition）理论是国际关系理论中解释战争与和平、国家间关系变迁的重要理论之一。根据该理论早期创始人奥根斯基（A. F. Kenneth Organski）的主张，大国间权力关系的变化往往会导致战争的不可避免，特别是在大国权力相持阶段，爆发战争或者冲突的可能性最高。④ 既然存在权力转移，就必然存在霸权国（守成国）和崛起国这一对立

---

① 〔日〕沟口雄三：《中国的冲击》，王瑞根译，北京：生活·读书·新知三联书店，2011 年，序言，第 20~21 页。

② "Gross Domestic Product 2019", World Development Indicators Database, World Bank, July 1, 2019, https://databank.worldbank.org/data/download/GDP.pdf.

③ 〔日〕沟口雄三：《中国的冲击》，第 21 页。

④ A. F. K. Organski, *World Politics*, New York: Alfred A. Knopf, 1968.

结构。当崛起国的实力接近霸权国的 2/3（也有主张 4/5）时，崛起国主动挑战霸权国或者霸权国针对崛起国发动先发制人的战争的可能性很大。① 罗伯特·吉尔平（Robert Gilpin）发展了"权力转移"理论，把内生性因素纳入权力转移的分析框架中。在他看来，随着国家武力扩张的边际效应递减，霸权国势必走向停滞或衰落，崛起国实力达到一定程度之后即使实现了霸权更迭，也会陷入衰退的怪圈。② 在崛起国成功挑战霸权国的案例（例如美英两国的权力和平转移）中，这一特征体现得尤其明显。

当前，无论是在全球范围内还是东亚地区范围内，急剧且不可逆转的权力转移现象正在或已经发生。随着中美两国战略竞争的加剧，中美两国会不会陷入霸权争夺的"修昔底德陷阱"是政策界和学术界热衷于辩论的现实性问题。③ 就地区层面而言，2010 年是中日国力逆转的重要转折点。学术界在讨论"权力转移"的时候，往往聚焦于中国在全球范围内对美国霸权地位的冲击。然而，事实上，地区或者周边才是"中国崛起"过程中不得不考虑的问题。全球意义上的权力转移固然重要，但是根据当前中国对自身角色的定位，中国究竟是全球性大国还是地区性大国还有讨论的空间。④ 但一个毋庸置疑的事实是，中国如果在地区层次或周边层次上无法处理好同其他国家的关系，将会在极大程度上制约其走向全球性大国的进程。中国和日本是东亚地区两个重要的国家，中日关系的走向是东亚地区稳定的重要风向标，在这个意义上需要从学理角度关注东亚地区的"权力转移"。

在权力转移的过程中，"中国崛起"毫无疑问是东亚乃至国际社会最关注的议题。"中国崛起"给国际社会带来的困惑有两个：第一，中国能否崛

---

① Jack S. Levy, "The Causes of War and the Conditions of Peace", *Annual Review of Political Science*, Vol. 1, No. 1, 1998, pp. 139 – 165.
② 〔美〕罗伯特·吉尔平：《世界政治中的战争与变革》，宋新宁、杜建平译，上海：上海人民出版社，2007 年。
③ 参见〔美〕格雷厄姆·艾利森《注定一战：中美能避免修昔底德陷阱吗?》，陈定定、傅强译，上海：上海人民出版社，2019 年；Robert B. Zoellick, "U. S., China and Thucydides", *The National Interest*, No. 126, July/August 2013, pp. 22 – 30.
④ 当然，笔者并不否认中日两国战略竞争在东亚地区层次上的重要性，同时也认为在思考东亚地区权力转移的时候应该将美国纳入考察的范围。相关讨论可参见 David Shambaugh, *China Goes Global: The Partial Power*, New York: Oxford University Press, 2013；马振岗《中国离全球性大国还有多远》，《人民论坛·学术前沿》2015 年第 21 期；马丁·雅克《中国将成为怎样的全球性大国?》，《人民日报》（海外版）2019 年 5 月 14 日。

起；第二，中国能否和平崛起。对于美国这种霸权国或者说守成国而言，面对"中国崛起"的可能性，美国要制衡或者遏制中国的"崛起"，这是霸权国应对崛起国挑战其霸权地位的固有范式。不同于西方国家通过战争与殖民方式的崛起，中国一直主张和平发展。对于如上两个困惑，格雷厄姆·艾利森（Graham Allison）在对过去 500 年所发生的 16 个大国崛起并威胁取代既有守成国的案例进行研究后发现，其中有 12 个崛起国发动了战争。同时，在 16 个崛起国中，成功挑战了霸权国并实现崛起（姑且不论是不是和平的方式）的只有 7 个，而更多的是挑战失败的案例。① 正因为如此，"中美能否避免修昔底德陷阱"被艾利森打了一个大大的问号。

国际地位的转换、权力关系的转移，既包括物质性力量对比的变化，也包括国际社会认知的转变。② 物质性力量的对比容易测量，而国际社会的认知则难以把握。在东亚地区，权力转移已经朝着有利于中国的方向发生变化，但是权力转移并没有使（如果有，也是十分缓慢的）日本在对华认知上产生变化。③ 经验性的事实告诉我们，虽然中国整体上的物质性力量早已经超越了日本，但是日本在此后的很长一段时期并没有放弃遏制中国的思维定式，日本认知中国的原点仍然基于"中国崛起"以及其所带来的各种"威胁"等消极认知。同时，中国一直主张和平发展，在地区和国际事务中承担"负责任大国"的角色，在国际社会上获得更多的积极认知，提高自身的软实力也是一个应然课题。

本文的一个基本分析框架是权力转移如何催生范式转移。科学哲学家托马斯·库恩（Thomas Kuhn）最早提倡用范式来规范科学研究，认为本质上

---

① 〔美〕格雷厄姆·艾利森：《注定一战：中美能避免修昔底德陷阱吗?》，陈定定、傅强译，上海：上海人民出版社，2019 年。

② 袁伟华：《权力转移、相对收益与中日合作困境》，《日本学刊》2018 年第 3 期，第 46 页。

③ 利用权力转移理论来分析中日关系的代表性研究，可参见吴澄秋《东亚结构变迁与中日关系：权力转移理论视角》，《当代亚太》2019 年第 1 期；杨伯江《国际权力转移与日本的战略回应》，《现代国际关系》2009 年第 11 期；袁伟华《权力转移、相对收益与中日合作困境》，《日本学刊》2018 年第 3 期；Richard C. Bush, *The Perils of Proximity*: *China - Japan Security Relations*, Washington, D. C.: The Brookings Institution, 2010; Michael Yahuda, *Sino - Japanese Relations after the Cold War*: *Two Tigers Sharing a Mountain*, London and New York: Routledge, 2014。

范式是一种为多数人所认可的模式或规范。① 范式应用于国际关系研究领域，则衍生出有关国际关系理论的研究范式，最终发展为理论以及政策分析中的范式导向。鲁德拉·希尔（Rudra Sil）和彼得·卡赞斯坦（Peter J. Katzenstein）等人最早注意到范式导向的学术研究所带来的负面效应。范式导向主要考虑与某种特定形而上假定相符的问题，并集中使用某些特定的概念和方法，"这就意味着，在一种范式框架内所表现的经验观察和因果逻辑，都是为了维护这种范式的，因此，对于根据另外一种范式的基本假定发展起来的理论观点来说，这些经验观察和因果逻辑就没有等同的意义"。② 本文不会在理论上评判"范式导向"的功过，但是希尔和卡赞斯坦等人的研究给我们的启发在于，如果"范式导向"的问题在于拘泥于门户之见而难以正确地捕捉客观事实的话，那么在认知领域是否也存在这样的固有范式或者认知传统呢？

一个稳定的范式如果不能提供解决问题的适当方式，它就会变弱，从而出现范式转移。中国学者门洪华曾经在考察美国霸权转移的问题时指出，在权力转移的视角下，美国的霸权战略范式有了转移的必要，那么解释霸权的范式也有了转移的必要，权力转移所引发的范式转移成为解释美国霸权的重要思路。③ 基于相同的逻辑，当中国的综合国力自 2010 年超越日本之后，日本在对华认知的范式上是否也应该有所调整？如果没有，那么又是什么原因导致的？

日本的对华认知历来是学术界热衷于关注的问题，相关的研究汗牛充栋、不胜枚举。④ 关于认知和理解"中国崛起"，日本似乎还没有形成一套固有的范式。但一个最基本的特征是，日本对华认知的变迁往往能够反映出

---

① 〔美〕托马斯·库恩：《科学革命的结构》，金吾伦、胡新和译，北京：北京大学出版社，2003 年。

② 〔美〕鲁德拉·希尔、〔美〕彼得·卡赞斯坦：《超越范式：世界政治研究中的分析折中主义》，秦亚青、季玲译，上海：上海人民出版社，2013 年，第 9 页。

③ 门洪华：《权力转移、问题转移与范式转移——关于霸权解释模式的探索》，《美国研究》2005 年第 3 期，第 7 页。

④ 代表性研究可参见杨栋梁主编《近代以来日本的中国观》，南京：江苏人民出版社，2012 年；包霞琴等《转型期日本的对华认知与对华政策》，北京：中华书局，2017 年；马场公彦『戦後日本人の中国像—日本敗戦から文化大革命・日中復交まで—』、新曜社、2010 年；马场公彦『現代日本人の中国像—日中国交正常化から天安門事件・天皇訪中まで—』、新曜社、2014 年。

国际格局的变化以及中日两国力量的对比。在接下来的讨论中，我们将重点讨论"中国崛起"背景下日本对华认知的范式。考虑到冷战结束以来中日关系的起伏，毫无疑问日本对华认知的传统范式是存在问题的，需要归纳这些认知范式及其产生的根源，并在此基础上探讨日本对华认知"范式转移"和认知重构的可能性，从而让事实与认知更加趋于一致，为中日关系的良性发展铺平道路。

二　"中国崛起"与日本对华认知范式的形成

恐惧是国际政治研究中的重要课题。[①]一国对他国产生的恐惧感导致威胁认知、不确定性、战略误判、错误知觉甚至战争。在修昔底德的经典论述中，"使战争不可避免的真正原因是雅典势力的增长和因而引起斯巴达的恐惧"。[②] 这一解释被国际关系理论中的现实主义流派奉为圭臬。在有关中国及其对外关系的研究文献中，多数学者也把中国实力的增长视为外界对中国产生恐惧的根源。然而，一国实力的增长并不是邻国（或者国际社会）产生恐惧的唯一根源，即使在积贫积弱的近代中国以及社会主义建设面临极度困难的战后中国，也曾经使邻国以及国际社会感觉"不安"。近代末期在欧美国家流行的"黄祸论"（Yellow Peril），是有关所谓"中国威胁"（包括日本在内的黄色种族威胁）的一种代表性主张；[③] 1949 年中华人民共和国成立以后，美国、日本等国则把来自中国的"共产主义威胁"视为最重要的"威胁"来源。这些都让西方国家感到"不安"，却并不意味着中国实力的提高，或者说"中国崛起"。当然，中国人口增长趋势下对粮食和资源的消费等也曾经给国际社会带来"恐惧"，这也不是"中国崛起"必然伴生的现象。

当一国崛起的时候，周边国家以及国际社会对其产生恐惧的感觉是一种自然反应，从这个意义上说，"恐惧"是一个中性词语，并不具有消极或者

① Shiping Tang, "Fear in International Politics: Two Positions", *International Studies Review*, Vol. 10, 2008, p. 451.
② 〔古希腊〕修昔底德：《伯罗奔尼撒战争史》（上册），谢德风译，北京：商务印书馆，2008 年，第 23 页。
③ 参见 John Kuo Wei Tchen and Dylan Yeats, *Yellow Peril!: An Archive of Anti - Asian Fear*, New York: Vesso Books, 2014；罗福惠《"黄祸论"与中日两国的民族主义》，《史学月刊》2008 年第 5 期。

积极意义，问题的关键是产生了恐惧的感觉之后如何在认知层面上辨识这种崛起。作为一个持续了近 30 年的客观事实，对于中国的发展，周边国家和地区以及欧美等国已经在认知领域上形成了若干固定的范式。① 仅就日本而言，大致有如下三种认知特别值得留意。

（一）"中国威胁论"

以 20 世纪 90 年代开始的有关"中国崛起"的讨论为契机，日本、印度以及欧美主要国家展开了"中国威胁论"等认知领域的讨论。② 现实主义认为，随着一国经济和军事力量的增强，该国不可避免地会奉行对外扩张、攫取资源的战略。崛起中的大国总是寻找机会攫取超出其对手的权力，最终目标是获得地区甚至世界的霸权，这是无政府状态下权力竞争的基本逻辑。③ 权力转移既与国家间的相对地位有关，也与地缘政治有关。在这一逻辑下，日本对中国的崛起产生了"威胁"认知。战后，日本在经济力量上长期在亚洲占据主导性地位，从地缘上看日本是中国的海上邻国，两国之间存在着剪不断、理还乱的复杂关系。作为在东亚地区的既得利益国，日本缺少足够的战略空间去思考应对"中国崛起"的选项，只有通过强化"日美同盟"或者"自助"（军事大国化）的手段来应对其所谓的"中国威胁"。④

"中国威胁论"在不同的阶段呈现出不同的特征。在多数时候，"中国威胁论"在经济领域和军事领域体现得较为明显，即所谓的"中国经济威胁论"和"中国军事威胁论"。20 世纪 90 年代"中国威胁论"产生伊始，日本国内对"威胁论"的讨论就以经济领域居多，如天儿慧教授所言，"中国的国内生产总值从 1980 年的 3000 亿美元增长至 2004 年的 19300 亿美元，

---

① 林泉忠以"中国崛起症候群"定义，参见林泉忠「中国台頭症候群—香港・台湾から見た『チャイニーズ・システム』の課題—」、『アジア研究』第 1 号、2017 年、48－67 頁。
② 围绕"中国崛起"的讨论与围绕"中国威胁"的讨论具有共时性，笔者通过检索中国知网数据库发现，中国学者最早从学术的视角严肃讨论"中国崛起"应该是在 20 世纪 90 年代初，以 1994 年刘靖华的论文为发端，其后在国内掀起了热烈的探讨。阎学通教授驳斥"中国威胁论"的文章也于稍早一些的 1993 年首次见诸中文报章。参见刘靖华《二十一世纪 20～30 年代"中国崛起"及外交战略选择》，《战略与管理》1994 年第 3 期；阎学通《愚昧的偏见与冷战对抗的遗风——驳"中国威胁论"》，《瞭望》1993 年第 12 期。
③ 〔美〕约翰·米尔斯海默：《大国政治的悲剧》（修订版），王义桅、唐小松译，上海：上海人民出版社，2014 年，第 33 页。
④ Michael Yahuda, *Sino - Japanese Relations after the Cold War: Two Tigers Sharing a Mountain*, p. 5.

日本经济地位上的优越感愈加淡薄"，这是"中国经济威胁论"产生的直接契机。① 随着时间的推移，当中日两国的经济比较不再处于同一个量级时，"中国经济威胁论"逐渐消弭。另外，近几年中国经济下行趋势也是缓解这一"经济威胁论"的重要原因。② 也就是说，随着"中国崛起"步伐的放缓，关于"经济威胁论"的讨论也随之缓和。

"中国军事威胁论"则更为常见。自 1949 年中华人民共和国成立以来，由于中国的常规军事力量和核打击力量的优势地位，日本一直将中国的军事优势视为"威胁"，这也是日美之间缔结安全保障条约的一个重要原因。冷战结束以后，随着中国经济的快速发展，军事装备的现代化进程加快，"中国军事威胁论"在日本国内被无限放大，在东京都前知事石原慎太郎等右翼政治家和学者的鼓吹下，"军事威胁论"日益成为"中国威胁论"的核心内容。③ 此外，中日两国本就存在领土争端，2010 年在钓鱼岛海域发生的"撞船事件"以及此后日本政府非法"国有化"钓鱼岛，都加剧了中日两国在军事领域的对抗。而中国经济总量就在这一时期超越了日本。④ 国力逆转导致的心理落差和领土争端加剧的同时发生导致"中国军事威胁论"在日本国内扩散。

（二）"中国崩溃论"

"中国崩溃论"曾经长期是日本对华错误认知的主要基调。2001 年 7 月，美籍华裔律师章家敦（Gordon G. Chang）出版了《中国即将崩溃》。⑤ 章家敦在书中预测，中国最迟将在 2008 年北京奥运会之前彻底"崩溃"。同年 11 月，该书日文版出版发行，销量比英文版还要火爆，一个月内重印六次，一时间日本读者趋之若鹜。⑥ 该书也带动了"中国崩溃论"在日本的

① 天児慧『中国・アジア・日本—大国化する「巨龍」は脅威か—』、筑摩書房、2006 年、55 頁。
② 津上俊哉『中国台頭の終焉』、日本経済新聞出版社、2013 年。
③ 佐藤考一『「中国脅威論」と ASEAN 諸国—安全保障・経済をめぐる会議外交の展開—』、勁草書房、2012 年、44 – 50 頁。
④ 这方面的分析可参见濱本良一『「経済大国」中国はなぜ強硬路線に転じたか— 2010 – 2012 年—』、ミネルヴァ書房、2012 年。
⑤ Gordon G. Chang, *The Coming Collapse of China*, New York：Landom House, 2001.
⑥ ゴードン・チャン『やがて中国の崩壊がはじまる』、草思社、2001 年。

兴起，并产生了一大批唱衰中国的坚实拥趸。如此一来"中国威胁论"与"中国崩溃论"一唱一和，前者侧重军事上的"威胁"，后者侧重经济上的"崩溃"，成为近十几年来日本国内对华认知的基本坐标。

日本舆论界之所以会有"中国崩溃"的论调，主要基于如下三个方面的逻辑。首先，基于国内政治的逻辑，认为中国必然会步东欧剧变、苏联解体的后尘，因国内纷繁复杂的政治问题、民族问题、腐败问题、贫富差距问题、社会稳定问题而走向"崩溃"甚至"解体"。[①] 日本学术界以及舆论界往往放大中国国内存在的各类问题，并且将这些问题与中国的政治稳定性甚至国家安全挂钩。但是，他们没有看到中国作为多民族统一国家的历史延续以及多元一体的政治传统。

其次，基于外部要素的考虑，中国与美国在意识形态、海洋权益、台湾问题上存在冲突，美国必然会对中国进行遏制、封锁，并最终让中国走向"崩溃"。特别是进入 21 世纪以后，中美在亚太甚至印太领域的竞争似乎成了主流。日本学界认为，美国是世界上首屈一指的强国，中美之间的竞争必然会有一个国家败下阵来，而中国的可能性更大。

最后，也是最重要的一个逻辑，即单纯意义上的"愿望思维"（wishful thinking）。根据国际政治心理学者罗伯特·杰维斯（Robert Jervis）的解释："人们有一种强烈的认知取向，即容易看到他们预期发生的事情。大部分似乎是愿望思维导致的行为，实际上是这种认知取向导致的。"[②] 日本不想看到中国变得强大，在这一认知前提下，日本往往会扩大中国的问题、无视中国的成就。换言之，日本对中国的"崩溃"认知并未经过理性的观测和预期，因而成为一种明显的错误认知。

需要指出的是，"中国威胁论"和"中国崩溃论"在日本共存是一种悖论性的现象。我们之所以认为这样的两种认知是错误的，其中一个重要理由是这两种认知不可能在相同的时空范围内共存。既然中国注定将走向"崩溃"，日本为何担心中国是一个"威胁"呢？对于二者共存的逻辑成立，唯

---

① 相关研究可参见加々美光行『中国の民族問題—危機の本質—』、岩波書店、2008 年；加々美光行『未完の中国』、岩波書店、2016 年；新保敦子・阿古智子『超大国・中国のゆくえ5—勃興する「民」—』、東京大学出版会、2016 年。

② 关于国际关系领域中的"愿望思维"研究，可参见〔美〕罗伯特·杰维斯《国际政治中的知觉与错误知觉》，秦亚青译，北京：世界知识出版社，2003 年，第 384 页。

一合理的解释是，中国的"崩溃"会在很大程度上冲击东亚地区秩序，在中日相互依赖的背景下，这对日本是一个威胁（例如日本的对华投资受损、难民以及跨国犯罪的流动等）。如果该解释成立，那么从侧面表明日本并不希望看到中国的"崩溃"，这又与前述"愿望思维"相背离。

（三）"中国冲击论"

本文所谓的"中国冲击论"建立在费正清"冲击 – 反应模型"的延长线上，把中国的快速发展视为一种"冲击"，作为一种不可逆转的事实来看待。面对这种"冲击"，日本需要积极地做出回应，做出正确的认知。本文开篇所引用沟口雄三的著作，就是"中国冲击论"的代表作。沟口雄三主张，日本应该正视中国的经济发展，不应该执拗于用明治维新以来高高在上看待中国的心态。当然，"冲击"作为中性的概念，并不一味主张日本要迎合中国甚至拥抱中国，而是强调正确地看待"中国崛起"带来的"冲击"，并做出合理的选择。

比较有代表性的案例可以追溯到中日邦交正常化前后的那段历史。面对美国总统尼克松的"越顶外交"（日本称为"尼克松冲击"），佐藤荣作内阁仍然奉行封锁抵制中国的政策，竞选自民党总裁的田中角荣则表示若竞选成功就着手恢复同中国的邦交关系。果不其然，田中角荣上台伊始就实现了对中国的正式访问以及两国关系的正常化。① 回顾这段历史，仍然能够看到"尼克松冲击"给日本的战略选择带来的机会窗口。较为近期的案例是，2012 年安倍晋三上台之后采取了对中国积极围堵的政策，在经历了几年高烈度对抗之后，安倍政权也开始转变认知，谋求积极对华外交，推动中日关系重回正轨。

较早于沟口的日本中国研究学者竹内好在面临如何认知中国的问题上一直强调"作为方法的中国"，即"看中国、思日本"，最后仍然反馈到日本自身的行为上。② 这是比较契合日本自身情况的一种认识论或方法论。在这一基础上，日本也产生了客观看待"中国崛起"的论述。例如"中国特需论""中国机遇论"等主张都是建立在中国潜在的经济能量上对中国的正面

---

① 井上正也『日中国交正常化の政治史』、名古屋大学出版会、2010 年。
② 〔日〕竹内好：《作为方法的中国》，孙军悦译，北京：生活·读书·新知三联书店，2011 年。

认知。[①]

中国一直以来强调和平发展，而日本对"中国崛起"的恐惧也客观存在，如何消除这种恐惧是本文接下来要重点讨论的问题。在进入讨论之前，先简单论述另一种替代性认知，即容纳"中国崛起"的可能性。[②] 如果"中国崛起"不可阻挡，在认知层面和行动层面，是否存在"容纳"的可能性呢？既有文献对此有比较成熟的探讨。针对中国的"崛起"，艾利森使用了"容纳"一词，虽然并不是全盘接受，但也在一定程度上默许了"崛起"的空间。在艾利森看来，"容纳"是通过调整与竞争者的关系来适应新的权力平衡的一种有力的措施。实际上，这是在不诉诸军事手段的情况下，充分利用不利趋势的一种表现。[③] 而美国的另一位东亚研究学者查默斯·约翰逊（Chalmers Johnson）在面临"中国崛起"的命题时，则使用了更加积极的"接受"一词。[④] 无论哪一种表述，都从侧面反映出认知中国的一种替代性范式。

三　日本对华认知的发展与演变

自冷战结束以来，随着中国的崛起和日本的相对衰落，日本整体的对华认知向着消极的方向发展。在此有必要分析影响日本对华认知的诸多因素，同时将现实政治同对华认知结合起来，考察导致产生上述认知的机制。当然，日本对华认知有没有可能朝着积极的方向变化也是本文研究的重要课题，本节也将以"中国崩溃论"的崩溃为案例做简单的分析。

---

① "中国特需论"认为，中国的经济增长对资金、技术、消费等的需求能够带动日本经济的增长。"中国机遇论"也与"中国特需论"相似，认为中国经济的增长对日本不是威胁，而是机会，日本应该把握住中国经济增长给日本带来的潜在机遇。参见李彦銘「政権期における日本経済界の対中認識—『政冷経熱』現象に関する一考察—」、『法学政治学論究』第88号、2011年。

② 李开盛对此做了很好的归纳，参见李开盛《容纳"中国崛起"：世界秩序视角下的美国责任及其战略选择》，《世界经济与政治》2017年第11期。

③ 〔美〕格雷厄姆·艾利森：《注定一战：中美能避免修昔底德陷阱吗?》，第299页。

④ 〔美〕查默斯·约翰逊：《接受"中国崛起"》，周勤译，载《读书》杂志编《亚洲的病理》，北京：生活·读书·新知三联书店，2006年，第308～330页。

（一）影响日本对华认知的内外因素

如前文的分析所示，在很长一段时间里，"中国崩溃论"和"中国威胁论"在日本对华认知中占据重要地位。当然，"中国崛起"是这些认知形成的重要背景。日本对华认知的范式转移从根本上来说就是要打破前述认知假设。在我们看来，中国的发展并不会直接导致"中国威胁论"或者"中国崩溃论"，如果把中国的发展看作自变量的话，"中国威胁论""中国崩溃论"等因变量的发生机制必须有赖于"中介变量"的影响，这些所谓的"中介变量"就是日本对华错误认知的"陷阱"。

第一，日本国内的政治保守化。既有研究在分析中日关系的时候，往往强调中国发展所带来的威胁，却鲜少关注日本自身的变化。政治保守化、军事大国化是冷战后日本政治的一大趋势，冷战期间主张对华友好和接触政策的自民党"保守本流"势力逐渐削弱，主张修改宪法、军事大国化的"保守旁流"势力跃升为"本流"。自 2000 年森喜朗内阁之后，自民党籍的日本首相皆来自自民党中政治主张更为保守的派系，小泉纯一郎、麻生太郎、安倍晋三就是其中的代表。他们无论在历史问题（例如小泉连续参拜靖国神社）上还是在意识形态（安倍晋三与麻生太郎的"价值观外交"）上，都以遏制或者防范中国为目的。政治精英对中国的认知会体现在政策制定和舆论宣传领域，如此一来，就会酿成日本社会对中国的负面认知情绪，日本媒体也会借此放大中国的负面新闻，进一步固化日本国内对中国的消极认知。

当日本国内政治右倾化和保守化进展到一定程度的时候，反华就成了保守派们界定其身份的重要标签。中岛岳志指出，在现代日本社会，每个人都可以轻易地自诩为保守主义者，因为在他们看来"反华"就等于"保守"。[1] 在保守化为主旋律的日本社会，对中国的认知趋于负面自然难以避免。日本政治精英受到这种社会环境特别是右翼保守团体游说的影响，[2] 在认知领域和政策应对领域也向着遏制和防范中国的方向发展。

---

[1]　中島岳志『保守のヒント』、春風社、2010 年、24 頁。

[2]　相关研究参见 Mong Cheung, "Political Survival and the Yasukuni Controversy in Sino - Japanese Relations", *The Pacific Review*, Vol. 23, No. 4, August 2010, pp. 527 - 548。

第二，日美同盟关系的影响。如果日本国内的政治保守化是内部性因素的话，那么日美同盟关系则是影响日本对华认知的最重要外部因素。张云指出，如果国际体系和日美同盟发生变化，日本的整体外交必须随之变化，对中国外交也需要相应地变化。现有围绕对华认知和政策的研究，在很大程度上忽视了日本对外关系认知和决策中的核心变量——美国因素。"日本对于日美关系和中美关系的认知才是影响日本对华认知和政策变化的首要因素。"① 小泉纯一郎内阁时期的日本外交很好地印证了这一点。小泉因为连续参拜靖国神社导致中日关系陷入低谷，但他认为："日美关系越好，日本同中国、韩国、亚洲以及世界其他国家或地区的关系就越好。"② 政府首脑尚且持有这种观点，足以显示出美国因素在中日关系中的重要影响。然而，不幸的是，美国与中国有竞争的一面，中国是日美军事同盟的重要防范对象，美国对日本拥有举足轻重的影响力，美国的对华政策会直接影响日本对华的认知和决策。

当然，中美关系本身也处于动态发展演变之中。近几年中美两国进入战略竞争态势，但中日关系开始出现转圜、企稳向好的趋势。这是否表明美国因素在日本对华认知问题上的影响力下降了？当前中美两国的权力转移以及战略竞争并没有结束，关于这个问题尚有讨论的空间，美国对日本的影响也会出现反复的现象，因此需要动态地评估。日本也在谨慎处理同美国的关系，它既担心遭到美国抛弃，也担心过度卷入美国所引起的不必要的麻烦之中。在对华认知和政策领域，这一担忧体现得尤其明显。③

（二）中日关系的现实与认知的互动关系

除了日本国内政治和美国因素之外，中日关系的现实也会对日本的对华认知产生重要影响。图 1 为自 20 世纪 80 年代以来日本对华亲近感的舆论调查，该调查是日本内阁府每年对约 3000 名日本国民进行的抽样调查，长周期的舆论调查数据更加直观地显示了中日关系的演变。20 世纪 80 年代日本

---

① 张云：《日本对华认知与对华政策中的美国因素》，《社会科学》2015 年第 10 期，第 13 页。

② 转引自张云《日本对华认知与对华政策中的美国因素》，第 15 页。

③ Michael Yahuda, *Sino - Japanese Relations after the Cold War: Two Tigers Sharing a Mountain*, p. 107.

人对中国抱有亲近感的比例超过60%，90年代对中国抱有亲近感和非亲近感的比例呈现胶着状态，进入21世纪之后日本对华好感度急速下降，与80年代完全对调。

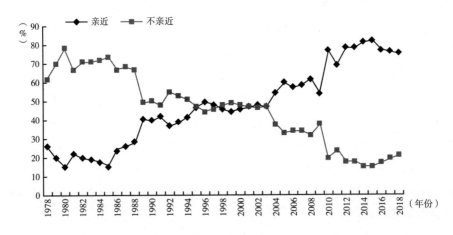

图1　日本对华亲近感的演变

资料来源：『外交に関する世論調査』、内閣府ホームページ、2018年12月、https：//survey. gov – online. go. jp/index – gai. html。

从图1不难看出，中日关系在过去40年经历了两次非常大的转折，即1989～1990年和2002～2003年。其中，1989年中国的政治风波以及东欧剧变、苏联解体是日本对华认知发生转折的重要时代背景。冷战期间，虽然存在严重的意识形态对立，但中日之间在20世纪70～80年代维持了"蜜月"关系；冷战结束以后，日本非但没有摒弃对华固有的意识形态成见，反而在认知上强化了冷战思维，这在某种程度上可以解释日本人对华亲近感缘何下降。

第二次转折发生在2002～2003年，这一时期中日之间发生的一系列事件是日本民众对华认知急剧恶化的导火索。2002年发生的"沈阳日本领事馆事件"被日本媒体大肆渲染，① 小泉纯一郎参拜靖国神社让两国关系更加恶化，也成为日本民众对华认知的重要转折。在此之前，日本民众的对华亲

---

① 2002年5月8日，在日本驻沈阳总领事馆发生了不明身份者闯入领事馆的事件，中国警卫在征得日方同意后入馆将不明身份者带出，事后日方却批评中国警卫擅自闯入日本领事馆，导致日本国内产生严重的反华情绪。

近感尚能够维持在50%左右，在此之后则维持在20%～30%。2009年民主党上台，鸠山由纪夫提出"东亚共同体"的倡议之后，日本民众的对华好感度有小幅回升，但很短暂。2010年发生"撞船事件"，日本民众对中国好感度进一步恶化。根据日本言论NPO和中国国际出版集团2018年进行的共同舆论调查显示，日本人不喜欢中国的理由中，"领土问题"、"国际规则"和"历史问题"排在前三位，除了日本民众认为中国"奉行与国际社会不同的国际规则"之外，领土问题和历史问题都与中日关系的现实政治有密切关系。① 追踪近些年言论NPO的舆论调查数据可以发现，领土问题的影响呈逐渐上升的态势，特别是进入21世纪第一个十年以来，其在日本人不喜欢中国的理由中占比最高。② 这反映了2010年"撞船事件"发生以来领土问题在中日双边关系中的敏感性，同时进一步强化了"中国军事威胁论"在日本的传播。值得注意的是，在2018年的舆论调查中，受访日本人中有60%以上认为钓鱼岛问题是影响中日关系发展的最重要因素，而认为中国军事力量强化的占比只有13%。

把舆论调查的结果结合中日关系的历史和现实，可以发现一个逻辑：日本民众对华认知的好转是一个非常缓慢的过程，但是恶化往往只需要一个偶然性的事件。以新一轮中日关系的转圜为例，经过李克强总理和安倍晋三首相的首脑互访，中日关系已经重返正轨，但是日本民众对中国的积极认知并没有得到改善。这反映了日本人在对华认知层面上的思维定式，实现日本对华认知的转化需要两国政府更加务实和持续的努力。

（三）"中国崩溃论"的崩溃

2017年10月，《新闻周刊》（*Newsweek*）日文版刊登了日本记者高口康太的一篇文章，题为"'中国崩溃论'崩溃的倒计时"。值得一提的是，该题目英文译成了"The Not‑Coming Collapse of China"，算是隔空回应了章家敦此前对"中国崩溃论"的预言。③ 高口康太写作这篇文章显然是意识到

① 認定NPO法人言論NPO『第14回日中共同世論調査』、言論NPO、2018年10月、http：//www.genron‑npo.net/pdf/14th.pdf。

② 言論NPO、http：//www.genron‑npo.net/。

③ 高口康太「中国崩壊本の崩壊カウントダウン」、『ニューズウィーク日本版』2017年10月27日、https：//www.newsweekjapan.jp/stories/world/2017/10/post‑8772.php。

"中国崩溃论"的无逻辑性和无章法性，同时也直接批评了日本国内那些所谓"中国通"对"中国崩溃"的"科学判断"①。虽然该文的着眼点在于日本国内对中国经济走势预测发生的偏差（比如中国的失业率、经济增长率、地方政府的财政赤字等），但是不经意间从整体上给"中国崩溃论"的言说空间带来不小的打击。

在日本泛滥的"中国崩溃论"著作大多经不起事实的推敲。一方面，这些著述的作者中有相当一部分人并不懂中文，对中国也没有特别深入的研究，而是将二手资料或者道听途说嫁接起来，并将其包装成"畅销书"销售给读者，这就基本实现了"中国崩溃论"从"生产"到"销售"以及最终印刻在日本人意识中的全过程。甚至有的作者全程没有直接接触中国就完成了一次流水线创作，省时、省力、省成本，作者同意、出版社授意、书店乐意、读者愿意，"中国崩溃论"的言说空间就这样被构建出来。另一方面，"中国崩溃论"之所以在日本国内如此有市场，也是日本关于中日关系的舆论环境造成的结果。自冷战结束以来，日本民众的对华认知整体上呈下降趋势，与"中国崩溃论"相关的言说自然能够获得更多日本民众的关注，日本民众对中国的固有认知加上舆论媒体对大众的迎合出现了"加乘效应"。

然而，自 21 世纪初炒作至今的"中国崩溃论"并没有被证明其正确性。不仅如此，还出现了与"中国崩溃论"主张者的预测完全背道而驰的情况。日本产经新闻特派员、评论家长谷川庆太郎曾经有派驻中国的经历，以"中国崩溃论"的积极倡议者闻名。20 世纪 80 年代日本经济居世界前列的时候，长谷川庆太郎所著《再见亚细亚》一书风靡一时。② 在该书中，长谷川认为日本应该告别贫穷、落后的亚洲，这与一百多年前福泽谕吉有关"脱亚论"的呼吁如出一辙。自 20 世纪 90 年代以来，随着中国经济高速增长，中国已经成为亚洲经济增长的引擎，东亚也成为全球经济增长的重要一极。然而，长谷川庆太郎的偏见一直没有改变，反而变本加厉鼓吹中国经济

---

① 例如，川島博之『戸籍アパルトヘイト国家・中国の崩壊』、講談社、2017 年；宇田川敬介『2014 年、中国は崩壊する』、扶桑社、2012 年；安達誠司『中国経済はどこまで崩壊するのか』、PHP 研究所、2016 年。

② 長谷川慶太郎『さよならアジア』、ネスコ、1986 年。

即将"崩溃",日本经济在不久的将来终将复活。① 对此,日本亚洲问题研究专家丸川知雄指出,日本的发展离不开中国和东亚的经济发展,而日本也在东亚的经济发展过程中发挥了重要作用;日本在对亚洲的认识上应该树立的观念是"欢迎亚洲",而不是"再见亚细亚"。② 这是日本学者对"中国崩溃论"的明确批判,以及对当前中国以及东亚地区的正确认知。

结　语

"中国崩溃论"的崩溃或许只是反映了日本国内对华认知开始发生变化的一个侧面。相较于"中国崩溃论"在日本国内的缓和,"中国威胁论"的论调尚没有明显的减弱,不过也有所变化。2005~2010 年,在中国经济急速发展的形势下,"中国经济威胁论"在日本基本退潮。然而,在政治和军事领域,"中国威胁论"则还有很大市场。③ 日本对中国的这些负面、消极认知不会轻易消失。这种"虚拟现实"(virtual reality)在日本民众心中固化,并生成一种陈词滥调。当然,虚幻的场景终究无法变成现实,泡沫终究有破裂的一天。

一国对另一国的认识朝着积极方向发生变化是比较困难的事情,特别是对于背负历史包袱和安全困境的中日两国而言尤其如此,需要从政府到民间、从学术界到舆论界的多重努力。从日本的角度来讲,"中国崩溃论""中国威胁论"等并不利于日本正确地认知中国。如前所述,日本学术界和舆论界对"中国崩溃论"已经做了相当多的批评,这些批评的着眼点是"中国崩溃论"的蛊惑导致了日本对中国的战略误判。如果长期沉浸在"中国崩溃论"或者"坐等中国崩溃"的"虚拟现实"空间里,显然不利于日本制定出更加积极的对华政策。日本应该意识到这种夸大其词的中国认知并

---

① 代表性著作参见長谷川慶太郎『中国崩壊前夜—北朝鮮は韓国に統合される—』、日本経済新聞社、2014 年;長谷川慶太郎『アジア覇権国家「日本」の誕生』、実業之日本社、2015 年;長谷川慶太郎『世界が再び日本を見倣う日「トランプ砲」は恐れる必要なし』、PHP 研究所、2017 年。

② 丸川知雄「『さよならアジア』から『ようこそアジア』へ」、『ニューズウィーク日本版』、2019 年 9 月 19 日、https：//www.newsweekjapan.jp/marukawa/2019/09/post-53_1.php.

③ 朱锋:《中日相互认知的现状、问题与对策——兼议中日关系的未来发展》,《日本学刊》2018 年第 1 期,第 13 页。

没有给日本带来实在的利益。

推进日本重启对华认知，成为当前中日关系面临的一个重要课题。对于日本而言，中国是其认知的客体；中国也应该积极作为，做好中国的事情，这是促进日本对华积极认知的重要保证。从这个角度来看，至少有如下几个方面值得着手改善。

第一，积极争取大国关系格局朝着有利于中国的方向发展。中国的发展需要和平稳定的周边环境和国际环境，需要长时段的战略机遇期。当前，中美两国的战略竞争短期内似乎并无消弭的迹象，日本作为中美博弈的关键他者，其态度和政策值得关注。一直以来，接触与防范是日本大战略的核心，中国如何积极争取于己有利的大环境，并在此基础上获得日本的理解是关键。"一带一路"共建为中国争取国际社会的支持奠定了基础。然而，大国关系格局中的流动性要素太多，中国在"一带一路"建设中如何有效回应相关各方的关切，在国际社会中进一步塑造"负责任大国"的形象，是促进日本对华积极认知的重要前提。

第二，中日两国需要在保持高层交流的同时深化民间多层次的交流。当前，中日两国的政治关系出现了转机，高层接触比之前频繁，特别是日本政府在对华态度上开始向积极的方向转变。日本政府的这一态度可以在很大程度上影响日本的舆论以及民众。例如，自日本政府对"一带一路"建设表现出积极态度之后，日本国内对这一问题的认知也开始变得积极。笔者粗略统计了《读卖新闻》《朝日新闻》等代表性报纸的相关报道，发现更加客观和积极报道"一带一路"建设的内容逐渐增加。① 这一积极趋势发生的原因并不仅仅在于日本政府的积极态度，更重要的还在于中国政府在"一带一路"建设上的坚定信念以及取得的一系列积极效果。民间层面的交流是两国友好的基础，当前日本民众对华认知多有偏颇，民众间的交流和互动的缺乏是导致这一局面的重要原因，值得关注。

第三，中国需要积极进取，用稳定高效的发展成果正向吸引日本的关注。"中国崩溃论"的作者们因为看到了中国内部的短板而大做文章、渲染"中国崩溃"，中国应以实际的成绩来消弭"中国崩溃论"的杂音。在修炼好内功的

---

① 王广涛：《当 TPP 遭遇"一带一路"：日本的战略困境与政策选择》，《国际关系研究》2017年第 3 期，第 143～144 页。

同时，在国际规则和规范的框架内，中国需要承担更多"负责任大国"的责任。① 亚洲基础设施投资银行的成立、"一带一路"建设的推进，为"一带一路"共建国家提供了重要的公共产品，这也是中国践行"负责任大国"的重要体现。通过日益提高的国家实力和人民生活水平来证明"中国崩溃论"是一个不攻自破的流言；通过周边以及"人类命运共同体"的建设消除摩擦、减少战略误判，"中国威胁论"就会失去市场，中日关系的舆论空间将会得到根本性改善。

（审校：李璇夏）

---

① 笔者认为中国在践行"负责任大国"角色过程中发挥了重要作用，只是在日本民众眼中，中国在一些方面还需要进一步融入国际社会、遵守国际规则。前文所述言论 NPO 的舆论调查显示，日本民众不喜欢中国的理由中，居第二位的就是中国"奉行与国际社会不同的国际规则"，在这方面中国需要适当应对并做好解释宣传等工作。

• 专题研究　日本成为世界第二大经济体后的国家转型 •

《日本文论》（总第 3 辑）
第 76～109 页
© SSAP，2020

历史社会学视域下日本两次现代化转型的主要问题分析

周维宏[*]

内容提要： 从现代化论视角纵观日本 100 多年来的发展历程，可以将其分为两个现代化转型阶段。本文通过分析日本社会在这两次转型阶段中的历史轮廓及其遇到的主要问题，得出结论：日本作为"追赶型"后进国家，在迈向现代化的进程中，将空间上和时间上的两个阶段压缩为一个阶段。因此，日本社会现代化发展呈现"空间压缩"特征，主要表现为"个人主义观念的缺失"、"近代家庭的出现和瓦解"、"民主政治和贵族政治并存"以及"双重经济结构"等，由此导致传统与现代、东方与西方的思想观念和制度架构一并"杂居"于日本的现代化进程中。未来日本如何处理社会转型期间传统与现代融合的问题，仍呈现复杂交织的状态，值得进一步观察。

关 键 词： 现代化论　现代化转型　社会变迁　压缩现代化

　　笔者一直认为，历史研究有两大任务，一是还原真实的历史，二是对还原后的真实历史进行解释，并据此对未来进行一定程度的预测。前者是历史学的看家本领，主要通过考古学和文献学甚至口述史学、影像分析等方法来精确再现历史事实；后者在前者的基础上，尝试对历史事实进行整理和解

---

[*] 周维宏，北京日本学研究中心教授、博士生导师。

释，得出预测未来趋势的依据。近代以前，历史学研究主要依靠人文学科的方法理论，采用文学式的想象和哲学式的思辨对历史进行解释，得出了一些类似于"天下大势，分久必合，合久必分""三百年必有王者兴"的所谓"历史规律"。近代以后，随着自然科学的发达，人文领域政治学、经济学和社会学等社会科学也异军突起，为历史学的解释和预测功能提供了强大的武器。时至今日，解释和预测历史已经离不开其他社会科学的理论和方法，尤其在进行长时段的历史分析时，跨学科的复眼视角已是基本的要求。本文的主旨就是尝试用社会学的主要社会发展理论——现代化论，分析日本社会在两次现代化转型过程中的历史轮廓及其遇到的主要问题。

一　日本两次现代化转型进程的整体把握

（一）社会学的现代化概念和现代化理论

"现代化"概念的词源，简单来说，源于英语世界对历史的分期。西方史学一般把罗马帝国及以前的时代称为"古典"或"古代"（ancient history），把其后的一千年称为"中世纪"（middle ages），将中世纪后称为"现代"（modern history）。在现代早期欧洲启蒙运动兴起后，人类开始意识到社会的变迁和发展是一种进步，因此"现代"一词在代表最新的历史时代这一时间意义的同时，也有了进步、开化和文明的含义，开始形成了现代化的观念。

虽然现代化概念早已萌芽，但社会学界关于现代化的基本理论正式形成是在20世纪60年代。在启蒙时代，学术界把社会跨入现代看作文明和进步，因而开始用"现代性"（modernity）一词泛指社会全方位的进步，但其手法是个别和分散的。比如，在文化上，强调通过启蒙运动实现从中世纪传统文化向现代新文化的转变；在经济上，强调生产技术从手工向机器时代跃进、资本主义市场形成；在政治上，强调资本主义政治制度、新的社会结构出现；等等。当时体现了现代化概念的人类进步思想主要有社会学创始人孔德（Auguste Comte）在哲学上提出的人类认识进步的三阶段论（从神学、人学阶段向科学阶段的进步）、亚当·斯密（Adam Smith）的社会经济分工理论和斯宾塞（Herbert Spencer）的社会进化理论等。一直到20世纪五六十年代，综合的现代化理论才随着社会学的发展而形成。一大批亚非拉新兴国家在战后获得独立并走上了现代化的道路，现代化的经验开始越出欧洲的范围向全世界扩展。在这种形势的鼓舞下，美国的社会学家开始重新对现代化进行系统的理论总结。他们提出了四个基本假说，成为当时社会学界的共识：①从传统社会走向现代社会是世界共通的历史进程；②这一历史进程是一种多层面、一体化的社会变迁；③现代化的社会变迁是一种渐进的线性道路；④落后的传统社会可以通过接触现代化社会加快自身的现代化进程。[①]哈佛大学的帕森斯（Talcott Parsons）还提出了现代化由文化、政治、经济和社会四个子系统构成的基本结构。[②] 20 世纪 60 年代以后，现代化理论从美国传播到德国，得到了进一步的发展，并在全世界的社会科学界占据主导地位，一时甚至被称为社会科学界的"统一场理论"。[③]

　　以往对文明或国家的发展研究，主要集中在人文学科的历史学领域（世界史、比较史学），也曾扩展至一部分社会科学，如经济学（发展经济学）和社会学（发展社会学）。迄今为止，这些学科也曾先后出现过一些风靡一时的理论和成果，如历史学领域汤因比（Arnold Toynbee）的文明史观、经济学领域罗斯托（Walt Rostow）的经济起飞论和社会学领域韦伯（Max Weber）的资本主义新教伦理学说等。但最具生命力和说服力的，还是社会学的现代化论。和这些理论相比，现代化论是一个多学科综合的学术理论。作为研究社会发展的理论，它既吸收了史学的长时段分析手法，又展现了社会学结构主义的框架，更内含了经济学利用统计学等计量手段的传统，具有超常的广度、深度和精度。尽管也曾遭到不断的质疑，却历久弥新，在发展理论中独领风骚。早期的现代化论主要研究欧美国家的现代化发展，但 20 世纪 60 年代日本的高速经济增长引起了全球的关注，日本也随之成为非西方国家现代化研究的最早案例。随着韩国、新加坡和中国等亚洲新兴国家也先后进入经济高速增长期，亚洲国家现代化研究也构成了现代化论的一个重要部分。

---

① 参见〔美〕西奥多·M. 波特、〔美〕多萝西·罗斯主编《剑桥科学史（第七卷）：现代社会科学》，郑州：大象出版社，2008 年，第 635 页。

② 〔日〕富永健一：《日本的现代化与社会变迁》，李国庆、刘畅译，北京：商务印书馆，2004年，第 26 页。

③ 〔美〕西奥多·M. 波特、〔美〕多萝西·罗斯主编《剑桥科学史（第七卷）：现代社会科学》，第 638 页。

　　根据社会学的经典观点，我们可以简要地解释下什么叫作现代化。现代化是人类社会脱离中世纪、进入现代以后的社会变化。它有四个标志：在文化上，现代化是以科学进步为标志的理性主义进程；在政治上，现代化是以主权在民为标志的民主主义进程；在经济上，现代化是以现代产业制度为标志的市场经济进程；在社会上①，现代化是以人人平等为标志的现代人际关系的进程。

　　更重要的是，当进入 20 世纪 70 年代末 80 年代初，西方发达国家纷纷完成了传统现代化理论所制定的发展目标，进入一个传统理论难以解释的时代。于是 20 世纪 90 年代后，以德国慕尼黑大学社会学教授乌尔里希·贝克（Ulrich Beck）和英国社会学家安东尼·吉登斯（Anthony Giddens）等为代表的一批欧洲学者提出了第二次现代化理论。该理论认为，现代化社会发展在欧洲以 1970 年为界，以前是第一现代，其后是第二现代。和第一现代完成传统的现代化目标相比，第二现代社会仍旧处于现代化范畴，但是一个反思、调整和完善的现代化阶段。这种反思、调整和完善主要体现在三个方面。其一，由生态危机导致的可持续发展目标和风险预警机制的提倡。第一次现代化阶段的高速经济增长带来了环境和生态危机；在第二次现代化阶段，经济增长需要在可持续战略之下考虑世代和区域的公平，建立预警机制，实现均衡发展。其二，由全球化带来的国际秩序的重建和协调。第一次现代化阶段的发展带来了全球化的高度发达，世界已经成为人们通常形容的"地球村"，你中有我、我中有你。战争和掠夺已经难以为继，共同发展是世界共识。国际政治到了相互协调和真正共同繁荣的阶段。其三，由个人化带来的私人和公共关系的重建。第一次现代化的发展已经使家庭主义瓦解、个人主义普遍化。面对家庭和社区的个人化危机，社会需要在新的形势下重建私人和公共关系。

　　第二次现代化理论一经提出，便得到了全世界社会学界的重视，学者们纷纷就各国第二次现代化阶段的特征和问题开展研究。截至目前，虽然研究尚在深入，我们仍可大致总结出学者对第二现代社会的主要特征描述：在文化上，从理性主义特征向多元文化、非物质主义文化发展；在政治上，从集

---

　　① "社会"一词有广义和狭义之分，广义指整个人类社会所有方面，狭义则单指人际关系层面，此处系狭义的用法。

中民主向地方主义、协动主义发展；在经济上，从工业社会向信息社会、知识经济发展；在社会上，从家庭主义向个人主义、世界主义发展。

（二）对日本现代化转型进程的整体测量与评价

传统史学在研究近现代史时，多习惯使用所谓的"大国崛起"叙述范式，比如许多日本近现代史著作的书名喜欢叫作"日本崛起"。然而从本质上看，"崛起"一词只是一个文学描写式的词语，它实际展现的是文明或国家的跨越式高速发展状态。韩国首尔大学社会学教授张庆燮在研究亚洲社会的现代化时提出了"压缩现代化"论，定义类似"崛起"的此种跨越式高速发展。[①] 社会科学研究区别于传统人文科学的一个主要特点是它的精确性。我们在把日本近代以来的"崛起"界定为日本社会现代化的高速发展之后，就需要用计量方法对近代以来的日本社会发展进行完整的测量。

1. 先期研究成果

测量事物首先需要确定测量指标。相对于社会的单面属性的测定（比如经济学用国内生产总值测量经济发展水平），对人类社会的综合发展测量是一个较为复杂的系统，需要建立一套结构性的测量指标体系。

迄今为止，能够较为得到公认的测量体系是 1990 年由联合国开发计划署（UNDP）公布的人类发展指数（HDI），又称为"人文发展指数"。该指数由巴基斯坦籍经济学家赫布卜·乌·哈格（Mahbub ul Haq）和印度籍经济学家阿马蒂亚·库马尔·森（Amartya Kumar Sen）研制，采用了"预期寿命"、"教育年限"和"生活水平"三个分指标的几何平均数结构。自 1990 年 5 月首次公布后，每年联合国开发计划署都会发布《人类发展报告》，使用人类发展指数来衡量各个国家的人类发展水平。虽然这一指数利用当代容易获得的统计数据，能够准确地反映各个国家 20 世纪 90 年代以来的社会发展程度，但它较难运用于历史研究，并且指数偏重于人文生活领域，不容易反映社会发展的其他结构层面，故而学术界在社会发展研究中很少采用。

2013 年，为了解决对社会发展历史进程进行测量的问题，美国历史学家伊恩·莫里斯（Ian Morris）在新书《文明的度量：社会发展如何决定国

---

① Chang Kyung‐Sup, "Individualization without Individualism: Compressed Modernity and Obfuscated Family Crisis in East Asia", *Journal of Intimate and Public Spheres*, Pilot Issue, 2010, p. 3.

家命运》中提出了一套独特的社会发展指数。[①] 这一指数由四个核心指标组成：一是能量获取指标，由人均获得的食物、燃料和其他物质资料换算成热量卡路里来计算；二是社会组织指标，由各国最大规模的居民点人数换算；三是战争能力指标，主要根据各国不同历史阶段军事实力进行主观的分级评分；四是信息技术指标，由男女识字率和信息媒体的乘数计算。在书中，莫里斯运用该指标体系的四种指标值加总，对比了东西方文明的社会发展进程。莫里斯的这一社会发展指数虽然尝试了将人类漫长的文明历史进程进行量化测量对比，形象地展现了东西方文明交替上升的历史图景，但由于数据采集存在困难，主观评估的性质较强，并且不以国家为单位，其准确性受到质疑。而且，其指标的构成也偏向于人类社会的物质发展，近似于技术发展史研究。

2. 本文使用的测量指标体系

笔者在 2012 年从事日本社会现代化进程研究时，根据社会学的现代化理论，也尝试建立了一套关于日本现代化进程的核心测量指标。[②] 该指标基于美国社会学家帕森斯和日本社会学家富永健一等人将现代化整理为文化、政治、经济和社会四个子系统的观念，借用并模仿日本家庭社会学家落合惠美子将生育率（TFR）指标作为家庭现代化核心指标的方法[③]，给每个子系统分别选择一个核心指标，构建了一套现代化进程指标（见表 1）。

表 1 现代化核心进程指标

子系统	核心概念	指标	初始值	完成值
文化	理性化	高等教育普及率	现代大学出现	大学普及率超过 50%
政治	民主化	代议制完善度	立宪制度出现	普选制度实现
经济	产业化	产业结构变化	产业革命开始	第三产业占比超过 60%
社会	平等化	家庭现代化	第一次人口出生率下降	第二次人口出生率下降

资料来源：周维宏：《颠倒和压缩：日本现代化时序考察》，《人民论坛·学术前沿》2012 年第 15 期。

---

① Ian Morris, *The Measure of Civilization: How Social Development Decides the Fate of Nations*, Princeton University Press, 2013.

② 周维宏：《颠倒和压缩：日本现代化时序考察》，《人民论坛·学术前沿》2012 年第 15 期。

③ Ochiai Emiko, "Reconstruction of Intimate and Public Spheres in Asian Modernity: Familialism and Beyond", *Journal of Intimate and Public Spheres*, Pilot Issue, 2010, p. 3.

该指标结构简明，并兼顾了社会发展的不同层面，本文拟采用这一指标体系作为日本社会发展的测量指标。接下来，将对 4 个所选进程指标略做解释。

首先，文化现代化指标。现代化理论确认，文化的现代化指人类社会从封建社会宗教、巫术、迷信横行的文化向近代科学、理性的文化转变的过程，核心是近代科学技术的发展和教育的普及。鉴于科学技术发展量化的复杂，选取象征科学和教育水平的高等教育普及率作为文化现代化的核心时序指标。以现代意义上的大学出现为初始，以精英教育结束、大众教育开始（大学毛入学率超过 15%）为第一阶段结束、第二阶段开始，以大学入学率超过 50% 作为现代化完成的标志。

其次，政治现代化指标。现代化理论认为，政治的现代化指人类社会从君权神授的专制主义政治向主权在民的民主主义政治转变的过程。民主政治的基本形式包括代议制、责任内阁制和科层制官僚（高效独立的公务员制度），其核心是代议制，而代议制的核心是民主选举制度。因此将选举制度的完善设定为政治现代化的核心时序指标，其初始点是议会选举制度的出现，完成值是全民（直接）普选制度的实现。其进程根据宪政历史经验可以分为阶段要素，每个要素赋值 10 分，总值 50 分（见表 2）。

表 2　代议制民主进程指标

君主立宪制 议会建立	议会责任内阁制 （或直选总统制）	议会统一直选	议会无财产 限制选举	议会无性别 限制普选
10	10	10	10	10

再次，经济现代化指标。现代化理论认为，经济的现代化指人类社会以农业为主的传统产业向以机器工业为主的近代制造业大规模转变，并根据经济发展的配第 - 克拉克法则，后期从以制造业为主的经济结构转向以第三产业为主的经济结构。因此选用经济结构指标作为经济现代化的核心时序指标，其初始点是产业革命的发生，第一阶段完成值是第三产业占国民经济的50%，第二阶段完成值是第三产业占比达到 60% 以上。

最后，社会（狭义）现代化指标。现代化理论认为，社会（狭义）的现代化指人类社会的各种组织、关系形式从封建时代的等级制血亲宗法体系走向个人平等的功能和利益团体的过程，其核心是家庭组织的现代化。即从以复合大家庭为主的形式转向以核心小家庭为主的形式，从而通过小家庭的形式实现人际关系的平等。日本京都大学教授落合美惠子认为人口出生率的下降是核心小家庭化的象征，故而选择人口出生率作为家庭现代化的量化指标。此处借用她的观点，选取人口出生率下降指标作为社会现代化的核心时序指标。第一次人口出生率下降初始是 6 以上，完成值是 2 左右；而第二次人口出生率下降初始值是 2，完成值是 1 左右。

依据上述指标，接下来尝试将日本近代以来的相应统计数据代入图表。为了直观地反映日本近代以来的社会发展，笔者选择老牌的欧洲现代化国家英国作为现代化的典范，将英国的同期数据也代入图表，作成一个日英对照的日本近代社会发展指标示意图（见图 1）。

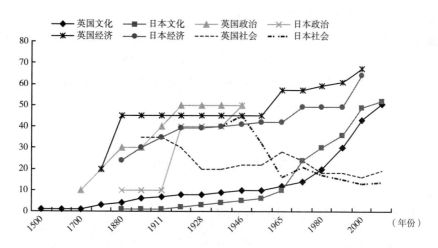

图 1　日本现代化发展进程指标变迁（1500～2010 年，以英国为参照）

资料来源：根据两国统计部门数据和联合国数据制作。

根据图 1，本文将主要从社会发展的 4 个侧面来整体评价日本近代①以来的社会发展进程。

在政治上，和英国相比，日本社会近代以来的政治发展起步较晚，在二

---

① 由于英文的历史分期只有古代、中世纪和现代这三个阶段，而日本将英文"现代"一词译为"近代"，将英文"当代"一词译为"现代"，中文受日文的影响，也引进了"近代"一词，故中文和日文的"近代"一词都相当于英文的"现代"，但日本把 1945 年以后视为现代，而中国把 1919 年或 1949 年以后划为现代。

战前始终落后于欧美西方国家（英国），并且呈较大的曲折，有两段明显的停滞时期，即 19 世纪后期和 20 世纪前期。1946 年以后，日本才达到了欧美的水准，保持了政治发展的一致性。

在经济上，日本近代起步同样落后于英美国家（英国），保持着一定差距，直到战后的 20 世纪 90 年代日本在经济结构上才达到英国的水平。在近代以来的长期发展中，日本经济在 19 世纪 20 年代至 40 年代和 20 世纪 70 年代至 90 年代各有过一段停滞时期。

在社会上，战前日本和英国相比，不仅落后、有着较大的差距，而且社会结构几乎没有大的变化；进入战后阶段，日本社会才大致实现了和英国的同步发展和变化。

在文化层面，日本长期以来始终和英国存在一定差距，但大致保持了追赶态势，并在 20 世纪 60 年代反超英国。

综合社会发展的 4 个主要层面状况可以发现，在现代化第一阶段（1500～1969 年），日本虽然在不断推进社会现代化转型，但始终与西方国家保持着相当的距离，也就是说，战前的日本现代化转型遇到了重大的失败。这些失败由哪些因素导致、是如何发生的，接下来将展开详细分析。

二 日本战前现代化转型问题的实证分析

（一）战前日本现代化转型的相关史实

日本最早出现在汉代中国人的文献记录中，当时日本尚处于原始社会时期。通过与隋唐封建王朝的交往，日本从原始社会末期直接进入了封建社会。通过大规模的遣隋使和遣唐使，日本开展了历史上第一次全面吸收外国先进文化的学习运动，并实施了以大化改新为代表的重大政治变革，在部落联盟王权的基础上建立了中央集权式的封建统治制度。在这一过程中，日本引进汉字，创制了日语语言文字；引进儒学和佛教，和改造后的日本自然神道一起作为封建社会的基本意识形态。12 世纪以后，日本从中央集权封建制走向了欧洲式武士分封的封建等级君主制，但至 19 世纪前半叶，由于血缘关系和部落制度的顽强存在，日本仍然发展出一个有自己特色的以神道、儒教、佛教三教为基本意识形态的发达的等级制封建社会。在这样一个社会,天皇朝廷作为神道教的象征被保留了下来,但政权掌握在以将军幕府为核心的等级制武士阶级手里,在全国实行士农工商的等级阶级制度。武士阶级以最大的领主将军家族为顶点,统领全国约 200 个大大小小的其他分封军事领主,这约 200 个大小军事领主和他们的部下构成了行政、军队和警察合一的统治阶层。占人口 80% 以上的农民以村落和家族的形式构成了最基本的被统治阶层,分属于大大小小的军事领主。手工业者和商人则是为武士阶级生活服务的寄生阶层,集中居住在武士政权城堡和交通要塞的周围。

封建社会的基本特征是等级制社会结构、军事政权、宗教文化与以农业和手工业为主的自然经济。欧洲社会从传统的封建社会向现代资本主义社会过渡大致经过了这样一个程序:首先是文化上的宗教改革和启蒙运动,接着是政治上的平权革命,然后是机器生产高速发展的产业革命,最后是社会结构的分化变革。在这四个层次的变动中,人们通常将政治变动作为时代区分的标志。从 1640 年英国革命到 1868 年日本明治维新,日本现代化政治变动的发生比欧美晚了 200 多年。但在亚洲,日本仍然是最早的,而且在第一阶段前期(1868~1936 年)[①]的现代化发展中,虽然日本在各个方面都还没有追赶上欧美国家,但在国际政治关系方面已经实现了成为世界列强之一的目标。我们可以把这近 70 年看作日本第一次社会现代化转型的时期。

日本近代的第一次社会现代化转型,主要得益于接触欧美国家,在历史上第二次大规模地吸收外国(西方)先进文化。1543 年,葡萄牙商人漂流到日本种子岛,传来了枪支制造技术。1603 年,荷兰商人开辟了荷日航线,他们带到日本的荷兰书籍和工艺器具引起了德川幕府的兴趣。1740 年,在政府的许可下,一种以荷兰语为工具学习西方现代化文化的学问——"兰学"在日本广泛兴起,"如滴油入水,布满全池"[②]。兰学最初以传播天文学、医学和地理学等西方现代自然科学知识为主要内容,在医生、官员和学者之间流传,但随着交流的扩大,社会科学领域的知识也传入日本。据日本

---

① 1936 年大致是战前日本正常经济发展水平最高的年份,其后进入战争时期。
② 杉田玄白『蘭学事始』、大沢築地书店、1941 年、26 頁。

学者统计，兰学中自然科学与社会科学著述之比为 1.5∶1。① 1853 年被迫开
国之后，日本人发现，荷兰只是欧洲一个弹丸小国，更多的欧洲科学文化是
由英语、德语和法语等文字书写的，于是兰学汇入了通过各种文字学习西方
文化的"洋学"大潮。

文化觉醒最终推动了社会政治变动。以初步掌握了现代化知识的中
下级武士为核心的改革势力联合不满政府专制的高级武士和朝廷贵族，
发起了推翻幕府政权的明治维新运动。为了动员大众，维新的口号使用
"尊王攘夷"和"王政复古"这样的陈旧概念。后来的实践也确实如此，
维新成功后日本首先恢复了天皇的统治地位，并建立了效仿中国古代的
八省制中央机构。但是，改革派为了决定日本未来社会的发展方向采取
了罕见的惊人举措——在政权建立后不久即由政府首脑和高官组成了庞
大的出访团（即岩仓使节团），遍访西方 12 国，历时一年零九个月。经
过比较处于现代化进程中的西方各国模式，日本最终确定以处于现代化
过渡时期的德意志帝国的二元君主制为日本的典范，建立了近代天皇制
下的明治政府。

明治政府坚定不移地学习西方、发展经济。政府在工部省内设立"劝
业寮"，负责奖励工商业的发展，也有像涩泽荣一那样辞官下海、亲身实践
实业救国的政府官员。为了发展工业，明治政府还开办官营模范企业，进
行示范，并在适当时候将这些国有企业以低价转手给民营资本家，壮大民
间实业资本。在政府的推动下，日本在 19 世纪 80 年代末进入了以纺织业
和重工业为显著标志的产业革命时期。虽然日本比欧洲国家晚了近百年才
开始产业革命，但从经济现代化的标志即第三产业比重来看，在 20 世纪
20 年代日本的第三产业比重就达到了 40%，仅低于老牌资本主义国家 5 个
百分点左右。

除经济外，明治政府在政治、社会和文化层面的现代化发展可谓走的中
间路线，即通过妥协、并存和二元的手法稳步前进。开明专制是现代化过渡
时期封建社会贵族阶级和大资产阶级妥协的结果。这种政治制度以超然于阶
级之上的开明君主为国家的核心，既保留了资产阶级革命的成果，又保护了

① 広瀬秀雄「著述活動から見る江戸時代の洋学の一側面」、沼田次郎・松村明・佐藤昌介
『日本思想大系 64 洋学（上）』、岩波書店、1976 年。

受到冲击的封建贵族，并往往通过军事专制把国内矛盾引向疯狂的对外扩张。以此为范式的明治政府既推进了"四民平等"和"文明开化"等一系列现代化改革，新创了日本贵族制度（华族制度），但也延续了部分封建传统道德意识，保护了封建大地主和旧贵族。

明治政府的开明专制路线遭到了左右两派的反对。以维新功臣西乡隆盛为代表的一部分保守派武士，先是要求投入对外扩张来维护旧士族的地位（"征韩论"风波），在因时机不成熟而被政府拒绝后，转而走向了武装暴动，最终被政府镇压。以板垣退助和大隈重信等为代表的改革派则不满藩阀专制，在全国掀起了声势浩大的要求实行君主立宪的自由民权运动。面对自由民权运动的冲击，明治政府采取了软硬兼施的手段。一方面镇压民主运动，另一方面做出妥协和让步，宣布 10 年后的 1890 年正式进行议会选举，实行君主立宪。1890 年，日本政治在现代化道路上迈出了关键的一步，即明治政府颁布了《大日本帝国宪法》，选举了第一届国会。国会由贵族院和众议院两院组成，贵族院由天皇任命和贵族互选，众议院由达到一定财产标准的男性公民普选。君主立宪的日本在宪政初期延续了开明君主专制的路线：主权在君而不在民，天皇是国家的最高统治者，独揽军队统帅权；内阁首相由前任首相们提名、天皇指定，对天皇负责而不对议会负责；众议院虽有预算否决权，但内阁可以放弃新预算而执行上年预算。

即便如此，民主派仍没有放弃斗争。在大正时期（1912～1926 年），他们不断发起大正民主运动，终于在 1924 年使日本的政治现代化赶上了欧美国家。这一年，日本实行了无财产限制的全体男性公民普选（和英国同步），并确立了议会多数党组阁的政党内阁制。至于宪政民主的最终阶段即无性别限制的全民普选，欧美国家是在 20 世纪 20 年代末实现的，而日本一直到 1946 年战败以后才实现。由此可见，政治上的妥协使日本政治的现代化在战前时期有所拖延，最终只能靠外力压缩进程，赶上欧美国家的步伐。

整体而言，1868～1936 年，日本基本处于社会现代化转型的征途中。但是，这一社会现代化转型的过程也出现了两个重大的失败特征。第一，这一时期日本社会的发展整体上仍与西方社会有较大的差距，无论是经济、政治还是社会和文化，都无法实现赶上和超越西方的目标；第二，更明显的失败是从1931年起日本陷入了长达15年的对外战争泥沼，以至于最终不得不接受1945年被外国占领的后果，这在其历史上是前所未有的。

（二）日本近代第一次现代化转型失败的因果分析

上文提出了日本第一次社会现代化转型失败的两大特征，在分析其社会现代化转型失败的原因时，也需要围绕这两大特征展开，即战前日本社会发展全面落后和发动长期对外战争的因素。这两者之间其实也暗藏着一定的关联：正因为全面落后于西方世界，日本才需要通过疯狂的对外侵略来缩短与西方的差距。

根据对日本近代前期基本历史事实的确认并参考先学的研究，笔者把日本近代第一次社会现代化转型失败的原因归于三大层面：封建主义的余毒、错误的国际战略和极端畸形的经济发展。

1.封建主义体制的余毒

明治维新前，日本处于一种近似于欧洲的封建等级制军事领主专制社会。从封建社会向近代资本主义社会的转变，主要的动力来自外部的压力。从1853年被迫开国到1868年明治维新，只有短短的10余年时间。明治政府虽然确立了近代资本主义的大致方向，但在社会转型过程中时时刻刻面临着封建主义和资本主义、传统和近代、本土和外来的冲突。面对冲突，明治政府选择的是政治妥协的中间路线，既顺从世界资本主义发展的大方向，但又注意保护传统的封建体系，甚至不时加强封建势力，从而大量保存了日本传统社会里的封建主义因素，阻碍了资本主义的急速发展。这种对封建体系的温存主要表现为建立走中间路线的开明专制政府、军事贵族在社会中的特殊地位和作用，以及封建社会和文化体系并未受到大的破坏。

（1）开明专制的政治结构

虽然在自由民权运动的推动下，明治政府于1890年如期召开国会，但其精心制定的《大日本帝国宪法》建立了一种开明专制性质的近代天皇制君主立宪统治体系。它的核心规定不像欧洲的君主立宪制那样宣布主权在民，而是主权在君。天皇超然于社会各阶级之上，是代表国家主权的开明专制君主，国会只是天皇的辅佐机构，而不是国家的最高权力机构。国会分为贵族和平民两院，贵族院议员需要天皇的提名和任命，天皇则由枢密院直接辅佐治理国家。众议院虽然有预算审议权，但政府可以在新预算不能通过时维持去年的预算。天皇还独自掌握了全国大量的山林土地和重要资源企业，为政府操纵国家政治提供了稳定的经济财政基础。明治政府的内阁是天皇的执政代理机构，直接向天皇负责而不向议会负责。在相当长的时间里，内阁总理由天皇根据上几任总理组成的元老院的建议任命。在这种政治框架下，西方的民主主义政治理论被严格禁止，改成了天皇以民为本的"民本主义"概念①，甚至有些进步的法学家把天皇解释成国家的最高统治机构的"天皇机构论"② 也被取缔。

（2）军事贵族的特殊社会地位

日本的第一部宪法《大日本帝国宪法》赋予天皇最高军事统帅权，排除了政府和议会对军队的管理权限，军队得以独立于社会。这不仅是对封建时代武士阶层特权的继承，而且为二战以前军人干预国家政治和外交创造了条件。军队的最高统治机构是军队的统帅部门（陆军参谋本部和海军军令部），他们拥有所谓的"帷幄上奏权"，即直接向天皇建议采取军事行动的权利。此外，内阁的陆军大臣和海军大臣也曾被规定必须是现役军人，因此在政党内阁时期，当内阁无视军队的意见时，军队经常通过大臣辞职来使内阁倒台或无法组阁，从而直接干预政治。由于法律赋予了军人的特殊社会地位，整个战前的军队系统经常主导国家的外交和内政方向，早期的政府经常由军人出身的政治家组阁，军人还经常策动内外动乱，把国家引向歧途。由军人发动的暗杀和政变在战前时期屡见不鲜，比较著名的有 1932 年的"五一五"政变（海军军官刺杀犬养毅首相）和 1936 年的"二二六"政变（陆军军官发动的军事政变）。可以说，日本近代前期最终走向长达 15 年的对外战争与日本军人的特殊地位是密不可分的。

（3）社会和文化领域的浓厚改革残余

明治维新以后，为了保护封建贵族的利益，日本曾经新创了"华族"等贵族爵位制度，这一制度一直到二战后才得以废除。不仅如此，日本制定的第一部民法典把封建时代的父权制正式固定下来，形成了天皇制下以天皇为大家长、"天下一家"的封建主义社会和家庭的基本伦理结构，一直到战

---

① 1914 年由日本学者吉野作造提出的理论。

② 1935 年日本东京大学教授、贵族院议员美浓部达吉因主张"天皇机构论"而被军人议员控告，被迫辞职。

后才得以修改和废除。在文化上，随着西方近代文化的传播，日本传统封建文化的反抗也越来越激烈。早在明治 12 年（1879），天皇的老师、儒学家元田永孚为了对抗西方文化，就为天皇起草了国家教育方针《教育圣旨》，宣传以儒学为德育教育的基本，遭到了伊藤博文内阁的反对。1890 年，元田永孚等人又联合井上馨等共同起草了新的《教育敕语》，以天皇的名义由山县有朋内阁公布，颁行天下，把忠君爱国的封建道德理念作为国家的教育方针固定下来。这一教育方针也一直延续到二战后，在美国占领军的指示下才由国会众参两院分别通过决议宣布废止。

综上所述，封建主义的余毒在整个战前时期是非常浓烈的，它给日本社会的现代化进程带来了很大的影响，以致日本社会学家富永健一在战后的 20 世纪 80 年代仍旧认为，除了经济领域外，日本社会的现代化在政治、社会和文化方面始终没有完成。[①]

2. 错误的国家战略

明治政府一成立，就通过《五条誓文》提出了第一个国家战略，主要内容为希望学习西方经济政治改革。但是，日本此后学到的西方战略是一种过时的错误国家战略，其主要特征是始终奉行殖民主义路线。

殖民主义指一个武力比较强大的国家越过自身的边界而建立移民殖民地或行政附庸机构，借以对外延伸其主权。殖民主义国家通常会控制该地区的自然资源、人力和市场，亦会给被征服民族强加自身的社会文化、宗教和语言。所以，殖民主义实质上是一个比较强大的国家直接干预比较弱小的国家的政治、经济和文化的系统思想和行为体系。

殖民主义盛行于近代早期资本主义原始积累阶段，并贯穿整个近代，它的最主要动力是经济利益，但思想源泉可以解构为种族主义、社会达尔文主义思想、国际强权政治信仰。种族主义（还包括欧洲天主教消灭宗教异端的思想）为殖民主义的种族屠杀和奴役提供了借口，国际强权政治信仰是近代早期"炮舰外交"国际秩序观的温床，而社会达尔文主义思想以文明论的形式掩盖了殖民主义者的贪婪。近代日本国家战略正是在全面吸收西方殖民主义思想的基础上形成的。接下来，将通过明治维新后日本主要政治家和学者的思想来具体考察他们的殖民主义国家战略。

---

① 富永健一『マックス・ヴェーバーとアジアの近代化』、講談社、1998 年、73 頁。

（1）种族主义思想的影响

日本学者指出，在学习西方知识的过程中，日本人通过大量的西方图书学习地理知识的同时，也学到了人种歧视观念。19世纪早期译成日文的荷兰地理书曾这样描绘东南亚人："苏门答腊（印度尼西亚）人肤黑而丑陋，懒惰而又妄自尊大。"日本学者根据这些图书也写出了自己的地理书，常用"丰富的资源和无知的人们"描述东南亚地区。不仅如此，荷兰图书还把日本人描绘成高于中国人和朝鲜人的上等人。例如，有一本书说日本人在精神和外貌上都优于中国人，还有一本书说"在科学和文明进步方面，朝鲜人低于日本人"，① 这种认识在近代日本知识界广为流传。1875年9月的《朝野新闻》曾写道："而今量我日本帝国开化之进步，已超越顽愚之支那，凌驾固陋之朝鲜。"② 日本著名学者新渡户稻造（《武士道》一书的作者）在1916年发表的《文明国民南下之大势》一文中也写道：东亚人是"甚为懒惰的民族"，"于他们数百年所居住的地方，没有出现任何文明"，因而其他人种应取代他们推进开发，由于白色人种身体不适，故应由黄色人种且具有指导能力的日本人来完成。③ 种族主义观念使日本一部分学者改变了传统的华夷意识，提出了华夷可以互变的理论，同时更倾向于神道和皇国思想，发展出近代的"日本主义"和"国粹"思想。

（2）社会达尔文主义的影响

明治初期，大量的西方政治思想学说传入日本，其中既有 J. S. 密尔和斯宾塞等英国流的功利主义、自由主义的学说，也有弗朗索瓦·基佐（Francois Pierre Guizot，1787～1874年，法国人）、亨利·巴克尔（Henry Thomas Buckle）等人的文明史观，还有达尔文（Charles Robert Darwin）和其友人赫胥黎（Aldous Lenard Huxley）的生物学的进化论以及有关社会进化的思想即社会达尔文主义。福泽谕吉和加藤弘之是最有代表性的社会达尔文主义信奉者。福泽谕吉迷信"野蛮"（savagery）经"半开化"（barbarism）到"文明"（civilization）的三阶段单线演进式文明史观，该史观贯穿于其1875年出版的《文明论之概略》。丸山真男和桥川文三都认为

---

① 〔日〕兴棉一郎：《历史上日本人的亚洲观》，《太平洋学报》1996年第1期。

② 包霞琴：《从脱亚、入亚看日本的亚洲观》，《复旦学报》（社会科学版）1996年第2期。

③ 新渡戸稲造「文明国民南下の大勢」、『新渡戸稲造全集』（第4卷）、教文館、1969年、478頁。

福泽谕吉的这种文明史观来源于弗朗索瓦·基佐的《欧洲文明史》和亨利·巴克尔的《英国文明史》①。这两部著作于明治初年被译为日语出版，曾引起"文明史热"。社会达尔文主义使近代的日本社会普遍认为社会发展就是文明征服野蛮和半开化，西方和东方的斗争就是文明和野蛮的斗争，西方代表了文明，而亚洲不是半开化社会就是野蛮社会，因而西方的殖民主义侵略也就合乎自然。新渡户稻造就公然表示："膨胀之国家必然得有殖民地。从殖民地所得利益来看，这绝不能说其是病态，而是国民发展的逻辑归结。"②

（3）国际强权政治信仰

日本在近代以前长期受军事贵族政权统治，养成了尚武的风气。近代以后，殖民主义的亚洲观让他们更加崇拜国际的强权政治。最具代表性的人物是明治时代日本的精神领袖福泽谕吉，他曾赤裸裸地认同西方的"炮舰外交"。在 1878 年发表的《通俗国权论》一文中，福泽谕吉叫嚣"百卷国际公法不如数门大炮，几册和亲条约不如一筐弹药"，"各国交际的道理只有两条：一是消灭别人，一是为他人所灭"。1883 年他在写给《时事新报》的社论《外交论》一文中又宣称，当今国际关系是"禽兽相斗相食"，食者为文明国，被食者为半开化国、野蛮国。日本外交只有两种选择：一是加入吞食"不文明国"的"食者"行列，与"文明国"人共觅"良饵"；二是与数千年来萎靡不振之亚洲古国为伍，同守古风，被"文明国"人所吞食。日本应立即加入殖民主义阵营，成为"亚洲东陲一新的西洋国"。③

（4）国家战略对日本近代外交的影响

在殖民主义国家战略的基础上，近代日本的外交大体出现过两种战略路线，即"脱亚论"和"亚洲主义"（也可以叫作"入亚论"）。

"脱亚论"路线的实质，在于它是强调"先下手为强"（亚洲早晚沦为殖民地，不如日本先下手）和"绝不心慈手软"（兔子也可吃窝边草）的殖民外交宣言。日本接受和推行殖民主义外交路线的时间很早。曾为许多维新志士导师的吉田松阴（1830～1859 年）在维新尚未成功时，就迫不及待地

---

① 参见丸山眞男『戦中と戦後の間』、みすず書房、1978 年；橋川文三『順逆の思想—脱亜論以後—』、勁草書房、1973 年。
② 新渡戸稲造「植民政策講義及論文集」、『新渡戸稲造全集』（第 4 卷）、23 頁。
③ 刘江永：《历史教训与 21 世纪的东亚合作》，《亚非纵横》2006 年第 2 期，第 23 页。

提出维新后日本应"乘隙富国强兵，开垦虾夷，夺取满洲，占领朝鲜，合并南地，然后挫美折欧，则事无不克"①，奠定了近代日本对外扩张的基本方向。福泽谕吉的"脱亚论"则是日本再一次宣示决心。其后，师承前二者思想、长期作为明治政府军事负责人的山县有朋在对外扩张的过程中更进一步把殖民主义外交路线理论化。1890年，他向天皇提出了国家主权不仅仅限于"主权线"，还应包括与主权相关的"利益线"的观念，并把日本的利益线标定为中国和朝鲜。② 国权包括主权线和利益线的观念，不仅被日本军部继承下来，二战期间日本陆军省在制订"大东亚共荣圈"计划时还把它发展成"生存圈"、"防卫圈"和"经济圈"的概念。"生存圈指大和民族主体的生存区域，它包括日本本土、'满洲国'、北支、蒙疆。防卫圈指贝加尔湖以东的西伯利亚、支那本土、缅甸以东的东南亚、爪哇、苏门答腊、东经170度以西的北太平洋海域及岛屿。经济圈指为维持'东亚共荣圈'而提供生产资源的区域，即指上述防卫圈及印度、澳大利亚这一范围。"③ 可以认为，整个日本近代史就是一部日本政府念念不忘并逐步实现殖民主义外交路线的历史。

"亚洲主义"路线和"脱亚论"相比，则显得十分隐蔽。首先，和"脱亚论""与西洋文明共进退"相反，它把矛头指向欧美的殖民主义，并以亚洲同盟和区域合作为口号。早在1874年日本报纸《朝野新闻》就发表了《东洋的运气》一文，主张亚洲联盟。1891年樽井藤吉提出了"大东合邦论"，主张日韩合并。1898年近卫笃磨倡议组织"同人种同盟"，将民间团体"东亚会"和"同文会"组织成国策团体"东亚同文会"，推动"亚洲主义"路线，并兴办学校培养人才。"亚洲主义"的基点是东西方殖民主义的对抗，其主要原因是日本对自己为弹丸小国的清醒认识和对西方在亚洲殖民速度的担忧。该路线主张通过亚洲国家的合作实现日本的殖民主义目的，故其外在表现形式上比"脱亚论"式的主张要缓和与曲折得多。如"亚洲门罗主义"（亚洲的事务由亚洲人自己解决，亚洲人可以自己殖民但不允许西方人来殖民）、"亚洲一体论"（亚洲同文同种，可以合并成一个国家）和

① 山口县教育会编『吉田松阴全集』（第2卷）、岩波书店、1940年、325页。
② 大山梓编『山县有朋意见书』、原书房、1966年、196页。
③ 冈本幸治『近代日本のアジア観』、ミネルヴァ書房、1998年、251页。

"亚洲联合论"（亚洲国家建立联盟，共同抵御西方势力）似乎都披上了人种、文化和区域团结的外衣，但是有三点可以鉴别出"亚洲主义"的殖民主义性质。其一，日本盟主论。"亚洲主义"者在谈论亚洲一体和亚洲联合时，都不免会提到日本在其中的主导者地位和特殊利益，从而露出马脚。其二，武力使用论。"亚洲主义"者或多或少都赞同日本对不合作的亚洲国家政府使用武力。其三，阻止亚洲国家同西方国家的正常合作，但并不实际阻止西方对亚洲国家的侵略。这实际上表明了"亚洲主义"的虚伪，其真正目的是独霸亚洲的经济利益。

（5）日本殖民主义国家战略的实证——以中日关系为例

"脱亚论"和"亚洲主义"本质上都是日本近代殖民主义国家战略在外交路线上的两种表现。从近代日本外交史的发展过程来看，两种路线是交替出现甚至可以同时并存的。大体上日本的国力尤其是军力强大了，"脱亚论"的路线就会占主导地位；而当日本面临欧美的竞争和威胁时，就会走"亚洲主义"路线。中日两国是亚洲的主要国家，中日关系也是日本亚洲外交的主要关系。接下来将主要通过近代中日关系的变迁过程来印证上述观点。

可以说近代中日关系大致是由以下一系列大事件为节点组成的历史：1894年，日本发动中日甲午战争，侵占朝鲜半岛、中国台湾；1915年，日本向中国提出丧权辱国的"二十一条"，意图成为中国的"宗主国"；1931年，日本发动"九一八事变"，侵占中国东北、华北地区；1937年，日本发动"七七事变"（全面侵华战争），试图侵占半个中国。从这些大事件的基本节点可以看出，日本形成近代殖民主义国家战略后的对华侵略方向是既定和一贯的，但其具体步骤是分段和渐进的。在所有的节点上，可以说都体现了"脱亚论"式、赤裸裸的殖民路线，但根据日本学者的研究，其间也出现过几次"亚洲主义"路线思潮泛滥。

例如，甲午战争后，日本遇到了"三国干涉还辽"，由于力量不足，日本不得不放弃割占中国辽东半岛的计划。此时，以近卫笃麿为首的政治家提出了"支那保全论"[①]的"亚洲主义"路线，主张在中国实行"维护"中国主权的门户开放政策，在政界颇有影响。日俄战争中，日本击败俄国，日

---

① 近衞篤麿日記刊行会『近衞篤麿日記』（第2卷）、鹿島研究所出版会、1968年、185頁。

本的军力和自信心同时膨胀，1906 年《中央公论》杂志发表社论《战后对俄满韩政策》，主张守住"北满"既得利益后应该向华南和南洋方向发展，像西方那样在全球殖民，重新回到"脱亚论"式路线，挑起了所谓的"北守南进"（或"北舍南进"）[1] 路线的争论。浮田和民支持南进，甚至主张日本向南美"移民"，德富苏峰则担心威胁朝鲜权益，反对轻率南进，而日本陆海军人则主张南北协调发展，不放弃任何一边的利益。[2]

再如，1914 年日本乘欧美殖民主义无力东顾，试图向中国强加"二十一条"，遭到中国人民的反抗和欧美各国的反对。进入 20 世纪 20 年代，日本推行以币原外交为标志的协调外交路线，对中国内战也采取中立态度。这时在日本，"亚洲主义"又掀起了一个高潮。1924 年 5 月以《日本及日本人》杂志为先导，日本国内媒体纷纷发表宣传"亚洲主义"的社论，至当年 10 月秋季的增刊《大亚洲主义》，该杂志自身就已经发表了 21 篇社论文章。[3] 但是，当 20 世纪 20 年代末世界各国纷纷陷入经济危机，而日本通过扩军备战率先走出危机时，以军部为首的日本军国主义者又认为时机有利，在第二次世界大战即将爆发之前再次回归了"脱亚论"路线。最著名的理论就是"决战论"，无论是宣传鼓动战争的法西斯学者大川周明，还是实际策划和推进战争的法西斯军人石原莞尔，都抱有此种观念。大川周明认为日美必须在中国问题上进行一次各自代表东西方的"对决"；石原莞尔认为太平洋战争是一场东西方文明的"最终战争"。[4] 当然，这一次是"脱亚论"和"亚洲主义"路线走到了一起，日本陆军省也为这次最后决战制定了"亚洲主义"式的口号——建立"大东亚共荣圈"。虽然两种路线混合在一起，但也更容易识破其殖民主义侵略的本质，因此绝大多数亚洲人民认识到"大东亚共荣圈"不过是日本殖民扩张的一个代名词。

从上述日本对华外交的过程不难看到，殖民主义国家战略贯穿了日本近代外交史的整个历史进程。不过，第一次世界大战结束以后，国际潮流已经发生了极大的变化，殖民扩张主义渐为众人所唾弃。而日本上下却仍做着殖

---

① 山室信一『近代日本における東アジア問題』、吉川弘文館、2001 年、57 頁。
② 山室信一『近代日本における東アジア問題』、62 頁。
③ 山室信一『近代日本における東アジア問題』、27 頁。
④ 岡本幸治『近代日本のアジア観』、20 頁。

民主义美梦，这必然会把日本带进灭亡的深渊。

3. 畸形的经济发展

产业革命指资本主义的生产方式由以手工技术为基础的工场手工业过渡到广泛采用机器的工厂制度的工业化过程。它的完成标志着国家工业化的初步实现和资本主义社会制度的最终确立。世界上最早的产业革命发生在 18 世纪后半期的英国，日本比英国晚了一个多世纪。但在明治政府自上而下的推动下，从 1886 年到 1912 年，在不到 30 年时间里日本完成了西方花费约 80 年完成的工业革命。然而，虽然战前的日本发动了近代产业革命，奠定了近代社会的基础，但由于上述封建残余的影响和错误国际战略的引导，日本的工业发展仍是不充分的，带有后进资本主义国家的种种特征，导致这一时期日本的经济发展呈现出一种不协调的畸形格局。其主要表现为：服务于对外扩张的军事工业优先得到扩张，扭曲了经济结构；工业的发展以牺牲农业和农民为代价，导致城乡差距扩大。

第一，尽管日本在短短的几十年里完成了产业革命，但农业人口和农业产值仍在国民经济中占有很大比重。日本进行产业革命之初，1888 年日本的农业人口占其人口总数的 66%，工业人口仅占 11.9%；[①] 到 1912 年产业革命基本完成时，日本的工业人口占比增加到 18%，农业人口仍占 57.7%[②]。就工业和农业产值而言，工业产值在 1910 年才达到了一半（50.2%）。[③]

第二，军事工业在工业中占据了重要地位。在 1909 年的 30 家大企业排名中，吴海军工厂、东京炮兵工厂、横须贺海军工厂占据前 3 名，大阪炮兵工厂和佐世保海军工厂分别居第 5 名和第 10 名。[④] 自 20 世纪 30 年代进入战争年代后，日本的军事工业更是呈极端发展的态势。总体而言，1903～1941 年，军需产业工人在工人中所占的比重从 38% 上升到 57%，机器工业的 2/3 以上属于军需生产。[⑤]

---

① 古島敏雄『資本制生産の発展と地主制』、御茶の水書房、1963 年、406 頁。
② 刘天纯：《日本产业革命史》，长春：吉林人民出版社，1984 年，第 42 页。
③ 安藤良雄『近代日本経済史要覧』、東京大学出版会、1981 年、8 頁。
④ 万峰：《日本资本主义史研究》，长沙：湖南人民出版社，1984 年，第 114 页。
⑤ 〔日〕野吕荣太郎：《日本资本主义发展史》，吕明译，北京：生活·读书·新知三联书店，1955 年，第 347 页。

第三，日本工业发展形成了近代工业和传统手工业并存的二元体制。根据 1909 年的统计，当时日本的工厂总数为 32228 家，其中 30 人以下的中小工厂占了 85%，工人数也占到了 35%，不使用机器动力的工厂占 75%、工人数占 34%。[①] 战前时期，日本的近代工业主要集中在三大核心工业城市地带，如京阪神地区、京滨地区和北九州地区，而其他地区大多以传统手工业为主。

上述扭曲的工业发展完全建立在对农村和农民的剥削之上。由于近代工业少而传统工业多，工业的发展主要依赖于雇用农村女工、童工及大量季节性临时工，以低廉的劳动力与外国产业竞争。日本经济史学家都认为，日本农村在战前成了日本工业的蓄水库，当经济繁荣时提供了大量的廉价劳动力，当发生经济危机时农民又被赶回农村。因此，日本农村在战前长期处于贫困之中。尤其是到了 20 世纪 30 年代，日本多地农村出现了农民破产的局面，进一步加剧了经济危机，日本军队士兵约一半出身于贫困的农民家庭，这也成为军国主义的温床之一，加速了日本对外扩张、转移国内矛盾的步伐。正因为如此，战后美国占领军当局于 1946 年在日本农村实行土地改革运动，彻底消灭大地主和佃农阶级，以铲除军国主义的温床、防止军国主义复活。

（三）日本第一次社会现代化转型失败的教训

通过上面的分析可以清楚地看到，在近代第一次社会现代化转型过程中，日本社会保留了强大的封建残余势力，虽然中间道路使日本社会得以避免激烈的冲突、逐步沿着近代化的道路前进，但封建因素限制了社会的发展速度，尤其是封建军事贵族占据了特殊的地位，甚至通过不断政变和暗杀扭曲社会正确的发展方向、制定错误的国家战略，把日本推向了军国主义和殖民主义的歧途。这两种主要因素又影响了日本经济的健康发展，造成了严重的农村问题，反过来为军国主义和殖民主义输送了大量人力，加快了日本对外扩张并走向长期对外侵略的步伐。虽然还有一些其他因素，但这三种因素相互作用是日本近代第一次社会现代化转型失败的主要原因。

---

① 山口和雄『日本経済史』、筑摩書房、1968 年、182 頁。

日本近代的第一次现代化转型失败反映出，东方传统的封建国家进入近代以后，依旧面临着沉重的反封建任务。封建势力在政治、经济和社会文化的各个方面都会阻挡近代化的脚步，新的政权必须持久地开展对传统文化和社会结构的改造工作。同时，要注意保持协调的经济发展结构，处理好各种产业的比例，制定和平与合理的国家战略，防止极端的民族主义和沙文主义把国家的战略重心引导到对外扩张上，否则就会像日本那样过于向军事工业倾斜和忽视农村的经济发展。

三　日本战后现代化转型问题的实证分析

（一）战后日本社会现代化转型发展的基本史实

1. 外力推动完成政治现代化

二战后，日本现代化发展最显著的特征就是在外力的作用下完成了政治上的现代化进程。从 1945 年战败至 1952 年《旧金山对日和平条约》生效期间，日本被美国单独占领，占领军总司令掌握了最高的施政权。美国占领当局为日本制定了明确宣布主权在民的和平新宪法，结束了明治、大正和昭和前期的开明专制制度。国会第一次实现了全体公民的无性别和无财产限制的普选，日本女性有史以来第一次拥有了选举权和被选举权；战前的华族制度和贵族院被废除，国会由众参两院组成，均通过按人口和区域划分的选区选举产生；两院在功能和任期上略有不同，有着相互制约的作用，但众议院占据主导地位。另外，战前，天皇是日本的最高统治者，掌握着军队、司法和行政的最高权力；在新宪法下，立法、司法和行政三权分立，相互制约，天皇只是国民的象征，没有任何实质性权力。

1946 年颁布的日本新宪法虽然是美国占领军主导制定的宪法，但一直实行至今天，说明它已经被日本的民众所接受。这里的问题是，新宪法所标志的日本政治现代化的完成，毕竟是在外力——美国占领的条件下实现的。历史虽不能假设，但我们可以想象，如果没有战败和美军占领，由日本人独自制定宪法，日本什么时候才会走到这一步？也许会延迟至少几十年？这一特征显示，在后发和传播的现代化进程中，封建政治将不会轻易退出历史舞台，政治现代化的历程充满曲折。

2. 经济现代化的高速完成

战后日本现代化发展的另一个明显特点是经济高速发展。1945～1955年，日本在战争废墟上恢复了战前的最高经济水平。从1955年开始，日本进入了一个年增长率高达10%、时间长达近20年的经济持续增长时期。到第一阶段现代化即将结束的1968年，日本经济总量先后超越了意大利、英国和联邦德国，成为世界资本主义阵营第二大经济实体。

为什么战后日本能实现如此惊人的经济高速增长并持续近20年，从而大致完成了经济现代化的目标？学术界对此进行了大量的研究。所能列举的因素主要有：美国主导的政治、经济和社会的民主改革，释放了生产力，扫除了经济发展的障碍；解散军队、取消军备，日本无须投入过多军费，支持了经济的发展；与美国结盟，得到了美国的技术、资金和市场方面的大力支持；通过朝鲜战争和越南战争获得了特别需求；赶上了世界经济发展的最好时机，诸如技术革命、新能源不断涌现，以及第一阶段现代化到了最后阶段。在这些因素中，主观的因素并不多，客观环境占了相当的比重。而且，在日本之后，"亚洲四小龙"和"亚洲四小虎"在发展过程中的相似路径，也证明了客观因素在实现经济现代化中的必然性。

3. 文化和社会现代化的发展

社会和文化层面是日本战前现代化发展较为缓慢的层面，及至战后，政治现代化的完成和经济现代化的高速发展给日本社会和文化的现代化发展提供了强大动力和有利环境。

（1）战后日本社会在现代化进程中的变化

战后日本的主要社会变动可以概括为地方自治制度的完善、大众社会的形成以及核心家庭的出现和普及。

战前，日本地方政府首长由中央政府内务省任命和管理，不存在地方自治。战后，日本取消内务省，制定了地方自治法，确立了地方自治制度，实行了地方分税体制和地方自治体首长的直接选举。

战前的日本社会是一个金字塔形的社会，战后迅速向菱形的大众社会转变，首先表现为长期构成日本社会底层的农民在战后通过土地改革变成了独立的自耕农，又通过农协制度联合起来占领了农村的金融和商业领域，走农村工业化道路。在短时间内（至1970年），日本农民家庭的收入就超过了城市工人家庭，农民成为社会的中间阶层。另外，手工业者和个体商人也扩大了其经营规模，上升为社会中间阶层。高速经济增长还培育了大量的技术和管理人员、企业白领。20 世纪 60 年代，日本掀起了"一亿总中流"的思潮，大众社会意识开始占据社会主流。

至于核心家庭，17 世纪开始在欧洲出现，18 世纪、19 世纪逐渐普及。在日本，这一现象虽然早在战前大正时代就已经出现，但并未得到普及。从 20 世纪 60 年代开始，日本家庭急速走向核心家庭化，男子工作、女子在家做专职主妇的工薪小家庭成为基本的家庭模式。

（2）战后日本文化的现代化进程

战后日本社会的文化现代化发展可以概括为文化的多元化、大众化和传统文化的复兴。

战前，日本因受法西斯主义的影响，曾加强文化管制，使文化的发展受到人为的限制。战后，随着政治民主化的完成和经济高速发展，文化发展迎来了宽松的环境，首先呈现出多元化的格局。从宗教领域看，日本的信教人口超过了总人口的 1.6 倍，意味着每个日本人信奉两个以上宗教，除了神道教、佛教和基督教外，大量的新兴宗教也层出不穷。在生活文化领域，传统的生活文化受到外来生活文化的冲击，年青一代开始适应西方生活方式，面包、牛奶成为城市早餐的主流。

在文化多元化发展的同时，随着日本社会阶级结构日益扁平化，以广大中产阶级为对象的大众消费文化也快速发展起来。漫画、动画、电子游戏、电视、大众电影、流行音乐和大众小说等新生事物不断涌现，以廉价、连锁和通俗等快餐形式为特征形成了广阔而繁荣的文化产业，从一个侧面支撑了日本经济高速增长，提高了日本文化的国际影响。但这种文化形式也造成了不少社会问题，部分有识之士甚至将大众文化看成使日本人"一亿白痴化"的愚民文化。

在西方文化随着国际化、全球化大量涌入日本的时候，日本传统文化也以一种再创造的方式得到复兴，传统节日、祭祀文化等都是在经济高速增长过程中随着生活水平的提高和文化消费的扩大而重新得到发掘与流行的。

综上所述，日本第一阶段现代化的战后时期虽然只有短短 25 年时间（1945～1970 年），但其发展速度是空前绝后的。政治现代化早早走完了第一阶段的最后一步，经济现代化实现了全面赶超的目标，文化和社会现代化虽仍有所滞后，但也展现了最显著的变化。但我们可以清楚地看到，日本战后现代化的原动力是外力（占领）的强大推动。可以说，没有战后占领下的政治、经济和社会的全方位民主改革，就很难有日本现代化的快速发展；没有战后国际经济发展的天时、地利与人和，日本就不可能实现与欧美的齐头并进。

（二）战后日本现代化转型问题分析

战后日本的现代化转型发展，在 20 世纪 70 年代以前主要面临如何追赶欧美的第一次现代化阶段进程，尽快完成第一次现代化阶段主要发达国家的同期指标；在 70 年代以后主要面临如何保持和欧美同步进入第二次现代化阶段，继续保持主要发达国家的第二次现代化阶段先进水平。前者的任务，总体而言，在 20 世纪 80 年代实现，问题主要出现在其后的 90 年代，日本经济出现了泡沫破灭及其后长达近 30 年的停滞。由于亚洲国家的"压缩式现代化"（第一次现代化完成较晚，没有停顿地进入第二次现代化）特征，日本晚于西方近 20 年，于 20 世纪 90 年代进入了第二次现代化阶段，并产生了一系列的"适应证"问题。下面将主要围绕这两个转型问题进行讨论。

1. "失去的20年"问题及其原因

20 世纪 70 年代以后，日本虽然结束了长达近 20 年的高速发展，但仍旧保持了一段平均增速约为 5% 的稳定增长时期（1972～1992 年），一直到 90 年代初期泡沫经济崩溃。在发展经济学里，人们习惯把有些国家经济发展过程中突然陷入长期停滞、时间为 10 年左右的时期叫作"失去的 10 年"。最早有美国在 20 世纪 20 年代至 30 年代的"失去的 10 年"，其后有英国在 1946～1956 年的"失去的 10 年"，以及 20 世纪 80 年代拉美国家的"失去的 10 年"等。进入 20 世纪 90 年代后，日本泡沫经济危机爆发，经济增长率下降到 0 甚至负值，并且久久不能翻身，日本出现了"失去的 10 年"。不仅如此，进入 21 世纪后，尽管日本上下做出了不少改革的尝试，日本还是没能走出困境，如今"失去的 10 年"进一步恶化成"失去的 20 年"已成定论。下面我们用统计数据来验证一下"失去的 20 年"的真实性。

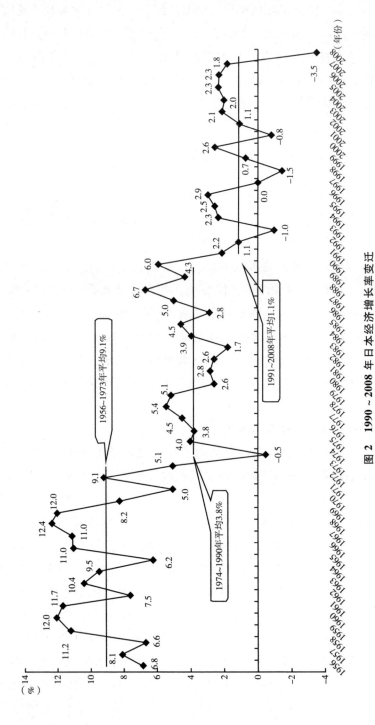

图 2　1990 ~ 2008 年日本经济增长率变迁

资料来源：「国民経済計算（GDP 統計）」，https：//www.esri.cao.go.jp/jp/sna/menu.html。

从日本内阁府的官方统计数据中，确实可以看到，1991～2008 年的近 20 年里，日本的经济增长率平均仅为 1.1%，与高速增长时期及稳定增长时期相比形成了很大的落差，印证了 20 世纪 90 年代以来是"失去的 20 年"的说法。这也就说明，日本战后第二次社会现代化转型的失败主要是与自己高速和稳定增长时期相比，陷入了 20 年左右的经济零增长。那么，这 20 年里日本到底失去了什么？接下来将对此进行多层面的分析。

据称，在日本实现了经济长期高速增长的年代，研究日本经济增长的原因是最有可能获得诺贝尔经济学奖的课题，而如今，经济学家纷纷把日本作为反面典型，研究日本这样的发达国家何以陷入"失去的 20 年"，寻找治疗"日本病"的药方。总结学术界迄今得出的一些结论，在 1991～2008 年的 20 年里，日本社会的失落大致可以归纳为以下三大方面。

首先，泡沫经济导致的金融危机。研究日本经济的学者大多同意，20 世纪 90 年代初的泡沫经济危机是日本步入"失去年代"的发端。所谓泡沫经济，实质上就是资产实际价值和价格的严重背离。在日本，这种背离的温床是 20 世纪 70 年代以后日元急剧升值造成的流动资金过剩和由此引起的不动产投机。日本的金融界和大企业既是泡沫经济的始作俑者也是最大的受害者，泡沫经济的崩溃导致大批的日本金融企业破产，也使许多日本大企业严重亏损。加上日本政府的应对失当，日本走出泡沫经济花费了相当长的时间。无论是泡沫经济的形成、繁盛还是破灭，都说明了一件事，即日本社会已经从工业资本主义走向了金融资本主义，日本社会已结构性地丧失了实业立国的精神。流动资产过剩，本来无论对投资还是对消费都是一件好事，但它也是双刃剑，往往伴随着副作用，即引诱全民走向投机。全民投机心理是一种"富贵病"，不光日本有，全世界发达国家也有，比如亚洲金融危机、美国次贷危机等都是一样的病因。因此目前全世界很多经济学家把日本作为反面典型，研究如何避免流动资产过剩带来的投机副作用。从这一层意义上说，未来中国社会也会面临人民币升值引起的流动资产过剩，如何吸取日本的教训也是当然的课题。

其次，人口问题导致的社会危机。日本有一些学者不同意日本曾经有过"失去的 20 年"，他们比较了日本和欧美发达国家相同时期劳动年龄人口的人均国民生产总值和人均劳动生产率，发现日本的表现并不比欧美国家差。

但即便是这些学者，也都同意这样一种观点，即日本社会出现了人口危机，使按总人口计算的经济增长陷入了长期低迷的陷阱。

人口学上把现代化社会的人口变化分为两个阶段，即多生少死阶段和少生少死阶段。从第一阶段到第二阶段，欧美国家经历了 50 年左右的黄金过渡时期。但是，日本战后没有经历这样的黄金时期，而是从第一阶段不停顿地进入了第二阶段。日本的总和生育率自 20 世纪 70 年代初即开始低于人口更替水平（2.1 以下），从 80 年代开始日本进入了少子化和老龄化社会。联合国规定，65 岁及以上老龄人口在人口总数中所占比例达到 7%，社会就进入老龄化社会，达到 14% 为老龄社会，达到 20% 以上为超老龄社会。以此为衡量标准，1970 年日本的老龄化率达到 7%，进入老龄化社会；1994 年日本的 65 岁及以上人口占比达到 14%，日本进入老龄社会；2005 年日本的 65 岁及以上人口占比达到 20.5%，日本进入超老龄社会。日本的人口老龄化率从 7% 增加到 14%，仅用了 24 年，是世界上老龄化速度最快的国家。日本总务省的调查结果显示，截至 2010 年 8 月 1 日，日本总人口约 1.2743 亿人，其中，0~14 岁的青少年人口占 13.3%，创历史新低，而 65 岁及以上的老年人口占 23%，创历史新高。

急剧的少子化和老龄化，意味着日本社会出现了人口危机。劳动年龄人口的减少不仅导致了劳动力的减少，影响了日本企业的生产扩大，同时劳动年龄人口也是社会消费的主力，其规模缩小也直接影响了社会消费的发展，使日本国内需求和市场不断萎缩。因此，经济学家大多同意人口问题造成的社会危机是日本所谓"失去的 20 年"的最大成因。

最后，国际经济发展导致的产业危机。除了上面两大宏观因素外，日本学术界还从产业层面探讨了日本"失去的 20 年"的一些具体原因，大致可以概括为国际经济环境变迁造成的日本产业危机。

战后初期，日本曾经集中优势力量发展石油、化工和机械等新兴产业，奠定了经济高速增长的基础。受到石油危机冲击以后，日本及时调整战略，从"重厚长大"产品向"轻薄短小"产品转移，大量进军以家电为主的电子产品领域，先后击败了美国的汽车、电视、相机和音响等行业，甚至一度独步天下。但到了 20 世纪 80 年代以后，国际经济形势发生了巨大的变化，日本在产业上可以说进入了"前有堵截、后有追兵"的境地。"前有堵截"指日美之间在高科技领域的较量，日本大企业曾经在高清电视、电信、数据存储等领域投入大量人力和物力，试图抢占先机、制定世界标准、确立主导地位，但遭遇美国的大力阻截，不是标准制式不被承认，就是落后一步而功亏一篑。更主要的是，在 IT 革命的浪潮中，与美国相比，日本竟然毫无建树、默默无闻。"后有追兵"则指在传统的家电领域，日本又遇到了先后步入经济高速增长的亚洲新兴国家如韩国、中国和东南亚国家的急起直追，在劳动力和市场等因素的作用下不得不让出大片市场。

进入 21 世纪，日本社会对为什么会陷入如此境地进行了深刻反省。2000 年前后，日本政府的 21 世纪战略委员会在其发表的报告《21 世纪日本政府战略》中检讨，认为日本在计算机领域落后的主要原因在于语言的问题，因为日本人的英语水平低，所以在计算机编程和应用领域还不如经济落后却以英语为官方语言的印度。该报告提出政府未来要学习印度，将英语列为准官方语言进行全民普及。日本经济界还对过去被视为日本企业法宝的"终身雇佣制度"和论资排辈的"年功序列制度"等进行了反省，认为这样的制度让企业员工处于平均主义和论资排辈的环境中，在产品的开发上基本满足于循序渐进、日积月累，很少有突变型的创新思维，不利于产业竞争。于是，日本企业纷纷开始学习欧美企业，导入了绩效工资和高薪竞聘。

此外，还有日本社会学家指出，战后日本虽然在经济领域实现了全面的现代化，但社会和文化层面的现代化一直未能完成。与经济现代化同步的社会和文化的现代化是保持经济持续稳定增长的必要条件，日本社会长期存在不少封建主义的因素，有些还被当作经济高速增长的有利因素，如企业管理上的终身雇佣、论资排辈及平均主义，家庭关系上的男尊女卑和家长制色彩，政治体系中的门阀和世袭，等等。这些因素的危害虽然在经济高速增长阶段并不明显，但一旦进入稳定增长和低增长时期，其阻碍社会进步和创新的弊端就暴露无遗。比如，有学者认为，女性地位低下和被束缚于家庭内也是日本劳动力不足的一大原因，需要解放女性、促进女性就业。著名的荷兰驻日记者沃尔夫伦（Karel van Wolferen）在 1989 年出版的日本政治研究名著《日本权力结构之谜》（*The Enigma of Japanese Power*）中也鲜明地指出，战后日本的官僚体制其实也是日本社会发展的一大障碍。[①]

---

① 〔荷〕卡瑞尔·范·沃尔夫伦：《日本权力结构之谜》，任颂华译，北京：中信出版集团，2020 年。

上述的反省有的颇有见地，有的似是而非，但只要日本经济未能走出"失去的 20 年"甚至"失去的 30 年"的阴影，类似的检讨和争论在日本社会就不会停止。笔者认为，日本陷入停滞的 20 年与民族主义思潮大有关系。从 20 世纪 90 年代起，日本学者分析日本经济的停滞时提出了一个有趣的术语，即日本产业的"加拉帕戈斯现象"，指日本企业生产的产品往往与世界市场脱节，不具有全球性的竞争力，故而只能在日本销售。如日本的手机、电脑、电视等电子产品，虽然技术先进、设计独特，但往往造价昂贵、制式单调，许多用途必须在日本的环境下才能有效。这背后的因素就是日本企业往往局限于日本独特的文化环境，眼中只有日本民族而缺乏国际市场的视角。日本虽然缺乏劳动力和高端科技人才，但始终坚持单一民族的国土意识，不对国际开放劳动力和人才市场，这影响了日本经济的国际化。近年来，作为国内老龄化日益严重的应对之策，日本政府开始考虑放宽对外国人入境的限制，对此，日本社会中的右翼不断发起反对外国人加入日本社会的运动，极端民族主义日益猖獗，拖延了日本社会的全球化进程。

上文所列的日本社会近 20 年来的三大失落，虽未必全面和准确，但也能提醒我们，自实施改革开放以来，中国的经济高速增长也已持续了近 40 年之久，未来或许也会遇到发展停滞的陷阱。那么，日本社会的经验教训就是一份宝贵的资料，值得我们仔细玩味。

2. 压缩式进入第二次现代化阶段的功与过

除了上述的长时段经济停滞现象，日本现代化转型的另一个大问题就是压缩式进入第二次现代化阶段。对传统社会来说，现代化的发展本身就是一个挑战和应对的过程。亚洲国家的压缩式现代化，归根结底是压缩了本国应对挑战的准备和适应的时间。比如，在欧洲，第一次现代化阶段大致经过了 400 年的时间；而在亚洲，最早走向现代化的日本才用了 100 年时间。也就是说，亚洲最多也只有欧洲 1/4 的时间去准备应对第二次现代化阶段的挑战。具体比较 20 世纪 70 年代欧美和日本的数据，可以发现，日本的文化现代化指标虽然低于美国却高于英国和经合组织国家（OECD）的平均水平，政治现代化指标（政治体制得分）与欧美一致，经济现代化指标（服务产业比重）基本接近了欧美水平，而社会现代化指标（总和生育率）还略微领先于英美两国。如果欧美社会在 1970 年前后进入第二次现代化阶段的说法被广泛接受的话，平成年代的日本毫无疑问也进入了第二次现代化阶段。

与欧美国家相比，日本虽然晚了近 20 年才进入第二现代化社会，但从整个日本现代化发展轨迹来看，日本从战后的 20 世纪 50 年代起，除了政治发展，其他现代化指标均呈现出陡坡式的急剧发展，看不出阶段性的停顿。这充分体现了亚洲式的压缩发展模式。笔者把日本的压缩现代化归纳为三个"双重"和一个"缺失"。

（1）近代（现代）家庭的出现和瓦解

现代家庭的出现是现代化第一阶段的标志，而现代家庭的瓦解则是现代化第二阶段的标志。落合惠美子等学者经过研究发现，从时间来看，在日本，现代家庭主要从大正时期出现（1912～1925 年），战后开始普及，经过 20 世纪六七十年代的发展，在 80 年代后期也开始面临老龄化和少子化的冲击。因此，可以说近代家庭在日本仅仅普及了不到 20 年的时间，就马上开始走向瓦解。这种普及和瓦解前后紧随的现象，正是社会现代化在家庭问题上严重压缩的标志现象。

（2）双重产业革命并存

战后，日本的经济先是花了大约十年时间从战争的毁灭中恢复过来，并且在 20 世纪 60 年代大致完成了传统制造业的革命，向尖端制造产业挺进，大致在 20 世纪 80 年代才实现了高技术产业的升级换代。但就在这一过程中，即 20 世纪 70 年代，以半导体技术为主的世界信息产业就已经有了长足进步，日本也不得不同时投入信息产业革命，大致在 20 世纪 90 年代赶上了欧美国家信息产业的步伐。但是，由于压缩式的发展因素，最终，日本在 20 世纪 90 年代以后的信息产业发展中不敌美国，落于下风，并导致后劲乏力，陷入了长达 20 年的"失落"，可以说吞下了压缩发展的苦果。

（3）集中民主政治和分散民主政治发展的并存

在第二次现代化阶段（1970 年至今），亚洲各国都面临着既要巩固刚刚建立的集中民主政治，又需要马上向第二个任务即地方分散的民主体系转型。在亚洲，最发达的日本社会自 20 世纪 80 年代以后地方分权运动急剧展开，90 年代以后可以说已经进入了一个地方的时代，进入 21 世纪以来，更是出现了以日本维新会为代表的地方包围中央的政治运动趋势。同时，日本的地方民主也出现了协动主义的新基本原则，非政府和非营利组织在地方政治中的地位日益上升。虽然与日本相比还有一定距离，但信息化时代带来的地方主义的冲击也已经影响了中韩两国，草根参政的民众运动、以互联网为阵地的非政府政治运动方兴未艾。

（4）个人主义观念的缺失

和西方相比，日本社会晚了近 300 年才进入现代化第一阶段（1868 年）。而且，在 1945 年之前的战前时期，日本社会的现代化在文化上发展缓慢，个人主义意识并没有发育成熟。日本政府把个人主义观念视为西方的洪水猛兽，极力推行神道和儒教的伦理道德思想，阻止个人主义思想的传播。即便在现代化的第二阶段，日本在很长的一个时期内，意识形态上仍旧宣传东方家族主义思想，自诩集团主义为日本的民族特性。这种倾向一直维持到 20 世纪 80 年代以后。尽管日本社会的其他层面已经发生了有利于个人主义的深刻变化，战前血缘大家庭体系被核心小家庭取代，非婚和不育人群大幅增长，"无缘社会"特征日益显现，但在意识形态上，日本社会始终缺失公开和明确的个人主义观念体系，呈现出显著的"没有个人主义的个人主义化社会"（individualization without individualism）特征。

结　语

在回顾日本两次现代化转型的历史进程后，笔者希望以提出课题的形式作为本文的结束。

在文化层面，第二现代社会的日本文化无疑受到了全球化和国际化的冲击，那么日本传统文化在第二次现代化阶段的变迁应该是我们关注的一个重要视角。比如，传统文化在第二现代社会，比例是在扩大还是在缩小？日本现在的流行文化中，是国际文化起作用还是传统文化起作用？传统文化的第二次现代化确实是一个重要的课题。

在政治层面，如何克服福山终结论的影响，探讨第一现代社会和第二现代社会政治的继承和改变，是政治学的重要理论课题，也是日本平成政治研究的重点课题。第二现代社会的日本政治，是一个传统结构还是开始了一个新的体系？地方主义、协动主义和草根民主在政治中占多大比重，前景如何？平成年代及以后的日本政治变化方向何在？值得我们关注。

在经济层面，我们通常关注日本老年社会如何影响日本经济增长以及少子化带来的劳动力短缺问题。同时，日本平成社会的经济收入和阶层的分化也是一个大的课题。

在社会层面，我们最关心的莫过于第二现代社会的个人化在日本社会如何发展，日本如何应对没有个人主义的个体化社会？日本的经验对亚洲国家第二现代社会从家庭到地域的关系重建具有先验的价值，非常值得我们密切关注。

（审校：孟铭明）

《日本文论》（总第 3 辑）
第 110～122 页
© SSAP，2020

宗庙·皇祖·国史

——中日历史交流

〔日〕黑羽亮太/著[*]　曾堰杰/译[**]

内容提要： 日本自中国引入律令制度时，根据本国与中国的差异以及列岛社会的现实状况进行了适当的修订。譬如，与此前日本列岛一直没有的祖先祭祀建筑"宗庙"相关的规定，均在律令引入时被删除。不过，此后"宗庙"这一用语也在日本落地生根。这并非日本也创建了宗庙，而是将日本本身已存在的其他事物当成了宗庙。一般认为，在平安时代初期，天皇山陵便被视作宗庙。平安时代，天皇之祖先在日本人的意识中逐渐变为诸方神明，日本朝廷对"皇祖"的祭祀也发生了转变。在这一思想变化之上，形成了天皇乃神之子孙，各级臣下之家族也是历史悠久、传承有序的"自国史"。这种思想的形成应该归功于自平安初期日本人开始学习日本史并对《日本书纪》等文本进行解读。

关 键 词： 日本　宗庙　皇祖　祭祀　神社

不可否认，日本在国家形成阶段深受古代中国各种制度的影响。然而，日本列岛的社会与文化迥异于中国，自然也没有简单地照搬中国的各项制

---

[*] 黑羽亮太，日本山口大学人文学部讲师。
[**] 曾堰杰，清华大学人文学院博士研究生。

度。比较古代日本与中国唐代律令，就能清楚地看出这一点。例如，日本律令在借鉴隋唐律令的同时，删除了"宗庙""庙号"等用词，将不适用于列岛社会的祭祀内容悉数删除。

不过，被删除的"宗庙"这一用语此后又在日本社会逐渐得到认可。这并不是说日本创建了宗庙并进行祭祀，而是将本非宗庙之物当成了宗庙。众所周知，在某一时代天皇山陵被当作宗庙，在另一时代宗庙则是伊势神宫、八幡宫。近年来，有研究否定天皇山陵曾被日本人当作宗庙，如佐野真人所著《古代日本的宗庙观》①与在其论基础上进一步展开论述的井上正望所著《日本宗庙观的形成》②，均否定山陵曾被视为宗庙的观点，而专注于论述神社（伊势神宫、八幡宫）宗庙观的形成。笔者想强调的是，虽然这些新观点相继涌现，但在某一时期天皇山陵曾被视为宗庙是毫无疑义的事实。换句话说，古代日本人对宗庙（祖先）的认识是有变化的，这与日本列岛的社会发展也有紧密关系。本文将就此展开论述。

一　宗庙与山陵

《续日本后纪》承和七年（840）五月辛巳条记载："我国自上古不起山陵，所未闻也。山陵犹宗庙也。纵无宗庙者，臣子何处仰。"

这是时任中纳言的藤原吉野在淳和太上天皇宣布自己决定不建山陵后提出的反对意见，是非常著名的一条史料。

关于这条史料，井上正望批判了先行研究将"山陵犹宗庙"解读为"山陵依然是宗庙"的观点，认为应按照国史大系汉文的读音顺序阅读，读作"山陵犹如宗庙"，即"山陵并非宗庙，而是与宗庙处于同等地位"。但在笔者看来，不论国史大系如何阅读，其意都是"山陵也依然像宗庙一样"，井上对于先行研究的批判完全无法成立。

井上认为，"后文应解释为：'如果没有宗庙，臣子该去哪里祭奠呢？（只能去山陵）'，所以并不能断定吉野认为山陵就是宗庙"。怎么会出现这种解释呢？对于淳和太上天皇不建山陵的主张，藤原吉野反对说"如果没

---

① 佐野真人「古代日本の宗廟観」、『神道史研究』第 63 巻第 1 号、2015 年。
② 井上正望「日本における宗廟観の形成」、『歴史学研究』第 968 号、2018 年。

有宗庙，臣子们该去哪里祭奠呢（没有悼念之所在）"，这句话若成立，前提只能是山陵即为宗庙。

井上将山陵定义为"准宗庙"，如果从追求准确性而言，笔者也不反对这种理解。但要严格追究起来，日本原本并没有宗庙之类的事物，神社甚至连准宗庙都不算。核心问题在于本来没有宗庙的日本究竟将什么当作宗庙，强调山陵在严格意义上不是宗庙只是诡辩而已。

二　唐代皇帝祭祀与平安时代日本的"皇帝"祭祀

关于中国皇帝祭祀，此前已有金子修一等学者做过研究①。在《大唐开元礼》卷一中，唐代皇帝祭祀的体系按顺序分为大祀、中祀、小祀，其中大祀的对象为"昊天上帝、五方上帝、皇地祇、神州、宗庙"。大祀大概可以分为两类：一是祭祀昊天上帝与五方上帝，然后是皇地祇，以及神州各地的神明，简而言之就是天地诸神；二是排在最后的宗庙，祭祀皇帝的祖先。这在皇帝祭祀时宣读的祝文中有明确体现，在天地诸神之前，皇帝作为承应天命之天子，自称"天子臣某"；在宗庙前，为强调自己从祖宗那里继承的地位，故而自称"皇帝臣某"。

虽说日本当时已从中国引进了很多制度，但由"天之祭祀"与"祖先祭祀"两大要素构成的中国皇帝祭祀在进入日本列岛社会后未能保持原样。不过，与之配套的、关于支配的思想可以通过汉籍习得，像圆仁那样游历过中国的日本人，也应当亲自见证、体验过皇帝祭祀。就这样理解得以逐步深化，桓武天皇（781～806 年在位）与文德天皇（850～858 年在位）时期在平安京南郊祭祀昊天上帝，桓武朝根据"天子七庙"举行"国忌消除"仪式，嵯峨天皇（809～823 年在位）时期将"国忌消除"和山陵结合起来举行山陵祭祀（"荷前别贡币"）。以服藤早苗②为代表的学者的先行研究指出，平安初期，日本将山陵视为宗庙也是这一过程中出现的现象。

---

① 参见金子修一『古代中国と皇帝祭祀』、汲古書院、2001 年；金子修一『中国古代皇帝祭祀の研究』、岩波書店、2006 年。

② 服藤早苗『家成立史の研究』、校倉書房、1991 年。

即便如此，祭祀天帝仪式还是不适合日本的，从结果上看，除了桓武、文德二朝以外，日本再未举行过南郊祭祀。但是，日本诸神在日本一直是受到祭祀的。有迹象表明，在平安初期的日本，其实不只是山陵被视为宗庙，天神、地祇也相应地被置于与中国的天地神明相一致的地位。《日本文德天皇实录》嘉祥三年（850）九月己丑条记载："若是百神、七庙之顾复万民，三槐、九棘缉熙庶绩之所致者乎。有司其择吉日，告于宗社。"这是文德天皇因天降祥瑞而下的诏书。天皇十分谦逊，他认为此祥瑞之降非因自身之德，而是因为"百神、七庙"虑及万民或是因为大臣公卿的优良治绩，从而命有司报告给"宗社"（"国史大系"的句读多有舛误，姑不赘述）。"七庙"是指天子七庙（宗庙），"百神"则依照董仲舒所言"所闻古者天子之礼，莫重于郊。郊常以正月上辛者，所以先百神而最居前"（《春秋繁露·郊事对》），指位于（郊）天之下的诸神。与本句对偶的"三槐、九棘"乃大臣公卿的唐风称谓，此诏书无疑是基于汉籍撰写而成的。有司择吉日禀告的"宗社"，理应是"宗庙、社稷"。

那么，日本本不存在宗庙、社稷等，如何向"宗社"奉告？根据《日本文德天皇实录》中奉告"嘉瑞之由"的记载，可知朝廷通过向"伊势"（伊势神宫）、"贺茂"（贺茂神社）、"尾张"（热田神宫）以及五畿七道诸国"名神"派遣使者，并向天智天皇、施基亲王、光仁天皇以及平安时期新王朝的历代山陵派遣使者，从而实现了"奉告宗社"。其中，如果说山陵相当于宗庙即祖先祭祀的话，那么将社稷等相当于天地诸神之物理解为伊势以下诸神社也就自然而然了。在地位特殊的三大神社中，伊势神宫对应的可能是"天"（后文详述）；位于平安京北郊的贺茂神社对应的大概是"地"。那么，尾张的热田神宫相当于中国皇帝祭祀中的何种角色呢？这是今后需要探讨的课题①。

《新仪式》第四《天皇加元服事》记载："前十余日遣使于伊势大神宫并陵庙，告以天皇明年正月可加元服之状。盖唐礼将冠告于圆丘、方丘及宗庙之故也。"

因文德天皇早逝，日本历史第一次出现未成年天皇即位，即清和天皇。

① 关于尾张热田神宫与中国文化的关系，参见劉曉峰『古代日本における中国年中行事の受容』、桂書房、2002 年。

这也就意味着日本历史上第一次举行少年天皇的成人仪式，即天皇元服（御元服）仪式。所功早已指出，日本的天皇元服仪式吸收了中国的礼制。①事实上，在《中右记》中已有记载："我朝清和帝初御元服时，大江音人卿引唐礼元服仪作出式也"［《中右记》大治四年（1128）一月五日条］。日本的天皇元服仪式是参照唐礼而制定的。

天皇元服仪式必须在正月举行，而根据《新仪式》的记载，在前一年十二月，天皇需要向伊势神宫和"陵庙"遣使奉告此事。这一向伊势神宫和山陵遣使奉告仪式也源自唐朝礼制，相当于唐朝的告于圆丘、方泽及太庙。的确如此，《大唐开元礼》第九十一卷《皇帝加元服》记载了"告圜丘""告方泽""告太庙"，就是要告祭天地、告祭祖先。那么，从"陵庙"这个说法来看，日本向山陵派遣使者，就相当于告祭宗庙（祖先）；而向伊势神宫派遣使者相当于告祭天地。综上所述，平安时代前期的日本，山陵象征天皇祖先，而非伊势神宫，伊势神宫的象征相当于中国的"天"。

值得注意的是，《玉叶》文治五年（1189）十月七日条记载："申神宫告诸陵，其意在敬祖宗。然者论其多少，可就多例欤。"这是摄政九条兼实对后鸟羽天皇（1183~1198年在位）元服礼提出的意见。在平安时代末期到镰仓时代初期的朝廷上，关于天皇元服礼告山陵使应该遣往几座山陵一事（三陵还是四陵），公卿们意见不一。九条兼实认为应该向四座山陵派遣使者，伊势使和山陵使都有敬奉"祖宗"之意义，遣使的山陵越多越好。这样一来，在天皇元服礼中原本象征"天"的伊势神宫地位降低，成为与山陵相同的"祖宗"。这与把伊势神宫视为宗庙的社会动向不无关系。那么，作为"皇祖"神的伊势神宫，又是何时登场的？

将中国的"天"直接对应为天照大神，感觉上稍微有些牵强。不过，就如北魏的西郊祭天是祭祀北方游牧世界的天（腾格里）一样，中国的"天"与它们是包容并存的。明代来访中国的利玛窦等耶稣会传教士也将上帝译作"天主"而自称"天主教"。既然中国的"天"具有"灵活性"，那么日本对"天"的独有解释大概也行得通。

---

① 所功「御元服儀式文の成立」、所功『平安朝儀式書成立史の研究』、国書刊行会、1985 年。

三 作为"皇祖"的历代天皇之灵

所谓"皇祖",其所指究竟为何?首先看《养老令》中的"平出"①条,列举了撰写文书时需要使用敬称的词语:"皇祖、皇祖妣、皇考、皇妣、先帝、天子、天皇……"《令集解》对"皇祖"一词的注解是:"谓,不及曾、高也。释云:唐令云'皇祖、皇祖妣者,曾、高同'者。此令除而不取,即知,曾、高不可平出。"

也就是说,律令解释中明确记载了唐令中皇祖、皇祖妣与曾祖父母、高祖父母相同的条令。但日本在编纂律令时删除了此条,即言及曾祖父母、高祖父母可不用平出。"考"为父,"妣"为母,《养老令》中的"皇祖"和"皇祖妣"指天皇的祖父和祖母。

然而,根据"皇考"条后的古记问答内容,可推测该"平出"条在《大宝令》原文中应为"皇祖、皇祖考、皇考、皇妣"。皇祖考既然为祖父,那《大宝令》中的"皇祖"就不是祖父之意。关于令文不见"皇祖妣"之原因,古记中进行了讨论:"问,皇祖妣若为处分。答,皇祖一种也。"即"皇祖"中包含皇祖妣。那么,这里的"皇祖"则指代包括祖母在内的天皇先祖。笔者推测,与唐令不同,"皇祖"泛指天皇的先祖,故而在引入唐令时,将"曾、高同"之语删除。这样解释的话,义解和令释的理解有可能并非"令"的本意。不管怎么说,相对《大宝令》中用"皇祖"一词指代先祖,《养老令》中的"皇祖"与唐令相同,指天皇祖父。前者为日本古来既有之用法,但最终还是为来自中国的用法所替代。

下面来看看《日本书纪》与《续日本纪》中的用例,在两部史书中能找到多处"我皇祖诸天皇"的用法。例如,"我皇祖诸天皇等,光临宸极者,岂为一身乎","我皇祖诸天皇等,尽祭神祇"。在这些用例中,"皇祖"无疑是指历代天皇。上述第二句史料中既然说皇祖祭祀神祇,则皇祖应未被包含在诸神之中。用"皇祖"指称自上代天皇以来的历代天皇之用例也屡见不鲜,例如,"我远皇祖之世,以百济国为内官家","远皇祖御世始而天

---

① 古代文书中提到天神、地祇、天子、皇后等时应提行以示尊崇,谓之"平出"。

皇御世"等。在天武天皇（673～686 年在位）殡葬礼上献诔辞的当麻智德指出"皇祖"们"腾极次第"，就是"古云日嗣也"，即历代天皇（大王）即位次第。这里的"皇祖"指称历代天皇，而未溯及神代。概言之，"皇祖"泛指作为天皇先祖的初代天皇或曾经的天皇，即历代天皇（与《大宝令》用法一致），并未包含诸神。

接下来探讨飞鸟时代至奈良时代日本（倭国）的祖先崇拜以及"天皇灵之"。依熊谷公男之论[1]，这一时期日本已有历代皇祖灵可以守护国家的观念。例如，日本上古著名的神功皇后之言："吾被神祇之教，赖皇祖之灵，浮涉沧海，躬欲西征"。类似的表达，还有钦明天皇（约 539～571 年在位）在百济请求救援时所答复的"必蒙上天拥护之福，亦赖可畏天皇之灵也"。两例均将皇祖、天皇之灵与神祇和上天同等对待。"天皇之灵"与"神祇之灵"、"三宝之威灵"并列，都是守护国家与人民之存在。

此外，还值得注意的是"赖神祇之佑，蒙宗庙之灵"，这是圣武天皇在某王诞生之际所下诏书中的文字，其中"宗庙之灵"即指皇祖之灵。平安时代初期，又有"实赖宗庙之灵，社稷之佑"，"神祇"变成了"社稷"这种中国式的表述。此句出自弘仁改元诏（810 年），实际上早在延历改元诏（782 年）中就已经有"宗社降灵"之语，而淳仁天皇（758～764 年在位）即位诏中也有"赖宗社威灵"。"宗社"指宗庙和社稷。总之，将原本的"天皇之灵"和"神祇之灵"等看成"宗庙、社稷"的动向，早在奈良时代便已可见。这样就可以理解古代日本人为何将山陵视作宗庙了。宗庙就是先祖之庙（御灵屋）。古代日本人认为"天皇之灵"存在于山陵中，自然也就将山陵视作宗庙。

那么，日本的祖先祭祀同中国的有何差异？这点也如熊谷公男所论[2]，在日本，"开辟已来御宇天皇御灵"，人们崇拜"历代天皇之祖灵"。也就是说，祭祀对象并非一个一个具体的先祖，而是笼统的"全体祖灵"。与之相对，中国的"天子七庙"（唐代玄宗朝以后为九庙）以包括开国鼻祖在内的七名先祖为祭祀对象，每一位被祭祀的先祖都非常明确。

---

[1]　熊谷公男「古代王権とタマ（霊）」、『日本史研究』第 308 号、1988 年。

[2]　熊谷公男「古代王権とタマ（霊）」、『日本史研究』第 308 号、1988 年。

如前所述，在平安时代初期，日本也基于天子七庙举行"国忌消除"仪式以及与之结合的山陵祭祀（别贡币仪式）。这一时期，山陵的宗庙特征更为显著，这是因为此时日本人的祖先观发生了变化。"宗庙"之语数见于《日本书纪》与《续日本纪》，但"七庙"这种标明祭祀庙数的表述则在桓武天皇以后才逐渐出现。这种变化也与上述祖先观的变化关系密切。以特定的山陵为祭祀对象的"别贡币"仪式是将山陵与七庙观加以结合的祭祀形式。与之相对，律令国家成立以后的祭祀形式——常币祭祀则以国家所掌控的所有陵墓为对象，这大概是出于祭祀全部皇祖之灵的目的。

诸陵司的职务是"祭陵灵"。唐令中规定每处陵园均设置独立的管理机构和人员，如"献陵署""昭陵署"等，"诸陵司"为这些"陵署"的总称。然而，继承了唐令的日本并未在每个陵墓都设置管理官司和官人，只是在朝廷中设"诸陵司"对诸陵进行管理。正如其字面意思，该部门就是管理"诸陵"的官司。

日本的陵园管理比中国粗放的原因，与其说是日本比唐朝落后，恐怕更可能是"以个别陵墓及祖灵为对象的祭祀"观念自一开始就不存在。故而，从日本祭祀"全体祖灵"的情况来看，设立"诸陵司"的做法才是最合适的。日本律令并不是一个必须实现的蓝图，而是根据列岛社会的现实而形成的制度（列岛之祖先观的确曾接近于中国的祖先观，但以此来讨论律令国家的完成度，实在滑稽）。综上所述，"皇祖"是一个并不包含诸神且不限于特定先祖而指代历代诸天皇的用语。

四 "国史"与"皇祖"伊势、八幡的登场

如先行研究所言，至迟在 11 世纪，日本便已出现了将伊势神宫与八幡宫视作宗庙的认识。早川庄八曾指出，在 10 世纪，伊势神宫、石清水宫之"托宣"（神谕）、"强诉"便已频发，这也是宗庙观形成的一大原因。[①] 另外，胜山清次曾指出，朝廷中"对于尊崇皇祖神之念愈加高涨"也是对社

---

① 早川庄八「寛元二年の石清水八幡宮神殿汚穢事件」、早川庄八『中世に生きる律令』、平凡社、1986 年。

会上这种动向的回应。① 两位研究者的见解非常精辟，笔者亦无异议。只是需要注意，早川和胜山指出，伊势神宫、石清水宫的主张为朝廷所接受。那朝廷又究竟是何时有了将伊势与八幡的神明当作"祖宗"的认识，其契机又是什么？在笔者看来，最早将这些神明确记录为"祖"的史料，大致有如下几条。

《日本三代实录》贞观十一年（869）十二月十四日丁酉条记载：

> 遣使者于伊势大神宫奉币。告文曰，天皇诏旨，挂畏伊势度会宇治五十铃河上，下磐根大宫柱广敷立，高天原千木高知，弥定竟奉天照坐皇大神广前，恐恐申赐申……然我日本朝所谓神明之国，神明之助护赐，何兵寇可近来。况挂畏皇太神，我朝太祖御座。

《日本三代实录》贞观十一年十二月二十九日壬子条记载：

> 遣使者于石清水神社奉币。告文曰，天皇诏旨，挂畏石清水皇太神广前，恐恐申给申……然我日本朝所谓神明之国，神明之护赐，何兵寇可近来，况挂畏皇太神，我朝大祖御座。

《日本三代实录》贞观十二年（870）二月十五日丁酉条记载：

> 敕遣从五位下行主殿权助大中臣朝臣国雄，奉币八幡大菩萨宫，及香椎宫、宗像大神、甘南各神。告文曰，天皇诏旨坐，挂畏八幡大菩萨广前申赐申……然我日本朝，所谓神明之国，神明之助护赐，何兵寇可近来，况挂畏大菩萨我朝显祖御座……又曰，天皇诏旨坐，挂畏香椎宫广前申赐申……然我日本朝，所谓神明之国。神明之助护赐，何兵寇可近来，亦彼新罗人相敌来事，挂畏御广威德依降伏讫赐……又遣使于诸山陵，告可御新罗寇贼之状。参议正四位下行皇太后宫大夫藤原朝臣良世、从五位下行下野权守纪朝臣有常告深草山陵（仁明），参议正四位下行右卫门督兼讃岐权守源朝臣生、右兵库头从五位下久贺朝臣三常告

---

① 勝山清次「伊勢内宮祭神の中世的変容」、『京都大学文学部研究紀要』第 46 号、2007 年。

田邑山陵（文德），参议正四位下行右兵卫督源朝臣勤、侍从从五位下藤原朝臣高范告楣列山陵（神功），告文准八幡大菩萨宫。

上述史料均是使者在神社前及陵前宣读的告文。日本贞观年间（859～877年），东北地区发生大地震，肥前发生地震及水灾，外有新罗海盗袭来，可谓内忧外患的多难之秋。清和天皇向诸神及历代天皇祈求国之安宁，在告文中将天照大神及八幡大菩萨称为"我朝"之"太祖"与"显祖"。尤其有意义的是上述最后一例，其中可见八幡宫以外的诸社之告文全文，如献给香椎宫的告文中完全不见"祖"或是与之类似的字句，被称为"祖"的只有"八幡大菩萨宫"。同时派遣的山陵使也值得关注，在诸社的告文中，山陵告文专门按照八幡宫的告文规格撰写，其共通点在于"祖"。那么，为何天照大神与八幡大菩萨会被看作"祖"呢？笔者以"国史"阅读为切入点，探究其历史认识的转换。所谓"国史"阅读，也就是日本纪讲读。

根据关晃的研究①，日本纪讲读是于宫中举行的《日本书纪》研究会。除了刚修完《日本书纪》的养老年间（717～724年）举办过以外，自弘仁至康保年间（9世纪至10世纪中叶），大约每隔30年会举办一次讲读会。由上一次的课程复习指导教官（尚复）担任博士，以维持讲读会的一贯性。每一次讲读会都会延续数年，从"大臣已下每日阅读"［《三代实录》元庆三年（879）五月七日条］可知，公卿的参与热情非常高。自元庆时期（877～885年）以后，讲读会结束后都会举办竟宴，从书中选取题材吟咏和歌。由此可见，平安时代前期是"日本人"开始热心于阅读"日本史"的时代。

横田冬彦在近世日本各地发现了阅读《日本书纪》的读者，并将他们放在历史的发展中进行讨论。②但由于史料缺失的制约，很难追溯到当时人们的思想，不过也能确认如下事实：被统称为"六国史"的日本古代正史的命名法存在两种截然不同的方式，一部分为《日本（书）纪》《续日本纪》《日本后纪》《续日本后纪》等，属于"日本纪"序列；另一部分为

---

① 関晃「上代に於ける日本書紀講読の研究」、関晃『日本古代の政治と文化』、吉川弘文館、1997年。

② 参见横田冬彦『天下泰平』、講談社、2002年；横田冬彦『日本近世書物文化史の研究』、岩波書店、2018年。

《日本文德天皇实录》与《日本三代实录》，属于"实录"序列。关键在于，平安时代的国史编纂者同博士、尚复等讲读会的主要参加者是重合的。比如，参加承和讲读会的春澄善绳为《续后纪》的编者；元庆讲读会博士善渊爱成为《文德实录》的编者，担任尚复的岛田良臣曾参与《文德实录》与《三代实录》的编纂。元庆年间的讲读会在元庆二年一度中断，大概也与岛田良臣编纂《文德实录》进入关键期有关系。换句话说，国史编纂与日本纪讲读可谓互为表里，史书编纂中的思想大概反映了最新的讲读会研究成果。而国史命名法的转变也可以认为是基于讲读成果之上的历史认识的转变。

飞鸟时代、奈良时代的历史书编纂工程也受到了古代中国的不少影响，"日本纪"便是模仿中国正史的本纪撰写的。中国的历史书编纂是在王朝更迭之后，新王朝以旧王朝继承者的立场编纂其历史。不过，日本并不存在明显的改朝换代，故直接继承了作为"本纪"编纂的"日本纪"之名。

然而，《文德实录》突然不再采用"日本纪"序列的命名方式。在中国，"实录"是以皇帝的起居注等资料为基础编纂的，只限一代皇帝的记录。实录是在皇帝驾崩后进行编纂的，并不是伴随王朝更迭而编纂的史书。确实，从史书体裁看来，自《续日本纪》以来日本史书便逐渐朝实录方向发展。作为一代天皇（仁明天皇）之记录，首创此体例的《续后纪》具有划时代的意义。但还有一个值得探讨的问题，即为何自《文德实录》开始冠以"实录"之名？坂本太郎认为这不过是不好接着取名罢了①，但是如《续续日本纪》《新续日本纪》之类的名字也不是不能取。史书编纂者不可能不知道"名不正则言不顺，言不顺则事不成"（《论语·子路》）的正名之理，故而代表书籍内容的书名之变更，应该从书籍的定位变化来进行考虑。

坦率而言，从"本纪"到"实录"，体现了"六国史"从"随王朝更迭编纂史书"到"不随王朝更迭编纂史书"这一定位的变化。这大概也反映了"日本"对自己是"没有王朝更迭的国家"这一自觉认识的深化。就笔者浅见，平安时代前期的统治阶级通过阅读《日本书纪》将自己放在了自神代开始便连绵不断的历史之延长线上，并逐渐形成了"万世一系"的

---

① 坂本太郎『六国史』、吉川弘文館、1994 年。

自觉，而这也与将天照大神、八幡大菩萨视为皇祖的意识紧密联系在一起。

宋朝雍熙元年（984），日本僧人奝然觐见太宗赵光义，并献上《王年代纪》一卷。此书描述了日本自天御中主开始，从天照大神至神武天皇以后的历代统治者，该书代表着 10 世纪中叶的日本已经存在这样的"日本通史"性著作。值得关注的是，该书将诸神描绘为国王，在神武天皇之前，日本之王号为"尊"，王都为"筑紫日向宫"；而自神武开始国王冠以新的王号——"天皇"，并迁都"大和州"。即使王号从"尊"变为"天皇"，王位也是世袭的。毫无疑问，《日本书纪》中并不存在类似的故事。不通"华言"的奝然，在被问及日本风土人情之时，以书写回答道："国王以王为姓，传袭至今王六十四世，文武僚吏皆世官。"王和臣都是"万世一系"的，在日本人中逐渐形成了这种自我认同。

颇有意思的是，《宋史》中记载的日本《王年代纪》中有如下文字："次仲哀天皇，国人言今为镇国香椎大神。次神功天皇，开化天皇之曾孙女，又谓之息长足姬天皇，国人言今为太奈良姬大神。次应神天皇，甲辰岁，始于百济得中国文字，今号八蕃菩萨。"《宋史》中记载，只有这三位"天皇"，"国人"于"今"仍旧将其敬奉为神、菩萨。毫无疑问，这种记载不可能出自编修《宋史》的元朝人之臆造，它所反映的是 10 世纪中叶乃至更早的日本人之历史观。

在中国，很长一段时间里并不存在所谓"中国史"。虽然有《二十四史》或《十八史略》等史书，但直到近代中国学者梁启超命名，"中国史"这一概念才登场。当然，这不意味着此前中国不存在"中国通史"这一概念。在中国提到"中国通史"，就会举出司马光的《资治通鉴》，而宋代还出现了记叙自盘古开天辟地以来通史的野史。根据中砂明德的研究①，明代江南地区出版界出版的粗糙的普及版通史"纲鉴"大胆地融汇史书的内容，竟意外地对耶稣会士的历史认识造成了巨大冲击。

9 世纪中叶，平安时代前期的日本就已经将天地开辟以来的历史作为本朝之历史来加以认识了。通过奝然了解到日本历史的宋太宗听闻"其国王一姓传继，臣下皆世官"后，慨叹不已。宋太宗感慨，本为偏远岛夷的日本，却能够将王位自远古代代传承至今，臣下也代代继承其地位而不绝，这

---

① 中砂明德『江南』、講談社、2002 年。

才是中国古代理想的政治状态。可以说，在"中国通史"震惊西方人的很久之前，"日本通史"就已经让中国皇帝慨叹不已了。

五 结语：律令国家"旧照片"论

江户时代国学者本居宣长在《古事记传》开头论及《日本书纪》，指出首先很难给"日本"编纂的史书冠上名号。中国因有王朝（国号）更迭，故史书径引其国号而名。但日本的史书究竟应该如何命名，一代代的国史均过于粗疏，在《文德实录》及《三代实录》之前均是如此，实为不妥。推此言而细察之，宣长似乎也采用"四国史"与"二实录"的历史划分方式。

8～9 世纪的日本只是将"皇祖"御灵沉睡的山陵看作宗庙，而尚未将神社视为宗庙。但自 9 世纪以降，日本的统治阶级通过国史讲读，开始形成一种自己是"自神代以来历史的继承者"这一新的认识。在此过程中，将神（佛）也定义为"皇祖"的通史于 10 世纪登场。正是在此基础上，11 世纪才会形成将伊势神宫及八幡宫视为宗庙的观念。这一观念比"皇祖"认识稍晚一些出现的原因，当是源于 9 世纪日本尚在模仿中国的皇帝祭祀形式，但最终天地祭祀被淡化，而"宗庙"则展现了更多日本的本土风格。

在这个意义上，可以说日本的"国风"化在 9 世纪便已初现端倪。这一产生于 9 世纪的历史认识与自我认识，以各种形式制约着此后（包括近现代）"日本史"的展开与"日本人"的思考及行动模式。在分权色彩极为强烈的中世来临之际，日本国内萌发的如此认识，为国家在之后的重新统合提供了一种应然的样态。将律令国家想象成一个蓝图（更准确地说，应该是褪色的理想蓝图），可以说是中世以后才出现的产物，故而笔者将 9 世纪中叶作为日本列岛历史的一个重要转折点。

（审校：唐永亮）

《日本文论》（总第 3 辑）
第 123～170 页
© SSAP, 2020

论影响日本国家战略的几个因素*

孙　承**

内容提要： 本文尝试从理论角度结合国际政治现实，对民族主义、保守主义、权力转移、地缘政治和同盟等几个影响日本国家战略的因素展开分析。在内因方面，日本民族主义在特定时代和国际环境下是主导近现代日本国家战略方向和目标的基本意识形态。在政治上，日本民族主义支配下的保守主义影响远大于其他西方国家，存在转向激进保守主义的条件。在经济上，日本的"后发特质"和全球化的国际环境使日本在东亚权力转移过程中发挥着独特作用，东亚权力转移与历史上的权力转移在方式和结局上都有所不同。在外因方面，基于战后东亚国际环境和日美关系，日本选择将"海洋国家论"作为国家定位和国家战略的基本理念；日本对日美同盟的民族主义和实用主义的两面态度也深刻影响着日本国家战略的选择。

关 键 词： 日本国家战略　民族主义　权力转移　海洋国家　日美同盟　积极和平主义

当前，日本的国家战略正处于重大转换时期，这是二战后国际关系演变

---

* 国家社会科学基金一般项目"美国'重返亚洲'战略下日本的国家战略动向研究"（编号：12BGJ026）。

** 孙承，中国政法大学东亚国际问题研究中心教授、博士生导师。

和日本历史发展的结果。影响国家战略形成的因素有多种，一般来说，与国家的地理环境和基本理念有关，与国家的历史经验和从历史经验中形成的战略文化有关，与国家从军事、外交、经济、心理等角度判断的国际形势有关。日本与亚洲大陆隔海相望，其历史、文化、社会经济和地缘政治关系既遵循人类社会发展的一般规律，也有自身的特点。日本国家战略的形成和演变是上述因素相互作用与影响的结果，如果只根据现状进行分析，便会受到一定的局限。本文试图从几个相关理论的角度进行探讨，希望能为深入研究提供参考，而日本案例具有的特殊性和普遍性意义也会为丰富相关理论提供有价值的素材。

一 日本民族主义的特殊性

自世界进入民族国家时代以来，民族主义成为影响国家走向和国际政治演变的重要意识形态。无论是在民族国家形成初期，还是在世界进入殖民化和非殖民化时代，民族主义都是影响历史进程的重要力量。即使在全球化程度不断深化的今天，民族国家作为国际社会基本行为体的属性也未改变，民族主义仍在影响国家政治和国际政治的潮流中发挥重要作用。[1] 英国学者安东尼·史密斯（Anthony D. Smith）说："全球化也远远没有导致废弃民族主义，甚至可能在事实上还加强了它。""民族主义无处不在，今天五大洲千百万人如此地醉心于它，这些都证明民族主义在'人民'中的鼓动和共振作用，只有过去的宗教能与其媲美。"[2]

民族主义对日本近现代历史同样产生了重要影响。受特定的时代条件和国内外环境影响，甚至可以说民族主义主导了日本的近现代历史进程。民族主义使日本享受了荣光与辉煌，也把日本推向黑暗与战争。民族主义为认识和理解日本近现代历史提供了一把钥匙，而日本民族主义的特殊性也为丰富世界民族主义历史和理论提供了一个与众不同的案例。

---

[1] 关于全球化时代民族国家的变化和民族主义的作用，参见〔英〕安东尼·吉登斯著、郭忠华编《全球时代的民族国家：吉登斯讲演录》，南京：江苏人民出版社，2012年，第13~20页。

[2] 〔英〕安东尼·史密斯：《民族主义——理论、意识形态、历史》，叶江译，上海：上海人民出版社，2006年，第142页、第3页。

（一）近代日本民族主义的特殊性

日本近代以来的曲折历史表明，其民族主义的特殊性在不同时期有不同的表现，在二战前和二战后具有不同的两面性。日本民族主义的两面性是其社会历史演变的内在因素和东亚国际关系博弈的外部因素交互作用的产物，对日本国家战略走向产生了深刻影响。

战前日本民族主义的两面性表现为日本既是东方唯一成功反抗西方殖民侵略、保持独立的民族国家，又是对外发动侵略战争的帝国主义国家。这一经历在东方国家历史上绝无仅有。这种两面性是由日本和东亚的历史环境造成的。近代日本是东亚第一个走上资本主义道路的国家，而其他东方国家还处于前资本主义阶段，这使日本既是东亚国家学习的样板，也成为荼毒东亚的"恶魔"。

日本的民族主义思想产生于前近代。[1] 明治维新时期，在西方资本主义文化影响和炮舰政策[2]压力下，日本的民族主义被进一步激发，推动日本的政治、经济、思想文化领域发生深刻变革，演出一幕社会变迁的历史活剧。按照民族主义理论，民族主义出现于资本主义上升时期。安东尼·史密斯指出："目前存在着一种被广泛接受的'民族主义历史'"，"民族主义从18世纪的最后25年开始发生，由瓜分波兰和美国革命开始，通过法国大革命，到对拿破仑征服普鲁士、俄罗斯和西班牙的反应，它正式形成。根据这一观点，民族主义就是在这革命的40年中诞生的"。[3] 资本主义首先在欧洲推动形成民族国家。法国学者吉尔·德拉诺瓦（Gil Delannoi）说："民族—国家

---

[1] 东方国家的民族主义有特殊性，如日本的民族主义在近代国家形成之前就存在。法国学者吉尔·德拉诺瓦认为："借助岛国地理特性，其统治者得以交替，轮番采取闭国或开放的政策，来保持其民族文化和独立。在18世纪前，日本就有过纯净文化和'日本化'的努力，目的主要是抵御中国的影响。这一民族主义早于近代政治。"参见〔法〕吉尔·德拉诺瓦《民族与民族主义》，郑文彬、洪晖译，北京：生活·读书·新知三联书店，2005年，第86页。

[2] 1853年7月，美国海军准将马修·佩里率舰队在日本浦贺登陆，震惊了日本朝野。次年佩里率舰队再度进入江户湾，日本被迫签订《日美亲善条约》，同意开放口岸，允许美国派驻领事和享有最惠国待遇。这是日本近代签订的第一个不平等条约，宣告其锁国时代结束，史称"黑船事件"。1864年9月，英、法、美、荷四国舰队炮击下关沿岸炮台，迫使长州藩议和、赔款，允许外国军舰自由通过关门海峡，被毁炮台不再修复和重建，史称"四国舰队炮击下关事件"。

[3] 〔英〕安东尼·史密斯：《民族主义——理论、意识形态、历史》，第92页。

似乎是准备并伴随了工业革命。与古老而普遍公认的民族（如亚洲民族）相比，民族—国家更是现代欧洲的特有发明。"① 资本主义掌握了前所未有的生产力，进而向全球扩张，"比过去时代的民族更有征服统治遥远'落后'区域的能力。换句话说，工业革命使欧美的民族国家自然而然且较容易地实行一种新帝国主义"。② 民族国家的兴起又促使世界从 19 世纪最后 30 年开始掀起民族主义的第二次浪潮，这次涉及欧洲和欧洲以外的国家，其中包括明治时代的日本等东方国家。③ 但正如英国学者詹姆斯·梅奥尔（James Mayall）所说："在世界的一些地方，民族主义是伴随自由宪政和民主政府而出现的；而在其他地方，它却是帝国征服带来的一种反应。"④ 日本就是后者，是西方侵略下的民族危机激发了民族主义的高涨。

近年在民族主义研究领域颇有影响的学者本尼迪克特·安德森（Benedict Anderson）对民族主义的起源和扩散提出新解释，与向来把西欧作为民族主义发源地的观点不同。他认为，第一波民族主义是 18 世纪末 19 世纪初发生在南北美洲的殖民地独立运动，日本明治维新为第三波"官方民族主义"。⑤ 但他同样认为促使日本"官方民族主义"兴起的因素之一是西方的入侵。⑥

以上民族主义理论都认为，反对民族压迫和争取民族独立是激发民族主义的重要原因。美国著名学者费正清（John King Fairbank）就中国近代史提出了"冲击—回应"模式，⑦ 日本学术界在研究这一时期日本的变化时也基本上采用了这一模式，⑧ 但日本民族主义的畸形发展使其走上了侵略邻国、与帝国主义列强争霸的战争道路。安德森认为，日本"民族主义甚至在统

---

① 〔法〕吉尔·德拉诺瓦：《民族与民族主义》，第 67 页。

② 〔美〕海斯：《现代民族主义演进史》，帕米尔译，上海：华东师范大学出版社，2005 年，第 222 页。

③ 〔英〕安东尼·史密斯：《民族主义——理论、意识形态、历史》，第 92~93 页。

④ 〔英〕詹姆斯·梅奥尔：《民族主义与国际社会》，王光忠译，北京：中央编译出版社，2009 年，第 2 页。

⑤ 参见〔美〕本尼迪克特·安德森《想象的共同体：民族主义的起源与散布》（增订版），吴叡人译，上海：上海人民出版社，2016 年。

⑥ 〔美〕本尼迪克特·安德森：《想象的共同体：民族主义的起源与散布》（增订版），第 91~92 页。

⑦ 参见〔美〕费正清《美国与中国》，张理京译，北京：世界知识出版社，1999 年。

⑧ 对日本接触西方文明后的反应的分析，参见家永三郎『外来文化摂取史論』、青史社、1974 年復刻版、本論。

治圈之外也会开始带有侵略性的帝国主义性格"，并指出造成这种性格有两个因素——长期孤立的遗泽和官方民族主义模式的威力。对于前者，安德森采用了日本著名思想史学者丸山真男的观点，即与欧洲已经形成的国际社会和国际法体系不同，日本几个世纪的孤立，"对国际事务中的对等性完全无知，'攘夷论者'以基于国内的阶层支配体系（hierarchy）的视角来看待国际关系，因此，'国际'问题从一开始就被简化成一个二择一的问题：征服乃至并吞对方，或者被对方征服和并吞。如此，由于没有更高的约束国际关系的规范意识，依照权力政治的准则，在昨天还是消极的防卫意识，到了明天就突然变成了无限制的扩张主义"。因此，明治政权效仿欧洲帝国主义，"伟大的民族都是全球的征服者"。"为期盼日本被接纳入'伟大'之林，就算它是后来者，而且要走过漫漫长路才能迎头赶上，它也应该化天皇为皇帝，并发动海外竞逐才对。"被安德森称为激进的民族主义思想家与革命家的北一辉在 1924 年出版的《日本改造法案大纲》中宣称，面对列强对世界的瓜分，后来的日本是国际上的"无产者"，世界"应该无条件承认作为国际的无产者的日本可以充实陆海军的组织性力量，并以开战来匡正不义的国际划定线⋯⋯以合理的民主社会主义者之名，日本要求对澳洲与远东西伯利亚的所有权"。① 在民族主义的鼓舞下，日本帝国主义把东亚变成了与列强角逐和争夺势力范围的角斗场，给邻国造成深重灾难，自己最终也走向覆亡。

丸山真男认为，日本的民族主义兼具欧洲民族主义和亚洲民族主义的特点，使日本民族主义完成了从勃兴、高潮到没落的全过程，这在亚洲国家中是唯一的。② 实际上，日本民族主义不仅具有安德森所说的"官方民族主义"的特点，而且它的兴起不同于欧洲民族主义，而是与东方国家在西方压力下激发的民族主义如出一辙，其没落的结局却与欧洲民族主义颇为相似。这是二战前日本民族主义的特点和典型意义所在。

（二）二战后日本民族主义的两面性

回顾第二次世界大战结束前的日本民族主义由兴起到惨败的历史，可以

---

① 〔美〕本尼迪克特·安德森：《想象的共同体：民族主义的起源与散布》（增订版），第 92~94 页。

② 丸山眞男「日本におけるナショナリズム」、『丸山眞男集』（第五卷）、岩波書店、1995 年、59 頁。

更深入地认识战后日本民族主义。战前日本民族主义的成功与失败给战后日本社会留下了正面和负面的遗产，也影响了战后日本民族主义的曲折发展，战后民族主义呈现出不同于战前的两面性。

战后日本民族主义的两面性表现为保守的民族主义与和平的民族主义的对立，而保守的民族主义又具有既要求对美独立又要求依赖美国的两面性。所谓"战后体制"是经过战后改革形成的政治体制。根据《波茨坦公告》，日本由盟军占领，目的是彻底摧毁其法西斯国家机器及意识形态，将其改造为一个和平民主的国家。在占领军主导下，日本制定了放弃发动战争的和平宪法，进行了政治、经济改革，实行西方式的政治体制和现代经济制度，建立了战后体制的基本框架。但由于冷战开始，美国改变对日政策。1951 年通过旧金山媾和结束盟军的对日军事占领，同时日美之间缔结安保条约。在同盟的名义下，美国承诺为日本提供军事保护，继续在日驻军，并要求和允许日本保持一定的军事力量。战后改革和日美安全同盟奠定了战后日本的国家基本框架，也规定了日本以后的发展方向。战后日本的经济成就及和平发展都与上述改革形成的政治、经济体制和稳定的日美关系密不可分，但从民族主义的角度来说，作为二战的战败国，以民族国家的标准衡量战后日本是有特殊性的，战后体制和日美关系成为影响日本民族主义流变的重要原因。

保守的民族主义者将战后体制的约束称为"战后束缚"，对约束内容有不同解释，但主要包括战后宪法确定的非战原则、东京审判对其侵略历史的裁决和日美关系中的不平等性。

战后宪法的非战原则是和平宪法的精髓。它是世界反法西斯力量对发动过侵略战争的日本的制约，更是经历过战争灾难的日本民众的沉痛反思和对未来的承诺。但是日本保守的民族主义者难以接受它，修改战后宪法是其一贯诉求。1955 年自民党成立时在其纲领中明确表示要修改宪法，理由为宪法是占领时期经外国人之手制定的，但实际上之后的修宪争论集中在是否修改宪法第九条即"和平条款"上。可见，修宪原因与其说是宪法由美国主导制定，不如说宪法的非战原则在民族主义者看来使日本不具有完全国家功能。冷战结束后，日本民族主义情绪高涨，诉求是要获得与其经济地位相称的国际地位。恰在此时，日本因在海湾战争中"出钱未出人"而受到批评，这给了日本自卫队在联合国名义下赴海外发挥作用的理由，国会顺利通过了日本参加联合国维和行动法案。以小泽一郎为代表的民族主义者进而提出要使日本成为"正常国家",因为在他们看来,日本只能在国际上发挥经济作用而不能发挥军事作用,是一个"单肺国家"。①"正常国家"就是要摆脱战后对日本的约束,在政治、外交和安全上发挥与其经济地位相称的国际作用,恢复"民族尊严"。此后,在民族主义和保守主义思潮的推动下,以某种形式修改宪法第九条的进程日益加快。

东京审判涉及的侵略历史问题在日本仍存在争议。虽然日本政府公开表示接受东京审判的结果,但在一些日本民族主义者看来东京审判是"胜者对败者的审判",不存在公正和正义,并质疑和否定一些侵略事实。典型例子是日本社会对1993年"河野谈话"②和1995年"村山谈话"③的两种态度。这两个谈话代表了日本政府对慰安妇问题和侵略历史的表态,得到了国际舆论的积极评价,却遭到一些日本国内政治势力的猛烈批评,甚至要求撤销"河野谈话"。对外侵略战争也使日本生灵涂炭、家园毁灭,对于这段历史,一方面,战后日本社会各界大多数人对战前的民族主义及其极端表现形式——法西斯主义进行了严肃批判,赞同走不同于战前的和平道路;另一方面,日本社会对战争历史、战争原因和战争责任的认识没有形成共识,与国际社会对二战历史的认识也不尽相同。由于对侵略战争的历史认识不同,日本与深受其害的东亚国家特别是同中国、朝鲜、韩国的关系龃龉不断,成为影响双边关系和地区合作的重要因素之一。

日本民族主义的两面性和复杂性更集中体现在日美关系上。二战后日美结成军事同盟,日本对美国全面依赖,日美关系实际上保持一种不平等的状态。驻日美军是经常激起日本民族主义的因素之一,民众一直反对美军基地;但日本在安全上又托庇美国,为应对所谓"安全威胁"极力配合美国

① 〔日〕小泽一郎:《日本改造计划》,冯正虎、王少普译,上海:上海远东出版社,1995年,第65~67页。

② 1993年8月4日,时任日本内阁官房长官河野洋平公布对慰安妇问题的调查结果,承认慰安所是战时军事当局要求筹建,日本军参与了慰安所的设置、管理;慰安妇的招募违反其本人意愿,严重伤害女性的名誉和尊严;对于慰安妇经历的痛苦与伤害,日本政府由衷道歉。

③ 1995年8月15日,时任日本首相村山富市发表日本无条件投降50周年纪念日谈话,承认殖民统治和侵略给许多国家特别是亚洲人民带来了巨大伤害和痛苦,表示深刻反省和由衷歉意,向受到灾难的所有国内外人士表示沉痛哀悼,并表示要从中学习历史教训,展望未来,走和平发展道路。

的要求。需要指出的是，战后日美特殊关系的形成有历史原因和国际原因，也是日本国家战略选择的结果。日本接受占领和与美国结盟，既有作为战败国不得已的因素，也有主动顺应形势、谋求国家生存发展的现实考虑。日本学者五百旗头真借用英国历史学家汤因比（Arnold Joseph Toynbee）评价古代犹太民族在希律王时期接受罗马帝国的间接统治、保证民族延续和接受外部强大文明的事例，认为战后日美关系"是希律王主义的再现"。他说："战后日本再次采取'希律王主义'，在美国的统治下学习美国，建设经济国家。80 年代，日本在经济方面终于赶上了美国。"① 尽管如此，这一历史仍使日本对美国抱有矛盾的心理。日本战败和被异国军队占领被日本民族主义者视为奇耻大辱；而日本由此走上西方式和平民主发展道路，实现经济复兴与繁荣，这又使其对美国怀有难以言说的敬意和好感。即使在今天，日本虽然强调日美同盟是两国拥有共同利益和价值观的体现，但实际上仍然是对美实用主义在起作用。布热津斯基（Zbigniew Brzezinski）认为，日本国内各政治派别主张维持日美同盟的一个共同原因是"利用与美国的特殊关系去争取全球对日本的承认，与此同时避免亚洲对日本产生敌意，并在条件尚不成熟时避免使美国的安全保护伞受损"。②

　　作为保守民族主义的对立面，在日本国内还有一股积极的民族主义力量，在研究日本民族主义时往往被忽略，这就是和平主义力量。日本普通民众也是对外侵略战争的受害者，战后成为维护和平的中坚力量。战后和平宪法虽然是在占领时期制定的，但没有民众的理解和支持是不可能颁布执行的。这股和平的民族主义力量维护着战后宪法的和平主义精神，反对日本受美国战争政策的驱使。1960 年，他们是声势浩大的反安保斗争的主流。和平的民族主义的代表是左翼政党，在冷战时期左翼政党也是保守政治的重要制衡力量。冷战结束以后，国际形势和日本国内政治生态的变化使左翼政党的影响渐趋式微，政治趋向保守化，但民众中和平的民族主义力量仍不应低估。他们反对修宪，反对为配合美军行动而修改安保法案。在 2015 年 9 月

①　〔日〕五百旗头真主编《新版战后日本外交史（1945～2005）》，吴万虹译，北京：世界知识出版社，2007 年，第 3 页。

②　〔美〕兹比格纽・布热津斯基：《大棋局——美国的首要地位及其地缘战略》，中国国际问题研究所译，上海：上海人民出版社，1998 年，第 235 页。

安保法案通过后的舆论调查中，赞成者占受访者的 34.1%，反对者占 53.0%。[①] 2017 年 7 月共同社的舆论调查显示，受访者中赞成安倍任内修宪的比例为 32.6%，反对者的比例为 54.8%。[②] 这说明，目前在日本仍然有很多民众不愿意毫无原则地追随美国，希望日本走独立的和平发展道路，与保守主义政坛形成对照，鲜明地表现了日本民族主义的两面性和复杂性。这也说明，保守的民族主义与和平的民族主义是决定日本未来的两大势力，其消长变化引人注目。

二战后日本民族主义的两面性是影响日本国家战略的主要因素，其形成原因有两个：一个是对历史认识的问题，包括对战后体制的评价问题；另一个是日美关系和日美同盟问题。近代资本主义和战后经济社会发展对日本民族主义的激发，使日本人对民族历史文化与价值观感到荣耀和自豪，但也阻碍了保守的民族主义者对本国侵略历史的认识和反省，民族主义被扭曲，又阻碍了日本同邻国形成共同的历史观。而战后日美关系的复杂性和日美同盟的非对等性，也使日本在各方面受到美国有形和无形的制约。对于在特殊历史条件和国际条件下形成的战后日本民族主义，既要看到从民族主义所崇尚的独立、自决等原则来说，它的产生具有一定的合理性，也不能忽视它所具有的负面能量和负面影响。

对于日本民族主义的特殊性和两面性，在当代民族主义研究中还没有深入地进行探讨。[③] 二战后，为同战前的军国主义撇清关系，日本很少谈及民族主义。20 世纪 90 年代以来，由于国际形势变化和日本国内外政策的调整，学术界对日本民族主义的关注度逐渐提高，相关研究也有明显进展。

值得注意的是，有人将冷战结束以后的日本民族主义称为"新民族主义"，较系统地阐述这一观点的有日本学者渡边治[④]和美国学者尤金·马修

---

① 《近八成日本人认为安保法审议不充分，内阁支持率跌破 40%》，共同网，2015 年 9 月 20 日，http://china. kyodonews. jp/news/2015/09/105732. html。

② 《54% 的日本人反对安倍执政期间修宪》，共同网，2017 年 7 月 16 日，https://china. kyodonews. net/news/2017/07/daaff43639bb - 54. html。

③ 参见朱伦、陈玉瑶编《民族主义——当代西方学者的观点》，北京：社会科学文献出版社，2013 年。

④ 渡边治『日本の大国化とネオ・ナショナリズムの形成—天皇制ナショナリズムの模索と隘路—』、桜井書店、2001 年。

斯（Eugene A. Matthews）①。中国学者也对日本民族主义展开了研究，也有学者赞同"新民族主义"的提法。② 中外学术界对日本新民族主义的认识虽有所不同，但共同点大致有三个：一是强调对日本历史文化的回归，对侵略历史和战争责任的反省有所保留；二是要求修改战后宪法；三是成为"正常国家"，在国际上发挥与经济地位相称的作用。但也有学者不赞成用"新民族主义"来概括冷战后日本民族主义的变化，认为"新民族主义"是冷战时期就存在的保守的民族主义。③ 从以上分析中可以看到，日本民族主义的演变既受历史文化因素的影响，也受国际环境的影响，展现出不同的诉求和表现形式，而民族主义的本质以及其在现代日本国家形成、发展中的主导作用并未改变。不言而喻，日本民族主义者把国内外形势变化看作实现其民族主义目标的新机遇，在新形势下也必然有新的诉求和表现。从这个意义上说，将冷战后日本的民族主义称为"新民族主义"亦无不可。

（三）当前日本国家战略转换中的民族主义特点

进入 21 世纪，在世界格局和国际秩序的变化下，日本民族主义面临二战后最大的机遇和挑战。战后日本民族主义主要表现在日美关系上，而冷战结束后东亚的发展特别是中国的快速发展带动亚太地区政治经济格局发生变化，如何处理同中国等东亚国家的关系是战后以来日本面临的新课题。日本民族主义在对美关系和对中国等东亚国家的关系上表现出新的两面性。

在对美关系上，虽然日本民族主义原有的两面性依然存在，但是随着亚太政治经济格局和美国亚太政策的变化呈现出新特点，即日本对美国在东亚权力转移过程中的地区影响力和可靠性产生了怀疑，希望在维护日美同盟的基础上追求更加独立的地区战略和政策目标。日本认为美国还是维护地区稳定的主导力量，特别是在中国综合国力增强的趋势下，中日关系中结构性矛盾突出，日本必须加强同美国的合作，并积极将双方合作推向前所未有的高

---

① Eugene A. Matthews，"Japan's New Nationalism"，*Foreign Affairs*，November/December 2003.

② 参见杨伯江《当代日本社会思潮与"新民族主义"》，《现代国际关系》2001 年第 5 期；徐静波《近代以来日本的民族主义思潮》，《日本学论坛》2007 年第 1 期；孙承《小泉、安倍政权交替与日本的民族主义》，《国际问题研究》2007 年第 2 期；李寒梅《日本民族主义形态研究》，北京：商务印书馆，2012 年。

③ 杨宁一：《日本民族主义的演变——兼对"新民族主义"概念的质疑》，《北京师范大学学报》（社会科学版）2006 年第 1 期。

度。美国经历反恐战争消耗和金融危机打击后，中国的影响力日益相对扩大，国际格局和国际秩序面临战后以来的重大改变；奥巴马政府的"亚太再平衡"政策无果而终，特朗普政府的政策具有孤立主义色彩且难以捉摸。这些都使日本对美国的战略走向产生疑虑。对于日本民族主义者来说，世界格局和美国地位的变化是改变日美关系不平衡的机遇。美国为巩固日美同盟，主动放宽对日本的限制。日本也抓住机遇，进一步摆脱"战后束缚"，仅安倍政府（包括第一次安倍政府）就堂而皇之地改变了战后军事安全在国家政治和对外战略中被压低的地位。在国内，将防卫厅升格为防卫省；制定和完善安保法案，解禁集体自卫权；完善国家安全体制；作为战后政治清算的标志，积极推进宪法修改，争取将自卫队写入宪法。① 在对外关系上，日本民族主义者认为战后"吉田主义"已不能适应世界的变化，日本要根据自己的判断，积极、主动地影响国际格局和国际秩序的演变。安倍政府宣称："积极和平主义是今后代表日本、引领日本前行的一面旗帜。"② 安倍说："世界力量平衡正在发生重大改变，最显著的改变就是我国所在的亚洲太平洋地区。"日本"要用自己的眼睛洞察国际形势，用自己的头脑思考日本应发挥的作用，用自己的脚行动起来"。③

对于东亚国家特别是中国，日本民族主义表现出一种若即若离的态度，这说明日本的东亚政策还处于摇摆之中。日本需要重新定位与中国等东亚国家的关系，这是一个摸索、适应的过程。在这一过程中，日本面临既想加强同亚洲国家的关系又难以融入亚洲的两面性难题。作为东亚最早实现现代化的国家，日本从近代以来对亚洲国家的认识就存在误区，从"脱亚入欧"到成为"亚洲霸主"，战后东亚国家虽然获得独立，但在经济上仍被日本视为原料产地和海外市场。20 世纪七八十年代以后，虽然东亚经济快速发展，但日本才是地区增长的发动机，东亚国家处于国际产业分工的末端。在此基础上，日本敢于在经济上挑战美欧，成为世界一"极"。日本对东亚经济发

---

① 「平成 30 年度　防衛大学校卒業式　内閣総理大臣訓示」、首相官邸ホームページ、2019 年 3 月 17 日、http：//www. kantei. go. jp/jp/98_ abe/statement/2019/0317kunji. html。

② 「安倍晋三日本国総理大臣基調講演」、首相官邸ホームページ、2013 年 9 月 30 日、http：//www. kantei. go. jp/jp/96_ abe/statement/2013/0930uk. html。

③ 「第四十八回自衛隊高級幹部会同　安倍内閣総理大臣訓示」、首相官邸ホームページ、2013 年 9 月 12 日、http：//www. kantei. go. jp/jp/96_ abe/statement/2013/0912kunji. html。

展做出了积极贡献，也激发了日本民族主义的国际责任感，甚或优越感。日本是西方发达国家集团中唯一的亚洲国家，自命为亚洲国家的"代言人"、连接"东西方的桥梁"①，这也被其视为发挥国际作用的重要方式。进入21世纪，东亚的发展促使日本重视亚洲外交，把回归亚洲作为国家战略的一个选择②。特别是日本日益感受到中国综合国力增强所带来的影响，对华外交成为其21世纪外交的重要课题。为应对东亚的变化，小泉纯一郎和鸠山由纪夫先后提出"东亚共同体"设想，反映了日本在亚洲政策上的新思维。但日本长期同亚洲国家存在隔阂，要发展稳定的关系须经历一个磨合阶段。例如，小泉纯一郎首相访华期间曾参观卢沟桥附近的中国人民抗日战争纪念馆，但又不顾中国抗议连年参拜供奉甲级战犯的靖国神社，导致两国关系陷于低谷。小泉执拗于参拜而引起争端，成为在中日国力逆转之际反映日本民族主义心态的标志性事件。随后日本民族主义者在钓鱼岛问题上挑起争端，再次使中日关系出现邦交正常化后最严重的倒退，直至近期两国关系才走向恢复。事实说明，日本尚未适应中国综合国力增强和东亚国际环境的新变化，战略焦虑引发民族主义的非理性行为使中日关系连续发生剧烈波动。而对侵略历史的认识集中反映了日本民族主义对亚洲国家的基本态度，影响到日本与亚洲国家的关系。日本希望摆脱在这一问题上的被动处境，但未收到明显效果。2015年，安倍在战后七十周年讲话中以向前看的态度，表示"日本人要超越世代，正面面对过去的历史"，"将历史的教训深深地铭刻在心"，不能让"子孙后代担负起继续道歉的宿命"。③ 同年底，日韩签订"慰安妇协定"，日本向韩国提供10亿日元成立援助财团，希望慰安妇问题能"最终且不可逆地"④ 解决，但随后在这个问题上韩国国内的态度出现反复，问题并未像日本民族主义者想象的那么容易解决。

　　日本民族主义正进入一个新阶段。保守的民族主义者正在全面"摆脱战后"，推动日本成为"正常国家"。随着日美关系的变化和美国对外政策

① 「第一回アジア欧州首脳会議（ASEM）での演説」、『読売新聞』1996年3月4日。
② 21世紀日本の構想懇談会『21世紀日本の構想：日本のフロンティアは日本の中にある—自立と協治で築く新世紀—』、首相官邸ホームページ、2000年1月、http://www.kantei.go.jp/jp/21century/houkokusyo/6s.pdf。
③ 《安倍晋三内阁总理大臣谈话》，日本国驻华大使馆网站，2015年8月14日，http://www.cn.emb - japan.go.jp/bilateral/bunken_ 2015danwa.htm。
④ 外務省『外交青書』、2016年、22頁。

的变化，日本对美民族主义面临新局面，日本更要求显示其自主性和独立性。在与亚洲国家的关系上，日本正面临以中国为首的亚洲国家的快速发展，如何定位与亚洲国家的关系是日本民族主义者需要解决的问题。

综上所述，揆诸世界民族主义的历史，日本民族主义无疑具有特殊性，这影响了日本国家战略的选择，影响了日本历史，也影响了东亚。研究日本的国家战略，不能不了解日本民族主义的特殊性。

二　日本的保守主义政治

保守主义和民族主义有天然联系。如果说民族主义是决定二战后日本国家战略的基本理念，那么它也是日本保守主义的灵魂，而保守政党自民党是实现这一理念的政治载体和外化形式。战后日本政治的突出特点是保守主义政治居主导地位，对日本保守主义的本质和特点进行深入分析，是认识和把握日本国家战略动向的一项基本工作。保守主义是日本政治研究的重点问题之一，国内外已有很多研究成果。进入 21 世纪以来，有国内学者在对日本保守主义的研究中指出其民族主义的特质;[①] 有的研究将当前日本的保守主义称为"新保守主义"，认为其是导致日本政治右倾化的思想根源而加以否定和批判[②]。

（一）保守主义一般原则辨析

为了深入认识日本的保守主义，将其与西方保守主义做一比较是有意义的。回顾保守主义的历史可以知道，作为现代西方社会主流意识形态之一的保守主义产生于 18 世纪启蒙运动和法国大革命期间，但它不是一个系统而严密的思想体系，也很难给出明确的定义。[③] 正如象征保守主义诞生的埃德蒙·伯克（Edmund Burke）的著作《反思法国大革命》是在革命中民主激

---

① 参见桐声《当代日本政治中的民族保守主义》，《日本学刊》2004 年第 3 期；吕耀东《试析日本的民族保守主义及其特性》，《日本学刊》2006 年第 5 期。

② 参见张广宇《冷战后日本的新保守主义与政治右倾化》，北京：北京大学出版社，2005 年；李秀石《日本新保守主义战略研究》，北京：时事出版社，2010 年。

③ 〔美〕杰里·马勒编著《保守主义——从休谟到当前的社会政治思想文集》，刘曙辉、张容南译，南京：译林出版社，2010 年，第 27 页。

进主义的激发下完成的一样，保守是与进步、革新、自由、激进相对立的词语，判断的标准因时间、场合和环境的变化而不同。美国学者杰里·马勒（Jerry Muller）在描述这种判断标准的相对性时说："毫无疑问，今天那些自我声称的保守主义者很难想象过去的保守主义者会支持不同于其主张的制度和实践。但他们可能会惊奇地发现，他们国家历史上的保守主义者曾捍卫过当今的保守主义者憎恶的制度。而一旦他们的注意力超越国家的边界，他们可能会发现他们想要保存的一些制度和实践被其他国家的保守主义同伴视为不合理的或荒唐可笑的。"① 虽然对保守主义定义的判断具有相对性，但从保守主义的发展脉络来看也可以找到其遵循的一些基本原则和特点。

保守主义者重视社会的秩序和稳定，重视现存制度的权威与合法性。正如美国学者塞缪尔·亨廷顿（Samuel P. Huntington）所说："当社会的基础受到威胁时，保守主义的意识形态就提醒人们一些制度的必要性和一些现存实践的好处。并非出于对现存制度的自我满足和满意接受，意识形态的保守主义产生于有价值的制度被当代的发展或改革提议所威胁而滋生出的焦虑。"②

保守主义重视传统。保守主义者认为指导社会行为准则的是历史制度和实践，这是靠习惯和习俗实现的。社会制度的政治重要性是由文化形式和风俗传达的。习惯、习俗和文化被保守主义者称为人的"第二天性"。刘军宁则把超验性的道德秩序、社会连续性的原则、传统的原则、审慎的原则等作为保守主义的基本原则。③

保守主义重视宗教的社会作用。这并不表明保守主义与宗教有必然联系，只是因为宗教具有使国家合法化、维护社会秩序稳定以及约束个人道德、使人向善的功能。

保守主义尊重宪政和代议民主制，主张自由市场经济制度，尊重个人的财产权、自由权和平等权。20 世纪七八十年代出现的新保守主义承认国家对经济和社会生活进行干预的必要性，但要限制干预的规模，反对政府对经济的过多干预，强调货币在经济调节中的作用；在政治上主张精英政治，限

---

① 〔美〕杰里·马勒编著《保守主义——从休谟到当前的社会政治思想文集》，第 7 页。
② 〔美〕杰里·马勒编著《保守主义——从休谟到当前的社会政治思想文集》，第 7~8 页。
③ 刘军宁：《保守主义》（第三版），北京：东方出版社，2014 年，第 22~26 页。

制民主，以保持社会安定和政府高效运行，同时并不拒绝不触及社会制度的改良。①

保守主义主张实行强硬的外交政策，保持占优势的军事力量，认为在国际关系中使用武力的可能性不可避免。

需要说明的是，保守主义维护制度和传统，并不意味其是正统的代表。杰里·马勒认为，对制度正统的捍卫是建立在认为制度符合某种终极真理的信仰之上的，保守主义维护现存制度的原因则是假定这些制度具有功能上的有用性，去除这些制度可能导致有害和意想不到的后果，或者是长期确立的制度所凝聚的崇敬感使其有潜力满足新的目的。②

保守主义不是反动主义，不是倒退。保守主义者承认对现存制度的保护过程可能包含进化革新的需要，反动主义者则是不喜欢现存制度，希望回到一些制度的原初状态，这些制度的原初状态常常是被记忆和意识形态扭曲的一种形式。③ 英国19世纪的保守党和自由党的对立，不是革命与反革命、变革与反动的对立，而是主张变革与渐进主义的差别。

保守主义和右翼是有区别的，从保守主义秉持的原则也可以看出两者的差别。激进保守主义则介于保守主义与反动主义之间，有时甚至成为反动主义。激进保守主义在尊重制度权威和连续性方面与保守主义相同，但认为现代化进程摧毁了过去留给现在的有价值的遗产，因此要以激进、革命性的行动复原过去的所谓"美德"。对现存制度的否定使激进保守主义者"常常寻找某种具有神秘感的过去作为尊敬感的来源和客体"。在两次世界大战期间的欧洲，激进保守主义者沦为法西斯政权的帮凶。④ 而在19世纪末的欧洲，保守主义转变成反动主义的事例并不罕见，如俾斯麦时代的普鲁士，有的学者称其为反动保守主义政治势力的集结。⑤

通过以上考察可知，保守主义的内容随时间和语境的不同而变化。19世纪的社会思想主要表现为保守主义和自由主义的对立。但保守主义并非否

---

① 奥萨德恰娅：《当代美国保守主义的理论纲领》，《世界经济与国际关系》（苏联）1982年第7期，转引自《国外社会科学》1983年第1期。

② 〔美〕杰里·马勒编著《保守主义——从休谟到当前的社会政治思想文集》，第8~9页。

③ 〔美〕杰里·马勒编著《保守主义——从休谟到当前的社会政治思想文集》，第32~33页。

④ 〔美〕杰里·马勒编著《保守主义——从休谟到当前的社会政治思想文集》，第32~36页。

⑤ 林健太郎「現代における保守と自由と進歩」、林健太郎編集『現代日本思想大系35：新保守主義』、筑摩書房、1963年、13－15頁。

定自由，只是对自由的解释不同于自由主义。随着时代变迁，特别是二战以后，作为政治力量的自由主义已经完全被保守主义吸收、融合。今天只有英国还有保守党和自由党，但后者的影响已经微不足道，其功能完全由保守党总揽。在其他国家，保守政党冠以自由或民主之名，也就是说今天西方国家的自由主义政党都是保守政党。这是因为社会主义政党的兴起成为主要的反对党，在西方主要是社会改良主义的社会民主党。

（二）日本新保守主义

在国际政治领域里，"新保守主义"通常是指 20 世纪七八十年代在西方主要国家出现的保守主义思潮和实行的保守主义政策。20 世纪 60 年代末至 70 年代初，西方主要国家的"福利国家"政策陷入困境，经济滞胀导致严重的经济萧条，同时政府机构膨胀，引发大量社会问题。这表明资本主义基本矛盾的表现方式发生变化，而应运而生的西方新保守主义主要有以下特点：在政治上意识形态色彩更浓，反对社会主义和共产主义；在经济上猛烈批评新自由主义的国家干预理论和政策以及社会主义的计划经济，主张政府不要干预社会经济生活，让市场经济自主运行。新保守主义思想的代表人物有哈耶克（F. A. Hayek）、弗里德曼（M. Friedman）、诺齐克（Robert Nozick）和布坎南（James M. Buchananlg）等。实行新保守主义政策的政府主要有英国的撒切尔政府、美国的里根政府、联邦德国的科尔政府等。新保守主义对英国、美国等主要资本主义国家的政策产生了重大影响，这些国家纷纷推行以私有化、社会福利政策改革为主的一系列新保守主义政策，使西方资本主义经济在 20 世纪 80 年代到 90 年代获得了新发展。

在日本，二战后与社会改良主义对立的保守主义也被称为"新保守主义"。[①] 这是相对于战前的保守势力而言。在日本完成经济复兴之后的 1955 年，政党也完成重组，形成"五五年体制"，即由保守的自民党和代表革新力量的社会党构成"保革对立"的政党格局。但与西方政党政治不同的是，在日本特殊的政治风土和冷战时期特定国际环境下形成的"保革对立"格局成为长期不变的模式，自民党独占政权，直到冷战结束后的 1993 年，38

---

① 林健太郎「現代における保守と自由と進步」、林健太郎編集『現代日本思想大系 35：新保守主義』、19 – 21 頁。

年间未实现过政党轮替,社会党成了"万年在野党"。虽然在对立格局下,革新政党能对自民党保持一定的制约作用,但不可否认的是保守主义主导了战后日本政治和国家战略走向。

值得注意的是,自民党虽然长期独占政权,但是党内派系林立。日本独特的政治风土造就了自民党保守性的独特现象——派阀政治,即在党内形成若干政治派系,派系首领之间的斗争和协作主导政党的政治走向。以至于有人说日本政党政治的主角是派阀,政党是派阀之间的联合协作,抛开派阀就不能谈日本政治。① 自民党内的派阀势力起到相互制衡的作用,也扩大了政策选择的空间,使日本的保守主义政治在特定范围内有流动性和更新能力。学术界的研究表明,战后日本保守主义政治仍然可以区分出两条不同的脉络,一条是以岸信介、中曾根康弘、安倍晋三为代表的"保守修正主义",另一条是以池田勇人、大平正芳、宫泽喜一、桥本龙太郎、小渊惠三为代表的"保守实用主义"。前者主张以某种方式摆脱战后历史框架;后者重视发展经济,在政治上主张维持现状。② 这两种保守主义倾向相互交织、相互联系,而其底色同是民族主义。这可以看作战后日本保守主义政治的基本状况。

与国际上的新保守主义相呼应,一般认为1982年11月成立的中曾根内阁是日本新保守主义政治诞生的标志。中曾根康弘是著名的保守主义政治家。1978年,也就是在他就任首相的4年前出版了《新的保守理论》一书,公开宣示自己的政治理想和政治信条是新保守主义。对于自己主张的保守思想,他解释道:"第一,我们要保卫日本美丽的大自然和日本国土;第二,保卫日本人的生活及其生活价值;第三,保护自由的市场经济;第四,保护日本民族在大化改革和明治维新时所表现出来的活力和积极的民族气魄。"③ 他说:"我痛感到把如此伟大民族的能量集中起来,使之向和平、安全、幸福和人生意义这些方面迸发出来,乃是政治家的重大责任。"④ 他担任首相

---

① 畠山武『派閥の内幕』、立風書房、1975 年、21 頁。
② 美国学者杰拉尔德·柯蒂斯(Gerald L. Curtis)于 2007 年 6 月 16 日在日本成蹊大学发表题为《现代日本保守政治》的演讲,转引自邱静《"日本式保守主义"辨析》,《日本学刊》2012 年第 6 期。
③ 〔日〕中曾根康弘:《新的保守理论》,金苏城、张和平译,北京:世界知识出版社,1984 年,第 102 页。
④ 〔日〕中曾根康弘:《新的保守理论》,第 3 页。

后积极推进行政改革和财政改革，在外交上加强日美同盟、发展同亚洲国家的关系，促进社会稳定和经济稳定。中曾根内阁新保守主义突出的特点是，日本经历了长期高速增长、渡过两次石油危机、成为世界第二大经济体之后，在对内政策上明确提出了"摆脱战后政治框架"，在对外政策上提出要成为与其"经济大国"地位相称的"政治大国"。这成为此后日本政治和国家战略追求的基本目标。冷战结束后，以小泽一郎为代表的新保守主义政治人物又将这一目标进一步浓缩为实现"正常国家"。

进入 21 世纪，中国快速发展，东亚形势发生变化。日本新保守主义势力日益增强，在对外政策上把加强日美同盟作为外交、安全支撑。美国奥巴马政府提出"亚太再平衡"战略后，日本与之遥相呼应。自民党在《2010年纲领》中加强了意识形态色彩，明确把"反共产主义和反社会主义、反独裁和反专制"与"确立真正有日本特色的日本"作为党的目标，强调把"真正有日本特色的保守主义作为政治理念"。按该纲领的解释，这种政治理念就是要维护自由主义的价值观和秩序，承担国际责任。① 而要实现真正有日本特色的日本，就要修改宪法，只有这样才能使日本恢复它所应有的"尊严和地位"。② 秉持这一纲领，自民党在民主党短暂掌权后再次夺回政权，新一代保守主义政治人物安倍晋三再度执政，开始全面推进实现"正常国家"的进程。在刺激经济增长的同时，安倍政府对内积极通过立法为修宪铺平道路，对外加强日美同盟，推行"价值观外交"和"积极和平主义"的外交、安全政策，将日本保守主义政治推到一个新高度。

（三）日美新保守主义比较

从冷战结束后至今，自民党两度丢掉政权，但 1993 年组建的多党联合政权和 2009 年开始的民主党执政都为时短暂，目前自民党和公明党组成联合政权，自民党占国会议席超过半数，公明党难以起到牵制作用。自民党再次独大的局面表明日本政治的保守主义根深蒂固。特别是冷战结束以后，日本通过各种立法已经打破"战后政治框架"，距离最终修改战后宪法只有一

---

① 自民党『平成 22 年（2010 年）綱領』、自民党ホームページ、2010 年 1 月 24 日、https://www.jimin.jp/aboutus/declaration/。

② 伊吹文明「平成 22 年（2010 年）綱領の解説」、自民党中央政治大学院ホームページ、https://jimin.ncss.nifty.com/pdf/aboutus/kouryou.pdf。

步之遥。有的学者把日本社会保守倾向增强的趋势称为"总体保守化"①，反映了对日本政治走向的担忧。这种担忧并不是否定战后自民党长期执政下的日本一直走和平发展道路的事实，而是关注在日本国内和国际形势都处于转换的关键时刻，执政的自民党或其他保守政党的政策今后会朝哪个方向发展？会选择什么样的国家战略？特别是日本政治，有没有可能被激进的保守主义挟持而出现大家所不愿意见到的倒退局面？

了解目前新保守主义对日本政治的影响，是一个庞大的课题，不是本文所能解决的，但若比较安倍政府与美国小布什政府时期的新保守主义，或可对日本当前保守主义的影响和特点有初步了解。作为保守主义政府，日美双方既有共性也有不同特点。共同之处是：强调传统道德、伦理、宗教信仰和法律秩序；实行扩张型财政和货币政策，重视市场经济的作用；强调意识形态在外交领域的重要性和指导作用；加强军备，主张实力外交和强硬外交；积极参与国际事务，维持霸权和影响；主张所谓的"中国威胁论"。② 不同之处反映在三大方面。其一，自民党是日本新保守主义者的大本营，与战后的保守主义者无论在思想上还是在谱系上都一脉相承；而美国的新保守主义者与传统保守派没有传承关系，是 20 世纪六七十年代在犹太知识分子中产生的一个新的政治派别，逐渐影响舆论和政府政策。其二，自民党在日本处于一党独大的近乎垄断的地位，其他保守政党也相对活跃，左翼政党的支持率下降，影响日渐式微；而美国的新保守主义者对国家政治和政策的影响力没有这么大。其三，日本和美国的新保守主义者优先追求的目标不同，虽然双方都强调发挥国际作用，但是日本在国内要摆脱"战后政治框架"的束缚，修改战后宪法，这既是战后保守派的民族主义政治诉求，也是为进一步发挥国际作用扫清道路，国内政治走向并非不存在变数。日本新保守主义者在对待发动侵略战争的历史问题上大多反省不彻底甚至持否定态度，其错误的历史观在短期内难以改变，这同样会对政治走向产生消极影响。通过比较可清楚地看到，新保守主义在日本政治中处于主导地位，影响力远大于美国

① 参见吕耀东《冷战后日本的总体保守化》，北京：中国社会科学出版社，2004 年。
② 关于美国新保守主义，参见吴雪《美国"新保守主义"研究状况述评》，《外交评论》2006 年第 5 期；周琪《"布什主义"与美国新保守主义》，《美国研究》2007 年第 2 期；吴晓春《美国新保守派外交思想及其影响》，北京：知识产权出版社，2008 年；王缉思主编《布什主义的兴衰》，北京：世界知识出版社，2012 年。

和其他一些西方国家，其民族主义和历史修正主义政治诉求增强了国家战略
走向和政策选择的不确定性，这是国际上特别是东亚国家担心的主要原因，
因此备受各方关注也就可以理解了。

三　东亚国际权力转移的特殊性

随着中国的发展，权力转移理论通常用来解释中国未来走向和中美关
系及其对世界的影响，认为后起的东亚和中国将取代先发的欧美，两者竞
争激化，甚至可能走向战争。基于这一理论的研究大都讨论如何走出困境
和规避冲突，即避免出现"修昔底德陷阱"。但被忽视的是，权力转移理
论是建立在世界经济发展不平衡基础之上的，而分析经济发展不平衡对权
力转移的影响还要基于竞争对象（或潜在竞争对象）和国际环境因素的具
体情况，这样才能避免落入机械论和经验主义窠臼。在东亚地区，后发特
质①和全球化是不可忽视的两个因素，将给东亚权力转移带来新的、不同于
历史上权力转移的特点，美国和日本的战略选择也不可避免地受这两个因素
制约。

（一）权力转移的一般特点

权力转移理论的奠基者奥根斯基（A. F. Kenneth Organski）认为，战后
科技进步促进了全球工业化趋势，非工业化国家走上工业化道路只是早晚的
事情。"一群新来者正在不断地挑战世界政治的现有领导者，这些挑战一旦
成功，将意味着权力从一群国家转移至另一群国家。这将是新的国际秩序的
开始。"② 这段话简明扼要地指出了国际权力的转移过程，它包含着：权力
转移在两个主体（新来者与现有领导者）之间进行，新来者是后起的国家
（战后非工业化国家）；挑战是一个过程（包括实现工业化的过程和不断挑
战的过程）；国际权力转移有必然性（全球工业化的趋势使非工业化国家必
然走上工业化道路，引起权力转移）。

---

①　现代化理论认为，相对于先发的发达国家，发展中国家是后发国家。后发国家有可能从先发
　　国家引进先进的经验、资金和技术，少走弯路，实现快速发展。后发国家现代化因相对落后
　　而具有的特殊有利条件，被称为"后发优势"。

②　A. F. K. Organski, *World Politics*, New York: Alfred A. Konpf, 1968, p. 183.

从国际政治经济的动态发展来看，权力转移是一个由量变到质变的过程。二战后，尽管东亚处于美国的霸权主导下（Pax Americana），但各国要求政治独立、经济发展的潮流不断更新地区政治和经济版图，各国的实力处于动态变化之中。这种变化大致可分为三个阶段：第一阶段是日本经济快速增长，在 20 世纪 60 年代末，日本成为西方世界仅次于美国的第二大经济体；第二阶段是 20 世纪七八十年代，在日本经济带动下，形成国家和地区包括韩国、台湾、香港、新加坡的"亚洲四小龙"和随后东盟、中国加入的东亚梯度发展结构，即"雁行模式"①；第三阶段是 20 世纪 90 年代以后，日本"泡沫经济"崩溃，中国经济进入快速发展期，"雁行模式"不复存在，到 2010 年中国的国内生产总值超过日本成为世界第二大经济体。

（二）东亚权力转移的两个层次

人们往往能注意到上述三个阶段的变化，却忽视了已经发生的东亚地区权力转移从两个层次展开：一个是东亚地区内部的权力转移，一个是全球范围的权力转移。

东亚地区内的权力转移表现为中日国力对比的变化。在冷战后期，日本已成为世界力量中心之一，1971 年 7 月美国总统尼克松在著名的堪萨斯城演说中认为世界已形成中、苏、美、欧、日五大力量中心。到冷战结束时，日本正值"泡沫经济"巅峰，日美贸易摩擦激化，日本在经济上挑战美国的态势给人留下深刻印象。日本还提出建立东亚经济区和日元区计划，试图构建经济势力范围。日本的资金和技术输出成为带动东亚经济增长的发动机，以日本为首的经济梯度发展结构的形成，表明日本在东亚经济中居于主导地位。日本学者田中明彦认为，冷战结束后的世界从军事上说只有美国一极，从经济上说则是美、欧、日三极。② 从 19 世纪末日本开始挑战以中国为中心的朝贡体制到发动太平洋战争，日本逐步成为其所谓的

---

① 20 世纪 30 年代日本经济学家赤松要提出"雁行发展理论"，认为发展中国家引进先进技术发展本国产业，在国家间形成不同发展层次的产业结构，促进产业梯度转移。80 年代，一些日本学者依据这一理论将战后东亚国际分工体系和经济发展过程称为"雁行形态"或"雁行模式"。

② 20 世纪 90 年代初有很多关于美国霸权衰落和日欧崛起的评论，参见田中明彦『新しい中世—21 世纪の世界システム—』、日本経済新聞社、1996 年。

"大东亚共荣圈"的霸主，但随着战争结束，日本的"梦想"破灭，经过战后半个世纪，其"梦想"再度以经济扩张的形式得以实现。也就是说，一个世纪以来，日本先是凭借军事强权，后是依靠经济力量，在东亚两度处于主导地位。尽管按照日本民族主义者的说法，只拥有经济力量的日本还不是一个"正常国家"。

推动东亚地区内部权力转移的是中国的复兴。摆脱半殖民地命运的中国本身就是世界无法忽视的重要力量。在改革开放前，中国在经济上相对落后，还是一个穷国。改革开放后 30 多年的经济持续高速增长使中国成为对东亚乃至世界经济有举足轻重影响的国家。中国地位的变化，明显表现在中日国力对比的变化上。2010 年中国国内生产总值超过日本后，到 2019 年中国国内生产总值已接近日本的 3 倍（不计其间汇率变化）。2014 年 5 月国际货币基金组织发布的《亚太地区经济展望报告》中，比较了亚洲 11 个以出口为导向的经济体在 1995 年到 2012 年分别对中国和日本的依赖度，并得出结论：在 20 世纪 90 年代中期，所有 11 个国家和地区在出口市场方面都依赖日本；不到 20 年后，其中 10 个国家和地区对中国的依赖度超过了日本，且超出幅度较大。① 这表明在一些重要经济指标上，中国（包括对地区的影响）已经超过日本。

由于中国的后发特质，中国在不少重要指标上还落后于日本，例如中国的人均国内生产总值就远低于日本。上述国际货币基金组织的报告中还指出，日本在地区产业链上游的技术产品领域仍然保有优势，而且中国国内生产总值大幅超过日本，两国汇率变化也是其中一个重要原因。在经济社会发展程度等软实力领域，日本仍保持较强的优势，这反映了后发国家追赶型经济的实际状况。

无论怎样说，一个世纪以来日强中弱的局面已经发生改变，学术界将这一变化称为"两强并立"。事实上，中日关系的这种变化表明在东亚地区权力转移已经发生。世界对中日实力对比变化的本质没有给予足够的重视只是因为日本的地区主导作用主要表现在经济方面，而且美国在东亚依然保持强大的影响。如果仔细观察，进入 21 世纪以来中日关系中发生的很多问题可以从权力转移的角度得到解释。例如，日本担心中国在地区事务中发挥主导

---

① 《IMF 称中国在亚洲影响力超过日本》，《参考消息》2014 年 5 月 14 日。

作用，积极构建多边框架，在东亚经济合作中支持参与国家的扩大；在安全领域，加强日美同盟和与澳大利亚、印度、越南等国的合作。值得注意的是，中日权力转移的发生虽然给中日关系带来震荡，但两国经济依存紧密，特别是中日关系不可避免地受更高层次的中美关系的制约，所以其影响局限在一定范围内。这也从另一个角度证明，权力转移不仅是两个国家之间的事情，也受到世界体系的影响。

从全球权力转移角度看东亚，也可分两个层次：一个是地区层面，一个是国家层面。地区层面是东亚的崛起，前面已经谈到。从全球角度看国家层面上的权力转移，首先让美国霸权地位感到威胁的是日本。日本不是小国，其国土面积大于英国、德国，小于法国；人口相当于英、法两国总和；而国内生产总值相当于英、德两国或法、德两国之和，将近德国的2倍①。20世纪80年代末日本"泡沫经济"达到高峰，也正是美国景气衰退时期。1985年9月压迫日元升值的"广场协议"是美国等西方国家面对日本经济膨胀压力而联手采取的自保措施，但日元升值又使日本财富急速膨胀。在冷战结束前后，日美贸易摩擦愈演愈烈，美国不得不以"超级301条款"对日实施贸易制裁，以抵制日本商品的大举流入。与此同时，日元升值使日本的资产升值，日元的购买力提高，日本公司在世界各地大量收购，民众在海外"爆买"，日本地价猛涨，甚至有人称以东京地价可以买下美国。如日中天的日本经济使因冷战对峙而疲惫不堪的美国经济界备感紧张。苏联解体后，世界紧张形势缓和，日本的安全压力减轻，国内对日美同盟的作用提出质疑，这一时期被称为"同盟漂流期"。"美欧日三极"说更使美国感到日本羽翼丰满，要另立"山头"了。经济上的竞争与安全纽带的松弛使日美关系出现危机，美国甚至有人开始预测下一场美日战争何时到来。②

日美关系危机并没有发展为权力转移，包括两方面原因。一是危机局限于经济贸易领域，日本让美国感受到经济威胁；在安全上，日本虽然质疑日美同盟的作用，却无力摆脱美国的束缚。即使得益于东亚地区的后发

---

① 《世界各国国内生产总值情况排行榜》，中华人民共和国商务部网站，2013年9月29日，http://www.mofcom.gov.cn/article/i/dxfw/jlyd/201309/20130900321950.shtml。

② 〔美〕乔治·弗里德曼、梅雷迪斯·勒巴德：《下一次美日战争》，何力译，北京：新华出版社，1992年。

特质，日本在经济上实现转型，但日本无法在东亚地区构建"独霸"的势力范围，在经济、政治、安全上还要依赖美国。二是日本的综合实力还不能挑战美国的霸权。日本的综合国力虽然强于英国、法国、德国，却不能与美国相颉颃，而且日本面临的债务、人口危机以及国内政治和历史包袱等问题也使其实力发挥受到限制。但从日美关系变化的本质看，则无异于权力转移，只是由于日本特殊的国情而没有发展为一次权力转移。不可否认的是，这一实力变化进一步激发了日本的民族主义，成为以后美国转变对日政策的一个重要原因。2000 年 10 月，美国两党组成的跨党派研究小组发表题为《美国与日本：走向成熟的伙伴关系》的研究报告（牵头人是前副国务卿理查德·阿米蒂奇，亦称"阿米蒂奇报告"），提出在以后的对日关系中要避免态度"傲慢"，对日本的决定要给予尊重。① 很明显，美国对日本不能再一味地颐指气使，要想笼络日本必须满足其要求和付出更高的成本。2016 年 5 月，时任美国总统奥巴马应日本要求打破禁忌访问原子弹爆炸地广岛，也与此不无关系。

随着中国经济的发展，特别是在中国国内生产总值超过日本之后，中美之间的权力转移就成了普遍关注的话题。

（三）后发特质和全球化下东亚权力转移的特点

如前所述，二战后东亚权力转移的图景表明，认识东亚权力转移必须考虑本地区现实和当今时代条件。在世界历史上曾经发生的权力转移大多是在资本主义上升时期的欧洲或是在西方完成工业化的国家之间进行的。正如奥根斯基所说，战后东亚的权力转移是在工业化国家和非工业化国家之间进行的。所以深刻认识东亚权力转移的地区特点和时代特点十分必要，这对认识美国的"亚太再平衡"战略和"印太"战略以及探讨日本的战略选择也必不可少。

首先，冷战后东亚发展迅速，但是在普遍看好东亚的时候，往往忽视其是相对于欧美的后发地区。东亚目前很多问题包括权力转移问题都与其后发地区的特质分不开。按照权力转移的逻辑，新来者即挑战者是权力转移两个

---

① Institute for National Strategic Studies National Defense University, "The United States and Japan: Advancing Toward a Mature Partnership", INSS Special Report, October 2000.

主体中的主动者，或者说是矛盾的主要方面，所以认清东亚的后发特质对于理解东亚权力转移十分必要。

从世界历史的角度看，欧洲最先进入资本主义阶段，先进的生产力和资本主义文明使之成为世界权力中心。随着欧洲资本主义向东方扩张，尚处于前资本主义阶段的亚洲国家先后沦为其殖民地和半殖民地。二战结束后，东亚国家相继实现独立。在冷战时期，东亚虽然经历朝鲜战争和越南战争，但持续时间不长，波及范围也有限，总体得以保持较长时期的和平。冷战结束以后，东亚经济增长进入快车道，经济一体化程度也不断提高，成为世界新的增长中心。2012年12月，美国国家情报委员会公布的报告《2030年全球趋势：不一样的世界》预测，全球重心将从北美和欧洲向亚洲转移，亚洲在国内生产总值等主要方面都将超过西方。① 在东亚整体取得经济进步的基础上，日本、中国这样的巨大经济体先后成长起来，并形成与欧美国家不同的发展道路、发展模式和发展经验。

东亚是后发地区这一特质对于实事求是地认识东亚的重要性在于，在肯定东亚成就的同时必须看到，除了国内外相对安定的政治环境和相关国家做出符合实际的政策选择外，东亚国家的快速发展在很大程度上得益于后发优势。

东亚整体的工业化或者说现代化还在进行，与欧美的社会经济发展差距还很大。东亚国家和地区的社会经济发展程度也有很大差距，既有发达的日本和实现工业化的韩国、中国香港、中国台湾、新加坡，也有快速走在工业化道路上的中国、越南、泰国、印度尼西亚，还有经济相对后进的柬埔寨、老挝、缅甸。"后发优势"理论认为，后发国家可以根据本国的实际情况选择不同发展道路和发展模式，引进和吸收先发国家的资金、技术，吸取和借鉴先发国家的成功经验，跳越一些发展阶段，通过超常规的方式实现技术赶超和经济跃进。后发国家经济是"追赶型经济"，存在如何保持经济协调发展和从劳动力密集型产业向技术密集型产业过渡的发展模式转变的问题；由于追求发展速度，后发国家还存在不少无法适应经济发展的社会难题。这些都要靠技术创新和经济创新来解决。只有建立起自主创新型经济，才有资格说完成了"追赶"过程。事实上，在东亚地区，只有日本完成了"追赶"

---

① 《美国情报机构描述2030年的世界》，《参考消息》2012年12月12日。

过程，其他国家还没有走出追赶型经济阶段。[①]

东亚地区的后发特质加剧各国政治、经济、文化差异以及国家间的诸多分歧，是阻碍地区一体化进程、破坏地区内部稳定和激化地区矛盾的重要因素。这造成东亚政治、安全合作机制相对于经济一体化的程度更加落后，地区纷争难以解决。[②] 后发特质使东亚至今未能在政治、经济、安全等领域摆脱域外力量的影响。例如，在政治、安全上，美国对东亚的干预；在经济上，虽然区域内贸易不断增长，但对域外的依赖程度仍不可忽视。这些都制约了东亚作为一个整体在国际上发挥作用。

东亚的后发特质增大了权力转移的难度，必须冷静看待东亚发展现实。东亚经济较高的增长速度是在全球化背景下从低水平向高水平的快速跃升；但解决东亚存在的问题要经过长期努力，需要域内国家合作和域外国家的配合；特别是在经济发展的基础上创造新的东亚文明，才能对世界发挥引领作用。正因如此，对权力中心转向东亚持谨慎甚至否定态度的观点一直存在。[③] 东亚因后发特质存在的问题不解决，会阻碍其继续发展、阻滞权力转移进程。事实上，虽然东亚的未来被普遍看好，但对东亚未来前景的表述差异很大，如前引美国国家情报委员会的报告称未来全球重心将转向亚洲，依据是东亚国家的国内生产总值将超过西方。[④] 很明显，全球重心和权力中心是有区别的，国内生产总值是构成权力的重要基础而非唯一指标。此外，还有地缘政治重心之类的提法。这些都说明东亚在世界舞台上的地位和作用在提高，但并不表明其必然会成为权力中心。

首先，应当承认，后发的东亚还不具备挑战和取代欧美的力量。如果把权力看作对外部世界的影响力，可以说东亚的发言权和影响力越来越大；但这不意味着东亚要取代欧美成为世界新的领导者，全球化时代国家和地区相互融合不断加深，一方难言取代另一方；如果把权力看作支配别国的霸权，

---

① 关于后发国家的经济调整和追赶型经济，参见马丁·沃尔夫、余永定《中国经济调整的两难困境》，《金融时报》（中文版）2016年4月5日，http://www.ftchinese.com/story/001066935?full=y。

② ブラーマ・チェラニー「アジアの興隆が続く保証はどこにもない」、『週刊東洋経済』2012年5月26日。

③ 参见 Minxin Pei, "Asia's Rise", *Foreign Policy*, July/August 2009；《亚洲崛起应警惕必胜主义》，《参考消息》2013年7月3日。

④ 《美国情报机构描述2030年的世界》，《参考消息》2012年12月12日。

那显然与时代潮流相悖。

其次，必须认清全球化下中美权力转移的表象与实际。中国超过日本成为世界第二大经济体后，人们热衷于预测中国何时会超过美国，开始议论中美之间的权力转移。更重要的是，根据这种预测制定的外交政策已经付诸实施并影响世界的面貌。但实际情况是中国是后起的发展中国家，目前中国经济的首要任务是保持稳定发展和实现发展模式的转变。作为人口众多的发展中大国，要实现经济社会的全面发展，还要经过长期艰苦的努力，中国外交和对外政策都要服从这一大局，这是毋庸置疑的。

全球化的时代特点为国际权力转移提供了前所未有的环境。很多人都指出，权力转移理论的一个重要缺陷是只着眼于国家层次上的主导国和挑战国之间的博弈，忽视了新现实主义者主张的体系分析模式，没有考虑世界其他国家的作用，而国际秩序和世界前途不是两个国家之间就能决定的。在全球化的今天，国家之间的联系日益密切，即使在主导国和挑战国之间也存在着千丝万缕的联系，双方的共同利益超过了分歧。因此，大国之间并非一定会出现"修昔底德陷阱"式的零和博弈。基辛格说，中美关系在一定程度上符合"修昔底德陷阱"双方的特性，"但'修昔底德陷阱'的具体概念，要放在一个特殊的国际关系背景下看待，这种背景在现在的中美关系之间并不存在"，因为"中国并没有意图要取代美国成为世界上的一个超级大国"。① 事实上，美国上层政界对中美关系也有不同看法，有些人并不认为中美日益加深的竞争关系是一种宿命。② 中美两国是肩负着世界责任的大国，也能够在共同利益的基础上和平共处，不是要取代对方，而是形成不同于历史上权力转移的新型大国关系。

当然，不能忽视的是，美国确实有人信奉权力转移理论，认为中美竞争加剧，美国要应对挑战。③ 美国"亚太再平衡"战略和在东亚加强安全投入

---

① 基辛格：《中美必须合作　上海公报精神适用于南中国海》，联合早报网（新加坡），2016 年 3 月 21 日，http：//www.zaobao.com/special/newsletter/story20160321 - 595010。

② 美国政界对中美关系一向有两种看法，如有分析认为奥巴马并不认为中美日益加深的竞争关系是一种宿命，而希拉里·克林顿似乎更担心一个强大的中国。参见吉迪恩·拉赫曼《十评奥巴马主义》，《金融时报》（中文版）2016 年 3 月 16 日，http：//www.ftchinese.com/story/001066647。

③ 代表人物和观点参见〔美〕约翰·米尔斯海默《大国政治的悲剧》，王义桅、唐小松译，上海：上海人民出版社，2003 年。

等一系列政策调整，表明权力转移理论已经在影响美国的对外政策实践，但还没有完全脱离冷战结束以来对华"接触"战略的基本框架。①

可以认为，东亚的后发特质和全球化下的国家相互依存决定了东亚权力转移是在不同于以往的历史和国际条件下展开的，也完全可能会有不同于以往权力转移的演变进程和结局。对于中美关系也不应以权力转移理论进行简单的解读和臆断，那只会误导中美关系或被一些国家别有用心地利用。而对中美权力转移的认知也必然会影响日本的国家战略选择。

四　海洋国家的地缘政治定位

地缘政治理论是地理空间对政治影响的规律性认识，是研究国际关系所依据的重要理论之一，也是决定国家战略的重要理论之一，任何国家都不能无视其在世界上所处的地理位置和与周边国家的地缘关系。但就某一国的国家战略来说，如何运用地缘政治理论进行分析，则要结合这个国家的地缘政治特点和其他学科知识加以综合考察。

日本与亚洲大陆的地理关系常被称为"一衣带水"，若即若离的关系自古就影响其国家发展取向，从"华夷秩序论"到"海洋国家论"的地缘政治定位，就说明了地缘政治关系对日本国家战略的影响。

(一) 华夷秩序与日本

华夷秩序是指从秦汉建立大一统帝国直到清末，中国对周边国家产生的吸引和向心作用而形成的具有中华文化色彩的国际关系体系，也称宗藩制度、朝贡体制、册封体制等。较早提出这一学说的是日本学者西岛定生，他认为东亚世界存在以汉字文化、儒教、律令制和佛教为特征的历史文化圈，中国通过册封体制维系与周边国家的关系，在政治和文化上处于支配地位。费正清、滨下武志等外国学者和一些中国学者也对这一体制进行了深入研

---

① 美国对华"接触"战略是与其安全战略相配套的，包括随时可以上升为遏制的安全安排。参见孙承《日本与东亚——一个变化的时代》，北京：世界知识出版社，2005 年。

究，提出了自己的看法。① 简言之，华夷秩序是建立在农业文明基础上的位阶秩序，中国处于这个秩序的顶端和中心，周边国家对中国文明和权力怀有向慕之心，是这一秩序得以维持两千年之久的主要原因。

但华夷秩序也是农业文明时代东亚独特的地缘政治环境塑造的结果。东亚的东面和南面是大海，北面是寒冷的西伯利亚，西面和西南面是帕米尔高原和喜马拉雅山脉。在古代，受生产力条件的限制，东亚是一个相对封闭或者说相对独立的地理系统和政治空间，虽然有海上和陆路通道与世界其他地区连通，但难以进行大规模的往来，特别是建立稳定、长久的政治关系。在黄河、长江流域成长起来的中华文明在几千年历史中一直居东亚领先地位，这使中国自然而然地成为古代东亚的政治、经济和文化中心，成为周边国家学习效仿的样板，抑或希望取而代之的对象。中国与周边国家的这种关系构成了古代东亚国际政治的基本模式。

在漫长的历史岁月里，一方面，周边国家和民族与中国中央王朝长期保持着朝贡关系，并在这种关系下进行频繁的经济、文化交流。这是周边国家与中国关系的主流，基本上保证了东亚地区的和谐与安宁。另一方面，随着中国文明的传播和周边地区经济、文化水平的提高，周边国家和民族也不断对中国的地位发起挑战。其表现有二：一是以武力挑战中国中央王朝的地位，甚至取而代之；二是在以中国为首的华夷秩序之外另建以自己为中心的小的国际关系体制，也称"小中华"或"小华夷秩序"。前者的情况易于理解，如西晋和唐朝灭亡后，北方民族进入中原建立政权，蒙古族和满族甚至建立了大一统王朝；后者则在以中国为中心的东亚秩序中，形成了多个小的朝贡体制，构成多层次重叠的东亚秩序。需要指出的是，无论入主中原建立大一统王朝，还是另外建立小的国际秩序，"华夷观"都是东亚国家对外关系和维系国际关系体制运行的基本原则。例如，朝鲜在中国清朝取代明朝之后就自称"小中华"，日本的萨摩藩也以武力胁迫琉球王国向其进贡。日本

---

① 参见西嶋定生「六－八世紀の東アジア」、大津透・桜井英治・藤井讓治・吉田裕・李成市編集『岩波講座 日本歴史第 2 巻 古代 2』、岩波書店、1962 年；John K. Fairbank, *The Chinese World Order: Traditional China's Foreign Relations*, Cambridge Mass.: Harvard University Press, 1968；〔日〕滨下武志《近代中国的国际契机：朝贡贸易体系与近代亚洲经济圈》，朱荫贵、欧阳菲译，北京：中国社会科学出版社，2004 年；何芳川《"华夷秩序"论》，《北京大学学报》（哲学社会科学版）1998 年第 6 期。

学者古田博司认为："如果把这些历史现象看作对'中华思想的分享'，那么这一地域也许就可以被称作'中华思想共享圈'。"① 在这一过程中，朱子学的传播及与周边国家思想文化的融合进一步刺激了这些国家早期民族意识和民族主义思想的形成，为地区秩序的变化酝酿了新的动能。滨下武志认为，小规模的朝贡体制希望以此改变以中国为中心的秩序，也许可以将这种努力视为这一地域历史变动的主要动力。② 他认为朝贡体制不是以中国为中心的一元机制，"中华观"不仅为东亚国家所接受、共有和借用而形成"小中华"，而且存在对中国的抵制和"自立"的历史。③ 韩国学者白永瑞也认为，"中华世界的重层性也许正是中华帝国变化的内在要因"，"十六世纪末期以来以中国为中心的秩序已经受到来自周边国家的批判，小中心自身的认同性（identity）也逐渐体系化，对后来这些国家向作为国民国家形成原动力的民族认同性发展起到了重要的作用"。④ 华夷秩序由于内部变化以及西方资本主义势力的外部冲击最终瓦解。

　　日本很早就被纳入华夷秩序。《后汉书·东夷传》记载，光武帝建武中元二年（57），倭奴国使臣奉贡朝贺，光武赐以印绶。《后汉书》和《三国志·魏志》中都有日本列岛上的统治者来"献生口"的记载。南北朝时期，日本正是"倭五王"⑤ 时代，与南朝政权保持着密切的往来。到了隋唐时期，一方面，中日经济、文化交流达到前所未有的高峰，日本派出大批官员和留学生全面地学习中国文化；另一方面，日本的民族意识已经觉醒，要求与大陆国家拥有平等的地位，甚至以武力相向。典型的例子是《隋书·倭国传》记载，隋炀帝大业三年（607），日本遣使来朝，国书中称："日出处天子致书日没处天子无恙"。唐高宗龙朔三年（663），日本为维持在朝鲜半岛的影响，阻止唐朝的军事行动，中日间爆发"白江口之战"。而据高句丽

① 古田博司「東アジア中華思想共有圏の形成」、駒井洋編『脱オリエンタリズムとしての社会知』、ミネルヴァ書房、1998 年。
② 参见〔日〕滨下武志《近代中国的国际契机：朝贡贸易体系与近代亚洲经济圈》，朱荫贵、欧阳菲译，北京：中国社会科学出版社，2004 年。
③ 濱下武志「東アジア国際体系」、有賀貞・宇野重昭・木戸蓊・山本吉宣・渡辺昭夫編『講座国際政治 1：国際政治の理論』、東京大学出版会、1989 年、53－54 頁。
④ 〔韩〕白永瑞：《东亚地域秩序：超越帝国，走向东亚共同体》，载王建朗、栾景河主编《近代中国、东亚与世界》（上卷），北京：社会科学文献出版社，2008 年，第 5 页。
⑤ 《宋书·倭国传》载永初二年（421）至昇明二年（478），先后有赞、珍、济、兴、武 5 个倭王朝贡请封。

时期的好太王碑记载，在 4 世纪末 5 世纪初，日本就已经在朝鲜半岛南部扩大影响和采取军事行动了。唐朝灭亡后，中国进入一个动荡的时期，日本也从贵族的公家政治转向武士争衡的武家政治，大规模吸收中国文化的时期已经过去，中国文化与日本本土文化融合形成了有日本特点的"国风文化"。此后，日本除在足利时期为了开通对明贸易，短暂地接受明王朝册封外，没有再向中国称臣纳贡。在安土、桃山时代（1573～1603 年），以丰臣秀吉为代表的封建武士集团开始试图征服大陆国家，建立日本帝国。1590 年丰臣秀吉致书朝鲜国王，威逼朝鲜与其一道侵略中国，信中说："要长驱直入大明国，易吾朝之风俗于四百余州，施帝都政化于亿万斯年。"① 江户时代，日本与中国保持有限的贸易关系，但中国文化继续影响日本，一些学者开始借用华夷秩序思想构建以自我为中心的国际体系。儒学学者熊泽蕃山认为："中夏之外，四海之内，无可及日本之国。"山鹿素行则自诩日本是华夷秩序的中心，而以琉球、虾夷、朝鲜、清朝、吕宋以及英吉利、俄罗斯为夷。初濑龙平认为，前者是以中华秩序为前提的"日本第二"（Japan as No. 2）论，后者则是"日本第一"（Japan as No. 1）论。② 与此同时形成的国学派将民族主义推向新高度，但也将国家引上歧途。国学派学者佐藤信渊在《混同秘策》中描述了统治世界的梦想，实现的途径是首先向大陆发展。他说，要实现"全世界悉为郡县，万国之君长为臣仆"的梦想，就要"先能明辨万国之地理形势"，中国在万国之中土地最广大、物产最丰饶，与日本又最接近，所以日本要想统治世界，"必先吞并中国"。③ 佐藤信渊的思想被认为是日本近代侵略大陆政策的鼻祖，也反映了东亚地缘政治关系对日本国家战略的影响。明治维新后，走上资本主义道路的日本发展迅速，开始蔑视腐朽落后的中国，参与西方列强的对华侵略，把奴役中国人、掠夺中国资源、侵占中国国土作为追赶西方、实现现代化的国家战略。1894 年日本发动甲午战争，向中国索取巨额赔款，割占辽东半岛和台湾，迫使朝鲜脱离中国，最后吞并朝鲜。这是对中国主导的持续两千年之久的华夷秩序的最后一击。此后，日本加快与西方列强瓜分中国，不仅谋求在中国的经济、政治特

---

① 『近代史史料』、吉川弘文館、1964 年、59 頁。

② 初瀬龍平「国際政治思想—日本の視座—」、有賀貞・宇野重昭・木戸蓊・山本吉宣・渡辺昭夫編『講座国際政治 1：国際政治の理論』、118 頁。

③ 佐藤信淵「混同秘策」、『日本思想大系 45：佐藤信淵』、岩波書店、1977 年、431－436 頁。

权，而且继续分裂中国国土，扶植"满洲国"，进而发动全面侵华战争。日本要建立一个取代中国在东亚的传统地位的"大东亚共荣圈"。尽管华夷秩序已不存在，但不能否认"日本型华夷秩序"的思想对日本走向侵略扩张道路的影响。

在农业文明时代或者说在前资本主义时代，日本的国家战略受华夷秩序下的东亚地缘政治的影响。在发展早期，日本向中国称臣纳贡，学习和吸收中国文化，海洋的隔绝又使之能够保持政治和文化上的相对独立；而当其具有一定实力之后，日本就要向大陆发展，谋求更大的政治经济利益。在近代，中日不同的发展道路使日本在国力上超过中国，日本跻身列强之列，于是分裂、灭亡中国和成为亚洲霸主也就成为其对外战略的目标。日本政治学者高坂正尧说，一般认为日本的近代化始于"脱亚"。与亚洲其他国家相比，日本提早实现了近代化，自诩为"亚洲盟主"，"兴亚"、"脱亚"和"侵亚"往往混而为一。但是，日本文明受到中国深远的影响，东洋的东西构成国民价值观的核心，成为日本人的精神支柱和抵抗西力东渐的精神基础。作为非西欧国家，日本在走上西欧国家所支配的国际政治舞台时，除了东洋的东西以外，找不到其他能够支撑自己的东西。[1] 还有人认为，最终导致军国主义覆灭的太平洋战争的爆发是日本采取与大陆国家群结合而与海洋国家群为敌的结果。[2] 这显然是无视日本对大陆国家的侵略，也完全违背历史事实，战前日本执行侵略大陆政策，同苏联签订中立和互不侵犯条约的目的也是腾出手来独占大陆。但这也反映出直到太平洋战争爆发之前，日本的国家战略和对外战略仍然没有跳出东亚地缘政治关系的影响，其目标是要成为东亚的中心。即使在战后，随着经济复兴，日本依然试图成为东亚地区的领袖和代表。主导地区发展的思想仍是影响日本对外政策的重要因素。

（二）日本的"海洋国家论"

二战后国际格局和国际秩序的巨大变化迫使日本从地缘政治学的角度进

---

[1] 高坂正尧「海洋国家日本の構想」、『高坂正尧著作集』（第一卷）、都市出版株式会社、1998 年、134 – 136 頁。
[2] 海空技術調査会編著『海洋国日本の防衛』、原書房、1972 年、27 頁。

行历史反思，重新确定国家定位和国家战略，从向大陆扩张转向贸易立国，从在东亚谋求霸主地位转向在世界范围内谋求经济贸易强国的地位，从在华夷秩序的范围内谋求政治经济的主导地位转向以海洋国家定位谋求融入以美国为首的西方政治经济体系，并进而谋求独立于东西方的国际地位。战后日本国家定位和国家战略调整的理论基础是海洋国家论。当然，这不是说日本对东亚大陆的兴趣在下降，而是日本更多地从海洋国家的角度思考与东亚大陆的关系，决定国家的未来和战略走向。

海洋国家是与大陆国家相对应的地缘政治学名词。对有些国家来说，仅从地理上划分这两者很难，例如中国、俄罗斯、美国等国家，既有辽阔的陆地疆土，也有漫长的海岸线。从地缘政治学的角度说，往往把缺乏资源、易受海上封锁打击、安全性脆弱、生存依赖自由开放的国际环境的国家称为"海洋国家"。而"岛国"虽然在地理上符合海洋国家的定义，但从地缘政治学的角度看，是指封闭、内向、缺乏国际感觉的国家，如同日语"岛国根性"一词的含义。正因如此，日本一些研究海洋国家战略的学者提出日本应将从"岛国"走向"海洋国家"作为国家战略的指向。①

在二战结束之前，日本虽有成为海洋国家的思想，但未对其国家战略产生决定性的影响。江户时代，日本实行锁国政策，只留长崎一港与中国、荷兰进行有限贸易，称之为"岛国"并不为过。江户末期，日本感受到西方列强的海上威胁，朝野出现加强海防的意见，即"海防论"，著名的有林子平的《海国兵谈》、本多利明的《经世秘策》和佐藤信渊的《防海策》等，再后则有佐久间象山的《海防八策》。作为国家应对来自海上安全威胁的自然反应，幕府开始筹建海军。明治维新时以天皇名义公布的《五条誓文》中有"开拓万里波涛，布国威于四方"的国家宣示，日本进一步发展海军力量，扶植政商资本提高海上交通运输能力，并于1874年侵略台湾，对海外采取军事行动。与此同时，日本推行殖产兴业政策，发展近代工商业和海外贸易，积极参与国际竞争和扩展海外利益。1890年，时任首相山县有朋在第一次帝国议会上的施政演说中提出，不仅要保卫生命线，还要确保对利

① 如高坂正尧论述日本应从英国历史中汲取经验，从岛国发展为海洋国家。参见高坂正尧「海洋国家日本の構想」、『高坂正尧著作集』（第一卷）、156–170页。另有著作参见伊藤憲一監修『21世紀日本の大戦略—島国から海洋国家へ—』、フォレスト出版株式会社、2000年。

益线的影响力。① 值得注意的是，山县有朋出身陆军，提出要确保对利益线
的影响就要扩大海军，反映了日本国家战略对海洋的重视。甲午战争后
"三国干涉还辽"，使日本备感"屈辱"，为与列强争夺中国，日本掀起扩张
海军的狂热。但此阶段的"海军扩张论"和"贸易国家论"并没有把日本
引向海洋国家的发展道路，为了争夺在中国和朝鲜的利益，日俄间爆发了战
争。日本虽然取得胜利，却深陷大陆，距离海洋国家的道路渐行渐远。维护
在大陆获得的巨大侵略利益成为日本的国家目标，陆军对国家政治的发言权
上升。② 此后，石桥湛山等人根据贸易统计的结果提出"小日本主义"思
想，认为通过国际贸易获取的利益远胜于从殖民地掠夺的财富，主张放弃殖
民地，反对"大日本主义"。③ 但这种"贸易国家论"的主张在对大陆扩张
的野心日益膨胀的形势下得不到正常发展，"九一八事变"后日本侵占中国
东北，进而发动全面侵华战争。④ 日本近代史表明，东亚地缘政治现实使日
本从挑战华夷秩序开始走上争霸东亚的道路，对大陆进行侵略扩张和殖民掠
夺的动能远远超过通过正当国际贸易积累财富的努力。

　　战后，国际秩序和地缘政治现实使日本将目光转向"海洋国家论"。最
早运用"海洋国家论"阐明国家定位和国家战略且最有影响的是高坂正尧。
他在《中央公论》1964 年 9 月号上发表的《海洋国家日本的构想》中，集
中阐述了他的海洋国家思想。文章要点如下。其一，日本迫切需要解决的问
题是在经济取得惊人成就的同时迷失了前进目标。其二，难以确定国家目标
与"日本难以做出国际政治定位"有关。日本既非东洋也非西洋，所以产
生"脱亚"和"即亚"的苦闷。其三，战后日本受美国军事保护，全力发
展经济，独立的军事努力既无必要也无意义。但中国综合国力迅速提高，日
本再度面临在东洋和西洋之间做出选择的烦恼，面对对美从属或对华从属的
困境，只能加强自身力量。其四，要从英国历史中吸取教训。英国是海洋国

---

① 大久保利謙編『近代史史料』、吉川弘文館、1965 年、190 - 191 頁。

② 北岡伸一『日本陸軍と大陸政策』、東京大学出版会、1978 年。

③ 石橋湛山「大日本主義の幻想」、松尾尊兊編『石橋湛山評論集』、岩波書店、1984 年。最
近关于石桥湛山反对大日本主义的评论可参见猪木武徳「『植民地は放棄せよ』『外交は損得
勘定で』…ポピュリズムに抗した石橋湛山」、『産経新聞』2017 年 7 月 17 日。

④ 关于近代日本试图向海洋国家发展的历史，参见北岡伸一「海洋国家日本の戦略—福沢諭吉
から吉田茂—」、防衛庁防衛研究所『戦争史研究国際フォーラム報告書第 2 回』、防衛省、
2004 年。

家，海外贸易造就其伟大。更重要的是，英国虽处欧洲一侧，却在欧洲之外寻求活动舞台。中国复兴后，日本成就伟大的方法是不与中国保持同一性，而是要发挥与中国的不同之处，在既非东洋也非西洋的立场上谋求生存；必须与中国在政治上和经济上保持友好关系，也要认识到与东洋相邻而采取独立立场的复杂性和艰难程度。其五，英国的经验是一方面关注大陆，采取谨慎的外交政策，另一方面把国民引向关心海洋的方向上来。英国之所以成为海洋国家，是"英雄"的冒险商人和谨慎的（维多利亚）女王相结合的结果，而这正是日本所缺少并且现在仍然缺少的素质。其六，战后在防卫和外交上依赖美国而集中力量发展经济的代价是日本正在成为"岛国"。日本统治者和全体国民的视野狭窄，既未注意对外开放也无政策支持。在美国保护伞下尚可安之若素，若保护伞失效就会成为问题。日本作为海洋国家必须拥有独立的力量，否则就会陷入在对美从属或对华从属中做出选择的困境。[①]其七，为成为海洋国家，日本要恢复广阔的视野、有宏大的构想力，思考十年后的世界政治将以何种力量为核心展开，制定长期的政策。

高坂提出的海洋国家构想方案包括：

首先是安全保障问题。通过外交方式减少对方的侵略意图，但缺少抑制力就不可能完全消除对方的侵略意图，因此要有必要和有效的最低限度军备，实现自主防卫。对于日美关系，要大幅度削弱与美国的军事关系，保持一定限度的联系，以恢复外交能力，并在必要时能够增强抑制力。与美国保持某种程度的军事联系，理由有三：一是日美军事合作是日本保持"力量均衡"政策的一部分，日本不可能也不想从根本上改变这一政策；二是日本若采取既非东洋也非西洋的立场，就必须与远方的力量保持更牢固的联系，而与近处的力量保持均衡；三是日本安全保障政策的基础是对海洋的支配，而今天世界海洋处于美国的支配之下，但美军基地应撤出日本本土，日美可以学习苏联和芬兰之间的条约关系。

其次，安全保障问题始终具有消极的意义，重要的是日本要有应对今后世界政治变化的积极政策，成为对外开放的国家。政府应采取的政策有二：一是调整和支持对外开放政策，努力使国民关注国外，鼓励国民前往外部世界，通过发展贸易，培育国民的营商能力和活力；二是必须在理解今后世界

---

① 参见高坂正尭「海洋国家日本の構想」、『高坂正尭著作集』（第一卷）、133 頁。

政治动向的基础上制定长期政策，为国民开创未来。①

　　将高坂正尧海洋国家构想的主要观点不厌其烦地整理如上，是希望完整地理解其"海洋国家论"。应该说，这是第一次较完整地阐述了日本的海洋国家构想。从中可以清楚地看到，高坂正尧海洋国家构想的主导思想是民族主义，是为了日本不依附于中美等大国而保持其独立性来生存、发展以至变得伟大。在这里看不到日本再向大陆发展的思想，相反要与中国保持距离，中国的复兴使日本不得不重新思考自己的国家定位和国家战略。可以说，战后世界政治经济秩序的形成和中国的复兴所带来的东亚国际关系变化，使日本不再局限于华夷秩序地缘政治观，其国家战略指导思想发生了重大变化。高坂正尧的思想对日本以后的海洋国家构想和外交战略产生了深远影响。此后，日本对海洋国家的研究日渐发展，特别是冷战结束以后，中国迅速崛起，强调海洋国家属性的外交、安全战略成为日本国际关系研究领域的热点课题。在这些研究中，很多都可以看到高坂正尧思想的影响。举个最近的例子，高坂正尧认为，海洋国家的地缘政治属性决定日本要与远方的力量保持牢固的联系，而与近处的力量保持均衡，当前有影响的国际政治学者五百旗头真就提出，日本与中美之间的关系要形成"日美同盟＋日中协调"② 的模式，从中可看到两者存在某种思想上的联系和共鸣。

　　近年较系统阐述日本海洋国家构想的成果不少，有代表性的是2006年中曾根康弘创办的世界和平研究所发表的研究报告《海洋国家日本的安全保障——21世纪日本的国家构想》③。该报告由星山隆撰写，可以将其视为高坂正尧《海洋国家日本的构想》发表40年后日本国内对新形势下海洋国家构想的修订和总结。在这之前，世界和平研究所发表的《21世纪日本的国家构想》报告中提出，"要制定海洋国家明确的国家战略，完善适应海洋国家发展的基础"。④ 星山隆的报告从适应时代变化和地缘政治学特点出发，总结和提出作为海洋国家的日本必须具备的资质——避免战争、开放精神、

---

① 参见高坂正尧「海洋国家日本の構想」、『高坂正尧著作集』（第一卷）、都市出版株式会社、1998年。

② 五百旗頭真「『日米同盟＋日中協商』再論」、『毎日新聞』2010年10月24日。

③ 星山隆『海洋国家日本の安全保障—21世紀の日本の国家像を求めて—』、財団法人世界平和研究所、2006年。

④ 『21世紀の日本の国家像について』、財団法人世界平和研究所、2006年9月5日、4頁。

积极参与国际秩序构建、文化自豪感、独立外交、保卫海洋、综合海洋政策、宏大的视野与构想力、强大的领导力。这份报告主要从安全角度论证了日本的国家构想，与高坂正尧的文章相比有以下几方面创新。第一，强调综合安全。这是20世纪80年代初日本提出的新安全理念，报告特别重视21世纪综合安全领域的新变化。主要包括：中国综合国力提高，中日关系龃龉不断；核扩散、恐怖主义和地区纷争；非传统安全威胁；对安全保障投入不足；南北问题和南南问题；安全问题凸显了国家责任；非政府组织的影响扩大。报告建议政府要在以下方面加强施策：参与构建国际秩序、限制大规模杀伤性武器及相关技术、加强情报收集能力和安保意识、发展安保相关产业。第二，在应对个别安全问题上，强调要加强日美安全同盟。这重复了高坂正尧的观点，并认为日美之间除安全同盟外，还有共同的长期目标和价值观；同时要完善防卫力量和拥有集体自卫权，加强政府开发援助和保证粮食、能源安全。第三，在国家作用和海洋政策方面，要加强国家在制定和执行海洋政策中的作用。报告强调要积极参与国际秩序构建和加强安全自助能力，加强同邻国的关系。星山隆报告的突出变化是，把中国综合国力迅速提高后中日关系的变化作为影响日本安全的首要因素，虽然报告也提出要发展同中国的关系，但更强调要参与构建国际秩序和加强联盟关系，特别是加强日美同盟。星山隆的报告集中反映了在东亚形势发生重大变化的今天，日本海洋国家战略的新思考和新构想。

（三）日本国家战略的指导理论

近年来日本的外交政策表明，"海洋国家论"已经成为其国家战略和对外战略的指导理论，建立海洋国家联盟是应对东亚地缘政治变化的重要对策。日本学者渡边利夫认为，日本历史上的两次与海洋国家结盟，即1902年的日英同盟和1951年的日美同盟，都使日本获益匪浅，而在日英同盟废除之后到日美同盟缔结之前的30年间，日本却屡犯错误、屡遭失败，所以和强大的海洋霸权国家美国结盟是已为历史证明的正确选择。[①] 日本学术界和外交智库进而提出将亚洲太平洋地区扩展为印度洋—太平洋地区，构建海

① 渡辺利夫「海洋国家同盟論再論—日本の選択—」、『環太平洋ビジネス情報』第28号、2008年、11–12頁。

洋亚洲与大陆亚洲的对立格局，实际上是谋划建立海洋国家联盟、制约中国的发展。① 这似乎让人们又看到了海权和陆权的对立以及斯皮克曼"边缘地带"理论以某种形式复活。人们开始质疑，日本是否试图借"海洋国家论"重新煽起新的地缘政治对抗？而在外交实践中，日本近年提出的"自由繁荣之弧"设想和建立以日美澳印"钻石同盟"为基础的"印太构想"，表明在"海洋国家论"思想指导下日本的外交安全战略正在发生重大调整。

根据以上考察可以得出几点认识：日本把海洋国家作为国家定位表明，战后形成的国际政治经济秩序为其发展提供了比战前更广的空间和更多的选择性，对东亚的依赖程度相对下降；地缘政治关系决定日本与东亚大陆既保持密切联系，又要保持相对独立（高坂正尧称日本是东洋的"别墅"②）；中国复兴带来东亚地缘政治环境的改变，使日本重新思考其国家定位，并要发挥与之相应的独特作用。

五 日美同盟的特殊性

如前所述，二战后引发日本民族主义的一个重要原因是日美双方在同盟中的地位不平等，表明日美同盟具有特殊性。这种特殊性源自日美同盟形成之时，但在其后的两国关系中，日本对美国的依赖又使不平等关系延续下来，成为影响其国家战略的重要因素。

（一）联盟的一般理论

日美同盟是对亚太地区影响深远的战略联盟，其形成和演变同样遵循联盟的一般规律。

根据联盟理论，在无政府状态的国际社会，联盟是维护国家安全的重要方式之一。联盟理论的基础是均势理论，无论强国、弱国，面对威胁时，为了自身安全都可能与他国结成联盟，以获得与威胁一方对等或超越对方的能力，所以，应对威胁是缔结联盟最常见、最基本的原因。汉斯·摩根索

---

① 白石隆『海洋アジア VS 大陸アジア 日本の国家戦略を考える』、ミネルヴァ書房、2016年。
② 高坂正尭「海洋国家日本の構想」、『高坂正尭著作集』（第一巻）、137 – 144 頁。

（Hans J. Morgenthau）说："历史上权力均衡最重要的表现，并不是两个单一国家之间的平衡，而是一个国家或一个联盟与另一个联盟之间的关系。""在多国体系中，联盟必然具有平衡权力的功能。"① 作为冷战产物的日美同盟也不例外。美国通过缔结《日美安全条约》，把日本列岛变成其在东方"遏制"社会主义阵营的前沿。冷战结束后，日美同盟转向应对东亚地区"存在的不安定性及不确定性"威胁②。无论冷战时期还是冷战后，日美同盟都是保证美国对东亚地区有效参与的支柱，是重要的政治、军事联盟。

但是，联盟的结成、性质，联盟中各方的地位、作用有很大差异，对联盟的演变和归趋以及结盟各方的政策都会产生影响。斯蒂芬·沃尔特（Stephen Walt）将结盟的原因总结为几种类型：一是制衡，国家结盟以对抗外来威胁；二是追随，国家与外来威胁国结盟；三是意识形态，拥有共同意识形态的国家结盟；四是援助，与提供援助的国家结盟；五是操控，与进行渗透并操纵其国内政治的国家结盟。③ 汉斯·摩根索认为，即使为某种共同利益结成的联盟也可按不同标准区分："它们内在的性质和关系；利益和权力的分配状况；它们在有关国家的利益总和中的比重；它们持续时间的长短；它们对在形成共同政策和行动时的有效程度。我们进而可以把联盟划分为三类：利益和政策完全一致的联盟；利益和政策互补的联盟；利益和政策属于意识形态的联盟。我们还可以进一步把联盟区分为相互的和单方面的，全面的和有限的，暂时的和永久的，以及有效的和无效的。"④ 在联盟组成后，盟国之间也会因利益和目标的变动而产生矛盾与分歧，而且"典型的联盟总是建立在时常变动的、歧见纷呈的利益和目标的基础之上。联盟是否有效，能在多长时间内有效，要看支撑联盟的缔约国的利益与缔约国的其他利益相比孰大孰小。一个联盟无论在范围上多么有限，它的价值和可能性都

---

① 〔美〕汉斯·摩根索：《国家间政治：权力斗争与和平》（第七版），徐昕、郝望、李保平译，王缉思校，北京：北京大学出版社，2006年，第219页。

② 参见「日米安全保障共同宣言—21世紀に向けての同盟—」、1996年4月17日；『外交青書』、1997年、第一部、I 资料。

③ 参见 Stephen Walt, *The Origins of Alliances*, Ithaca：Cornell University Press, 1987, pp. 17 - 49；于铁军《国际政治中的同盟理论：进展与争论》，《欧洲》1999年第5期，第20页；汪伟民《联盟理论与美国的联盟战略——以美日、美韩联盟为例》，北京：世界知识出版社，2007年，第56页。

④ 〔美〕汉斯·摩根索：《国家间政治：权力斗争与和平》（第七版），第221页。

必须放在联盟可望从中发挥作用的总政策的背景下加以考察"。① 随着时间的推移和形势变化，盟国对联盟价值的重新评估结果往往造成"联盟安全困境"，即背信弃义和再结盟。②

（二）日美同盟的特殊性与日本民族主义

用联盟的一般理论衡量，日美同盟的形成和演变具有特殊性。战后日美关系的起点是美国作为反法西斯战争的战胜者实施对日占领。这种战胜国和战败国的缔盟本身就包含着不平等因素。如曾任日本驻美大使的村田良平所说，日美缔盟的目的是让占领日本的美军继续使用日本国内的基地合法化。旧金山媾和后，日本虽然在名义上恢复了主权，但日美关系的基本结构没有变化。作为冷战时期"遏制"战略的重要一环，日美同盟不过是将美军的对日占领长期化，《日美安全条约》的不平等性决定了战后日美关系的主从结构，③ 也成为日美关系的基本矛盾。在结盟初期，日美关系是复杂的。美国是战胜国、援助国，日本是战败国、受援国。美国推动日本民主改革和经济重建，共同抵御所谓的"东方威胁"。对于日本来说，此时的美国虽然不是外来威胁，但日本处于相对弱势和被动地位，所受影响之大不言而喻。日美同盟包括了斯蒂芬·沃尔特所说的制衡、追随、意识形态、援助和操控等几种结盟原因；在承担的责任上，也是单向的由美国向日本提供保护。

随着日本国内外形势变化和经济恢复，民族主义与日美同盟的矛盾日益突出，国内保守力量和革新力量都反对不平等的日美关系。1960年1月，经过一年零三个月的修改安保条约磋商之后，日美在华盛顿签署新《日美安全条约》。在新条约中，美国承认有为日本提供安全防卫的义务，这与在日本租借基地是一种相互交换的关系，承认日美之间在安全问题上有进行协商的必要性，并删除了旧条约中刺激日本民族主义的部分条款，使条约在形式上符合主权国家的平等关系。日美能就修改条约达成协议是因为这一时期

---

① 〔美〕汉斯·摩根索：《国家间政治：权力斗争与和平》（第七版），第223页。

② 格伦·斯奈德的"联盟困境理论"及其分析，参见汪伟民《联盟理论与美国的联盟战略——以美日、美韩联盟为例》，第67～69页。

③ 五十嵐武士『日米関係と東アジア』、東京大学出版会、1999年、95－99页；另外，还可参见『村田良平回想録』、孫引き山根隆志「『日米同盟第一』を根本から転換すべき」（上）、『前衛』第4号、2017年、27页。

日本国内政治趋于稳定、经济步入复兴轨道，加入联合国，日苏也恢复邦交，这使美国认为日本正在逐渐降低对美依赖程度，若坚持被日本舆论认为不平等的安保条约就会促使日本脱离日美安保轨道，走上中立主义道路。为了保证"遏制"战略不破局，美国甚至是主动地迎合日本的要求，对两国关系进行了必要的调整。①

但修改后的新条约并未实质性改变同盟的不平等性和日本对美国的从属性，日本对此仍难以释怀。新条约修订后，日本长时间不使用"日美同盟"一词。日本在与美国的关系中首次使用"同盟"一词是1979年5月大平首相访美时，提到"与同盟国美国的紧密而富有成果的伙伴关系"；而"同盟"出现在日本政府正式文件中，则是在1981年铃木首相和里根总统举行首脑会谈后发表的联合声明，其时已是1951年《日美安全条约》签订30年和1960年条约修订20年之后了。② 日本之所以在此时公开承认日美同盟，除了因为在国际上苏联入侵阿富汗、美苏争夺加剧，在日本国内"苏联威胁论"上升、社会党和公明党对安保条约和自卫队的态度有所变化外，更重要的是经过经济高速增长和渡过两次石油危机后，日本已成为西方国家中的第二大经济体，有胆量和实力要求与美国平起平坐，承担更多的责任，特别是军事责任。随后成立的中曾根政府因民族主义色彩强烈而著称。1983年1月中曾根首相访美，在与里根总统会谈时提出要结成"日美命运共同体"，承诺要把日本列岛变成"不沉的航空母舰"，承担封锁日本海峡和保卫一千海里海上航线的任务。日本还加强军备，制定《中期防卫力量整备计划》，废除三木政府制定的军费不超过国民生产总值（GNP）1%的限制。日本学术界认为，至此，日美同盟才进入实质化阶段。③

日本民族主义的再次上升是在冷战结束以后。"苏联威胁"消失，日美经济摩擦加剧，而日本在泡沫经济期间繁荣程度比肩美欧，日本社会出现关于同盟必要性的质疑之声，日美关系前途不明。直到1996年4月，桥本首相和克林顿总统发表《日美安全保障联合宣言——面向21世纪的同盟》，宣称日美安全合作要"继续成为维持亚太地区面向21世纪的稳定和繁荣形

---

① 〔日〕五百旗头真主编《新版战后日本外交史（1945~2005）》，第75~80页。

② 山根隆志「『日米同盟第一』を根本から転換すべき」（上）、『前衛』第4号、2017年、28 - 29頁。

③ 〔日〕五百旗头真主编《新版战后日本外交史（1945~2005）》，第152页。

势的基础"，① 完成了冷战后对同盟的改造。但这同样没有解决同盟的不平等问题。冷战后东亚经济快速发展和地区合作机制化日益成熟，日本将对外战略重心转向亚洲的趋势日渐明显，"脱美入亚"和"伴美入亚"成为新的战略选项。为了应对日本民族主义上升和对外政策可能偏离美国东亚政策的轨道，美国跨党派研究小组于 2000 年 10 月发表《美国与日本：走向成熟的伙伴关系》的研究报告，重新评估美日关系，认为美国必须重视和加强美日同盟关系，否则无法保证美国在亚太地区的利益。报告建议调整对日政策的一个重要原因是日本的独立性增强，难以忍受美国的支配，两国政治、经济关系龃龉不断，在朝鲜半岛问题、驻日美军、双边贸易等方面意见分歧加大，对话效果不佳。② 此后，为应对东亚局势变化，该研究小组又于 2007年、2012 年和 2018 年发表研究报告，建议加强日本在地区安全中的作用。

　　由于美强日弱，日美关系一直表现为美主日从，这同日本在经济、政治、安全上对美依赖有关，当然也可以看作同盟双方利益、政策一致。在安全上，日本主要依靠美国的核保护伞和驻日美军提供安全保证。日本的防卫大纲阐述其防卫方针主要有三个方面：依靠日美安全合作、与其他国家的双边和多边合作、提高本国防卫能力。近年日本强调发挥后两者的作用，但日美同盟仍是其安全的主要依靠，③ 因此日本需要保持日美关系稳定，以保证美国履行对日本的安全承诺。在经济上，美国是日本主要的贸易对象国。在2006 年以前美国是日本第一位的贸易伙伴国，对美贸易额约占日本进出口贸易额的 1/5，但从 2007 年开始中国占据了第一位。④ 然而，从进出口商品结构上看，特别是日本对美出口商品中高科技、高附加值的工业产品的比例要远远大于中日贸易中的占比，日美贸易对于日本经济的重要性不言自明。日美

---

① 参见「日米安全保障共同宣言—21 世紀に向けての同盟—」、1996 年 4 月 17 日；『外交青書』、1997 年、第一部、I 资料。
② 报告建议重视和加强美日同盟的其他几个原因是：（1）美国国内认为 21 世纪亚太地区安全形势"不确定性"增长；（2）重新认识日本的潜力，认为日本是亚洲和世界政治的主要角色，并未走向衰退；（3）重新认识日本作用，认为日本扩大经济、政治、安全作用与美国的利益并不矛盾；（4）美日同盟中存在的问题要求重视对日关系。参见 Institute for National Strategic Studies National Defense University, "The United States and Japan: Advancing Toward a Mature Partnership", INSS Special Report, October 2000。
③ 参见日本历次防卫大纲和历年《防卫白皮书》阐述的防卫方针。
④ 『貿易相手国上位 10 カ国の推移（輸出入総額：年ベース）』、税関サイト、http://www.customs.go.jp/toukei/suii/html/data/y3.pdf。

经济摩擦经常发生，也多在日本的让步下得到解决。在政治和外交上，冷战时期日本唯美国马首是瞻，冷战结束后日本要求有更多的外交自主性，提出"有志向的外交""积极和平主义"等外交口号，但实际并未逾越美国的战略框架。"阿米蒂奇报告"说："日本要求外交政策的独立性，并未构成美国外交的障碍。实际上美日几乎在所有的外交目标上都相同，两国拥有许多共同的利害。"

（三）对日美同盟政治危机的分析

日美同盟的不平等性不仅体现在日本对美国的依赖性上，而且体现在双方一直存在控制与反控制的关系。日本经济实力和科技能力提高后，自主性也提高了，双方关系更加微妙。

在冷战时期，美国要求日本重整军备，但禁止其发展攻击性武器和远程投送能力，特别是限制其发展核武装，驻日美军的一个重要作用就是抑制日本重蹈军国主义道路。1971 年基辛格访华时对周恩来总理说："我们同日本的防御关系，可以使日本不实行侵略政策。""美国的完全撤军或在这一地区错用武力，都会重新点燃日本的好战性，给我们所有人带来极大的危险。"[1] 基辛格的解释当然是为美日同盟辩护，但同盟也确有抑制日本的作用。20 世纪 80 年代担任冲绳海军陆战队司令的亨利·斯塔克波尔表示："美国在日本驻军能够起到防止日本成为军事大国的'瓶盖'[2] 作用。"[3] 冷战结束后，基辛格继续主张其观点："倘若亚洲没有美国的军事存在，日本会越来越倾向于依据本国的好恶推行其安全和外交政策。日本与美国共同制定政策时，日本发展成为一个自主的军事大国的努力不仅会受到限制，而且被置于一种战略框架之内，日本扩军对亚洲其他国家的影响也要小得多。"[4] 美国一方面要求日本在军事上配合其东亚战略，另一方面密切关注日本的政治军事走向并保持着影响。例如，美国对日本在历史问题上的错误认识和缺

---

[1] 转引自张静《周恩来与基辛格 1971 年密谈中的台湾问题及日本因素——基于美国揭秘档案的考察》，《党的文献》2013 年第 2 期，第 54～55 页。

[2] 源于阿拉伯民间故事集《一千零一夜》中渔夫与魔鬼的故事，所罗门将魔鬼装入铜瓶，用锡封住并盖上印，不让魔鬼出来。

[3] 《日媒：美国转向中国不想保护日本把日视为敌国》，环球网，2014 年 6 月 25 日，http：//mil. huanqiu. com/observation/2014 - 06/5034779. html。

[4] 〔美〕亨利·基辛格：《基辛格：美国的全球战略》，胡利平、凌建平等译，海口：海南出版社，2012 年，第 114～115 页。

乏反省态度给予过严肃批判。对于日本国内有势力要修改"河野谈话"，美国前驻日大使希弗称"这将大大损害日本在美国的利益"，指出美国多数人对该问题持严厉态度。① 美国政府虽然避免直接批评安倍政府，但对日本国内否定慰安妇历史的言论也传达了会密切关注相关言行的信号。② 《纽约时报》发表社论，痛批日本右派政治势力否认慰安妇历史事实和展开"恐吓运动"，认为安倍政府迎合要求修改历史的势力是在"玩火"。③ 对日本寻求独立的倾向，美国并不手软，日本也并未越雷池一步。1997 年亚洲金融危机发生后，日本提出建立"亚洲货币基金"的"宫泽构想"，但因美国担心这会危及美元地位而最终作罢；在东亚"10 + 3"的合作基础上，日本主张"10 + 6"机制，力邀美国等域外国家参与合作，除为削弱中国的影响外，也是避免有排斥美国的嫌疑。

　　日美之间也出现过"联盟政治危机"。既然联盟是因共同威胁和共同利益结成，那么一旦对威胁和利益的认识发生变化，出现危机以至解体也并不奇怪。预言日美同盟解体固然为时过早，但危机确实发生过。日美同盟危机来自两个方面：一是两国实力变化的影响；二是因外部国际环境变化，两国对威胁和利益的认知产生差异。前者如前所述，日本实力增强，要求在同盟中有更大的自主性，美国为了维持同盟不得不在一定程度上满足其民族主义要求。这也迫使美国在冷战后下决心改善美日关系。基辛格说："美国外交政策的一个关键目标是必须在日本的政治及军事力量形成气候之前，与日本建立更广泛的政治关系。""必须给予日美双边政治对话以及外交政策方面的协调新的内容，尤其是在亚洲。"④ 因后者引发的日美同盟危机已有多次，经常被提及的是冷战时期的"尼克松冲击"，也称"越顶外交"。美国直到公布尼克松访华消息前才通知日本，使日本措手不及。"越顶外交"并未对日美关系造成实质影响，但对日本产生的心理影响十分深远，成为担心美国会为自身利益而忽视和抛弃日本的代名词。日美经济摩擦和苏联解体后，双

---

① 《前美国驻日大使称修改河野谈话将损害日本在美利益》，共同网，2013 年 5 月 4 日，http：//china. kyodonews. jp/news/2013/05/51586. html。
② 《美国谴责桥下"慰安妇"言论为安倍政府敲响警钟》，共同网，2013 年 5 月 17 日，http：//china. kyodonews. jp/news/2013/05/52340. html。
③ 《纽约时报社论痛批日本历史修正主义倾向》，共同网，2014 年 12 月 5 日，http：//china. kyodonews. jp/news/2014/12/87783. html。
④ 〔美〕亨利·基辛格：《基辛格：美国的全球战略》，第 114 ~ 115 页。

方对世界形势认识的差异使同盟再度陷入危机，美国出现"日本经济异质论"和"敲打日本"的论调，日本也以《日本可以说"不"》一书为代表对美国的对日批评展开反击。20 世纪 90 年代初的同盟危机最终以双方对亚太安全形势的认知取得一致而化解，但冷战结束使日美关系面临若干新难题也是不争的事实。① 其中具有讽刺意义的是，中国综合国力的迅速提高成为日美同盟不稳定的新因素。对于日本来说，中国综合国力提高带来的东亚变化使其面临高坂正尧指出的在中美之间选择的两难。小泉纯一郎和鸠山由纪夫两届政府都提出了"东亚共同体"构想，虽然两者在对待域外国家美国的态度上略有差别，后者更接近于"回归亚洲"，但都是意识到中国综合国力提高和东亚未来而预先做准备的战略调整。② 这种排除美国的区域共同体无疑是美国所不愿意看到的，鸠山因冲绳基地搬迁问题而辞职，其中不能不说也有美国并不乐见其推动"东亚共同体"构想的原因。

（四）日美同盟中的"中国因素"

无论愿意与否，"中国因素"对日美同盟的影响越来越明显。对于日本来说，一方面想与中国保持稳定的关系，另一方面在历史问题和领土问题上又不愿改正错误立场，难以与中国建立互信，反而更加依赖美国才能提高其对华外交信心。小泉纯一郎曾说道："我始终如一的立场是，日美关系越紧密越亲近，与中国、韩国等亚洲国家和国际社会建立良好关系的可能性就越大。"③ 这种在日美关系的基础上开展对华外交和亚洲外交的思想在日本外交界占支配地位，中日关系紧张时日本更要拉美国撑腰。在钓鱼岛争端中，日本接连要求美国表态钓鱼岛属于《日美安全条约》保护范围即是一例。而美国的东亚政策稍有风吹草动，日本便惶惶然不可终日。特朗普政府对外政策的不确定性，使日本国内"自主防卫"的声浪高涨，同时极力设法把美国留在亚洲，因为对日本来说，现时没有可以替代日美同盟的选项。④ 奥

① 〔日〕五百旗头真主编《新版战后日本外交史（1945～2005）》，第 173 页。
② 参见孙承《日本的东亚共同体设想评析》，《国际问题研究》2002 年第 5 期；孙承《从小泉内阁到鸠山内阁的东亚共同体构想》，载王洛林、张季风主编《日本经济蓝皮书：日本经济与中日经贸关系发展报告（2011）》，北京：社会科学文献出版社，2011 年。
③ 《小泉：美军的存在使日本人民"享受了和平"》，新华网，2005 年 11 月 17 日，http：//news. xinhuanet. com/world/2005－11/17/content_ 3794438_ 1. htm。
④ 中山俊宏「トランプ時代の日米関係」、『国際問題』2017 年 7/8 月号、1－4 頁。

巴马政府的"亚太再平衡"政策和特朗普的"美国优先"政策，反映了美国东亚政策的变化，尽管两者在参与亚太事务的力度上有所区别，但对日本来说都预示着新机会。因为美国对亚太地区的参与离不开日本，这有助于加强日美同盟；如果美国采取相对孤立的政策，也同样要倚重日本发挥盟友的作用，但日本的自由度会更大些，可以采取更积极、自主的政策。这也预示日本此后的国家战略可能有两种选择。说明这一问题的典型例子是日本对待"跨太平洋伙伴关系协定"（TPP）的态度。一种选择如"阿米蒂奇报告"所反映的思想，美国希望更大程度地利用日本以维持对东亚的参与和影响，而日本也迎合美国的政策，借此加强日美同盟，应对中国不断增长的影响，甚至一反在关税问题上的传统立场，不顾地方和农村的反对而积极参与TPP谈判，企图借此建立由日美主导的贸易体制，置中国于不利地位。而当特朗普政府宣布退出TPP后，日本在沮丧之余挑起继续推进谈判的重担，使TPP起死回生，并希望特朗普回心转意。日本判断特朗普的政策是为应对国内问题而在亚太地区采取收缩态势，其主动在外交、安全领域举起意识形态大旗，积极发展双边和多边合作，弥补美国亚太战略收缩可能出现的"安全空白"。在防卫政策上，日本为加强日美安全合作不断修改法案，2015年又通过《安全保障相关法案》，扩大政府裁量允许自卫队开展海外活动的幅度，打通了行使集体自卫权的道路，使自卫队可以在全球范围内配合美军行动。日本保守政权在对外政策上全面配合美国的亚太战略，说明在应对东亚局势变化上日美存在共同利益，双方政策的互补性和协调性加强，已经超过了冷战时期。

但中美关系也成为困扰日本的因素。日本对"特朗普现象"导致美国国际影响力下降是否预示今后中美力量平衡会被打破而感到忧心忡忡，认为日本必须采取对策，否则会因与美国的同盟关系越紧密而受到越重的打击。[1] 对美国来说，中国综合国力的提高固然意味着一个新的竞争对手的出现，但也不无可能出现布热津斯基所分析的局面："力量锐降的美国不得不需要把在地区内发挥主导作用的中国作为盟友，甚至最终需要把具有全球实

① 田久保忠衞「一帯一路進める中国、米国は衰退？壮大な『歴史の実験』が始まった」、『産経新聞』2017年8月22日。

力的中国当作伙伴"。① 如果出现这种局面，日美同盟的作用将下降或有名无实。在全球化时代，中美关系有对抗也有合作，合作大于对抗。奥巴马政府在提出"亚太再平衡"战略之前，也希望加强与中国的合作，美国学界和舆论提出"中美国"（Chimerica）设想。不管如何解读这一设想，两国联系不断深化是不可否认的基本事实。特朗普政府成立后美国重申对日美同盟的承诺，也加强了同中国在朝鲜核问题等地区事务上的协作。中美关系的变化表明，中国谋求和平发展，中美两国不一定是"零和"关系。而安倍政府也在根据特朗普政府的亚太政策来调整对华外交，反映出中美日三角关系进入新一轮调整周期。对于亚太地区新的力量变化和日本的选择，基辛格认为："在又一个历史关键时刻，日本正着手重新确立它在国际秩序中更广泛的作用"。"日本的分析将着眼于三个选项：继续依赖与美国的盟国关系、适应中国的崛起、采取更加自主的外交政策。三个选项中日本最终会选哪一个，抑或把三者相结合，取决于日本对全球力量均势的估计，而不是美国向它做出的形式上的保证，也取决于日本对事态发展的基本趋势的看法。如果日本看到它所在的地区或全世界正在出现新的力量布局，就会根据自己对现实的判断，而非传统的同盟关系，设法加强自己的安全。"② 基辛格这段话提出了其对日本外交选择三个值得注意的判断：日本将进一步提高外交自主性；日本将根据国际关系变化实行现实主义外交；日美同盟是日本的外交选项之一，而不是唯一选项。基辛格对日美同盟的估计与当前日美关系紧密的现实显然相去甚远，根据联盟理论，如果对威胁和利益的认识发生变化时，对联盟的价值重估并不奇怪。值得注意的是，这一对中美日关系和日本要加强自主性外交的估计，同高坂正尧在《海洋国家日本的构想》中的设计似乎又有暗合之处。上述情况表明，随着中国综合国力日益提高及国际关系的变化，日美同盟也会迎来新的考验。

---

① 〔美〕兹比格纽·布热津斯基：《大棋局——美国的首要地位及其地缘战略》，第 224 ~ 225 页。
② 〔美〕亨利·基辛格：《世界秩序》，胡利平、林华、曹爱菊译，北京：中信出版社，2015 年，第 244 ~ 245 页。

六 结语：当前日本国家战略转换的特点

上述影响日本国家战略的因素可以分为内外两方面，内因是日本特有的历史文化因素和政治经济基础，外因是国际环境和时代因素，内因居主导地位，但两者并非孤立、互不相干，而是相互作用、相互影响。近代以来，时代浪潮和国际环境影响了日本的国家战略选择和政治经济走向，日本在东亚地区扮演了不同角色，留下深远影响。当前世界正面临"百年未有之大变局"，日本也在调整国家战略，再度面临新选择。

（一）保守的民族主义主导日本国家战略的选择

在保守的民族主义主导下，由"吉田主义"向"积极和平主义"转换是日本国家战略的重大调整。在"积极和平主义"战略下，日本对国内外政策进行调整，希望最终"摆脱战后"，成为"正常国家"，保守低调和谦抑务实的对外战略面临考验。但日本国内外的制约条件仍然存在，围绕未来道路的争论还将继续下去。

（二）国际权力转移进程影响日本国家战略的选择

中国综合国力提高和中美关系走向正在改变战后亚洲的国际格局，日本在应对地区格局变化和扩大对美自主性上面临新课题。日本在对美关系上要防范美国在亚洲战略收缩可能造成的冲击；在对华关系上要适应中国综合国力提高的现实，在制约与合作之间寻求平衡。

（三）地缘政治因素为日本调整国家战略提供新方向

"印太构想"和《全面与进步跨太平洋伙伴关系协定》（CPTPP）是在日本推动下产生的地区新机制。日本突出海洋国家的定位，利用地缘政治因素构建国际机制，在加强日美同盟基础上塑造新的地区格局和地区秩序，是在国际权力格局变化中发挥自主性的新途径。

（审校：张耀之）

《日本文论》（总第3辑）

第 171~187 页

© SSAP, 2020

跨境积极主义投资与日本经济
"失去的20年"*

胥　鹏　刘　红　杨玫研**

内容提要： 本文从新的视角关注日本经济衰落的原因，认为主银行的过度信贷支持和僵尸企业拒绝退出市场是日本经济陷入"失去的20年"的主要根源，其中僵尸企业市场退出困难则主要缘于日本缺少来自外部资本市场的压力。索尼等大公司的案例表明，仅仅引入外部董事或高薪引进外国高管等措施并不能提高日本的公司治理绩效，积极的资本市场压力才是可行之道。尽管以美国为首的跨境积极主义投资者在全球金融危机后纷纷进入日本，但日本企业的并购防御措施使其无法在日本公司治理中发挥应有的作用。因此，只有进一步推动日本公司治理改革，加强跨境积极主义投资在其中的作用，才能使僵尸企业顺利从市场退出，进而激发日本经济的活力。

关 键 词： 积极主义投资　僵尸企业　市场退出　公司治理改革

---

* 科学研究費助成事業研究課題「中国経済台頭への対応日本—インドとアセアン—」（编号：17H04550）、「企業統治—赤字事業からの早期退出と稼ぐ力の視点から—」（编号：17H02528）、国家社会科学基金项目"日本新一轮引资政策调整与中国企业对日直接投资增长研究"（编号：17BGJ068）。
** 胥鹏，日本法政大学经济学部教授；刘红，辽宁大学国际关系学院教授、博士生导师；杨玫研，辽宁大学国际关系学院副教授。

自 20 世纪 90 年代以来，学者往往从银行体系和企业退出的角度讨论日本经济衰落问题。众多学者已经指出，问题的关键在于"僵尸企业"的存在，它们在连续亏损之际得到银行系统的信贷支持而摆脱了破产的命运。[①] 具体而言，日本的公司治理以主银行制为主要特征，主银行的不良贷款不断增加时，出于隐藏坏账的动机会不断向僵尸企业"输血"以维持无效经营。然而，自 2000 年以来，尤其是小泉纯一郎改革以后，日本的银行坏账问题得到了较为有效的解决，僵尸企业问题也得到了一定程度的缓解[②]，但日本经济并没有重启增长。

康 (J. K. Kang) 和希夫达萨尼 (A. Shivdasani) 详细比较了 1986 ~ 1990 年经营业绩大幅下滑的日本公司和美国公司的重组情况。结果显示，只有 2.6% 的美国公司扩大生产规模、更新现有生产设施，而日本公司的这一比例高达 27.2%；出售资产的日本公司比例仅为 4.3%，而美国公司的比例达 36.8%；日本公司的裁员率为 17.4%，而美国公司为 31.6%；更为重要的是，36.8% 的美国公司面临来自资本市场的压力，即敌对并购[③] (hostile takeover)，但日本公司的这一比例仅为 0.42%。[④] 上述现象说明，在主银行正常运转的情况下，日本公司即使营业利润大幅下滑，也能够继续扩大生产、进行固定资产投资。这也就意味着当主银行体系运转良好时，日本公司不会主动退出盈利能力不断下滑的领域。施莱弗 (A. Shleifer) 和毗瑟尼 (R. W. Vishny) 也早已指出主银行制的存在使日本企业难以及时退出

---

① 相关研究成果参见 J. Peek and E. S. Rosengren, "Unnatural Selection: Perverse Incentives and the Misallocation of Credit in Japan", *The American Economic Review*, Vol. 95, No. 4, 2005, pp. 1144 - 1166; R. J. Caballero, T. Hoshi and A. K. Kashyap, "Zombie Lending and Depressed Restructuring in Japan", *American Economic Review*, Vol. 98, No. 5, 2008, pp. 1943 - 1977; 星岳雄「なぜ日本は流動性の罠から逃れられないか」、深尾光洋・吉川洋編『ゼロ金利と日本経済』、日本経済新聞社、2000 年、233 - 266 頁; 星岳雄「ゾンビの経済学」、岩本康志・太田誠・二神孝一・松井彰彦編『現代経済学の潮流 2006』、東洋経済新報社、2006 年、41 - 68 頁; 桜川昌哉『金融危機の経済分析』、東京大学出版会、2002 年。
② 福田慎一・中村純一「いわゆる『ゾンビ企業』はいかにして健全化したのか」、日本政策投資銀行設備投資研究所『経済経営研究』第 28 巻、2008 年。
③ "敌对并购"指没有获得被并购公司的经营者同意而进行的并购，也称敌意并购、敌性并购、敌对性并购、恶意并购、恶性并购等。"并购"也称"收购"。
④ J. K. Kang and A. Shivdasani, "Corporate Restructuring during Performance Declines in Japan", *Journal of Financial Economics*, Vol. 46, No. 1, 1997, pp. 29 - 65.

亏损的行业，这与资本市场所发挥的作用形成了鲜明的对比。① 在这一意义上，本文认为，主银行的过度信贷支持和僵尸企业拒绝退出市场是日本经济陷入"失去的 20 年"的主要根源。

本文将以企业退出为视角，通过"跨境积极主义投资"（cross-border shareholder activism）来概述日本的公司治理变革，描述资本市场在其中扮演的重要角色。第一部分以索尼为例，阐述为何引入外部董事或高薪引进外国高管等措施并不能提高日本公司的治理绩效，进而提出存在积极的资本市场压力才是可行之道。第二部分重点讨论在面临资本市场压力即敌对并购威胁时，美国的公司治理从机构投资者积极主义（institutional activism）向对冲基金积极主义（hedge fund activism）转型的问题。第三部分阐述美国跨境积极主义投资者如何进入日本并引发日本企业启动并购防御措施，以及由此对日本公司治理产生的影响。第四部分，综合前文相关研究，提出对中国公司治理改革的启示。

一 日本经济"失去的20年"和资本市场机制

自 20 世纪 90 年代初泡沫经济崩溃，日本经济陷入了长期萧条，经历了"失去的 20 年"。这 20 年间，日本年均国内生产总值（GDP）增长率不到 1%，经济持续低迷导致日本企业的国际竞争力排名也逐年下降。据瑞士洛桑国际管理学院（IMD）每年发布的国际竞争力排名，日本在 20 世纪 90 年代初还排在第 1 位，到 2012 年已下降至第 27 位。② 另外，20 世纪 70 年代至 80 年代末，日本在钢铁、相机、汽车、半导体、液晶显示器、家电和电脑等几乎所有制造业领域都实现了对美国的赶超，以至于美国学者傅高义的《日本第一：对美国的启示》一书问世后，世界（包括美国）上掀起了向日本学习的热潮。然而，该书出版近 15 年后，日本开始走下坡路。1994 年，随着电脑软件和硬件技术的发展，美国突破了日文汉字显示的技术障碍，康柏（Compaq）电脑登陆日本，日本国内的 NEC、富士通等电脑制造商的市

---

① A. Shleifer and R. W. Vishny, "A Survey of Corporate Governance", *Journal of Finance*, Vol. 52, 1997, pp. 737 – 783.

② 《IMD 发布全球竞争力排行 中国排名第 23》，凤凰网，2012 年 5 月 31 日，http: // news. ifeng. com/c/7fcIEe65xbg。

场份额一落千丈；2001 年，iPod 问世，索尼的随身听（Walkman）逐渐无人问津；2007 年，苹果公司推出 iPhone，日本的手机在国际市场上几乎失去存在感。同时，日本的半导体和液晶产品也在市场上输给了韩国。最近，东芝的家电品牌继三洋之后卖给了中国美的公司，小松和日立建机等工程机械生产商在中国的市场份额不断下降，富有竞争力的汽车制造商丰田在未来也可能被特斯拉替代。本文认为，日本企业竞争力不断衰弱，经营业绩大幅下滑，与"失去的 20 年"间日本银行和公司治理改革的滞后有密切联系。简言之，银行与公司治理改革的失败导致了僵尸企业的长期存在，资本市场的失灵使这一问题进一步恶化。同时，这一问题也是日本金融机构和商业实体之间交叉持股带来的恶果。继续向企业的僵尸部门进行无效投资是日本公司治理失败的典型特征，无论是公司内部治理还是机构投资者的制约都无法强迫公司退出亏损的行业。索尼就是最典型的例子。①

2003 年，索尼迅速调整公司内部治理结构，开始采用美国模式的拥有提名委员会的董事会结构，并引入外部董事取代大多数原董事会成员，希望通过分离业务执行部门和监管机构来改善公司内部治理。引入外部董事曾被认为是日本公司治理改革的关键，但就索尼而言，外部董事并未发挥应有的作用。

首先，自 2002 年起就不断有股东要求索尼披露董事个人薪酬，这一提案在 2007 年 6 月的股东大会上得到了 44.4% 的支持率，但最后仍未被接受。随后，日本修订披露有关企业内容的内阁府令，要求日本上市公司披露个人薪酬超过 1 亿日元的高管的薪酬标准以及薪酬期权的行使等相关信息，以便投资者了解公司的重要信息。索尼公司内部的制度改革（如股票期权的引入、外部董事的引入等）均参照美国公司治理模式，但索尼的外部董事未能有效支持股东的诉求。索尼曾经是日本公司治理绩效的佼佼者，也是首家拥有薪酬委员会的企业，在披露高管个人薪酬信息这一问题上本应走在其他公司的前列，但最终结果令人遗憾。

另外，自 2003 年起，索尼公司旗下金融部门的盈利能力不断增强，音乐和影视部门的回报率也有所提高，而电子产品部门的营销收入开始下滑，

---

① 猿山純夫・胥鵬「赤字事業への投資からみた大手電機メーカーの盛衰」、田村晶子編『国際競争力を高める企業の直接投資戦略と貿易』、日本評論社、2017 年。

与金融、音乐和影视部门的利润差距不断扩大。作为一种理性选择,索尼应当退出电子产品部门的生产经营,而将资源转移至盈利能力更强的领域。但是长期以来,索尼的投资项目还是以电子行业为主,只有少量资金流入音乐、影视和金融部门,尤其是 2003~2007 年投资两极分化进一步加剧。2009 年,索尼公司董事长兼首席执行官霍华德·斯金格(Howard Stringer)的薪酬高达 8 亿日元,与企业现实经营绩效严重脱节。如果索尼高管的经营策略扭转了其电子产品部门的颓势、重振公司过去的辉煌,这一薪酬水平也情有可原,但在其任职期间,索尼的股价被腰斩,给股东造成了巨大损失。对于上述问题,索尼公司的外部董事均漠不关心,没有做出任何反应。

　　具有讽刺意味的是,恰是当年日本公司想要击退的积极主义投资基金提出了反对意见。2013 年,美国积极主义投资基金"第三点"基金(Third Point)① 买入了索尼公司 15%~20% 的股份,并发表公开信,要求索尼将娱乐部门上市,重组个人电脑和 DVD 刻录机等无利可图的业务部门。但是,索尼拒绝了出售娱乐部门的要求。"第三点"基金强力回应,称如果索尼没有达到盈利目标,其将在股东大会上就此提出股东提案。在美国,积极主义投资者(activist investor)可以向目标公司管理层提出批评建议,以改善公司治理,达到显著提高企业价值的目的。"第三点"基金就是以实施积极主义投资而闻名的,当其请求被目标公司拒绝时,往往会导致代理权争夺(proxy contest,又称"代理权竞争""委托书竞争"等)。根据索尼的年度股东大会临时报告及证券报告的记录,截至 2013 年 3 月,行使表决权的股权比例为 59.9%,境外机构投资者的持股比例达到 32.67%。由于外资持股比例相对较高,加上机构投资者在发生代理权争夺时通常会与积极主义投资者合作,所以如果"第三点"基金在股东大会上提出以促进股东利益为目标的提案,提案获得通过的概率也相对较大。此外,由于电视机制造业务连续 10 年严重亏损,索尼公司不能以"投资基金短期盈利目标和公司长期价值提高之间存在矛盾"为由反对"第三点"基金的所有要求,最后只得以转让个人电脑业务达成妥协。2014 年 2 月,索尼转让了以 VAIO 品牌运营的个人电脑业务,但未对 DVD 刻录机等亏损部门进行重组。② 尽管此时日元

---

① 积极主义投资者丹尼尔 – 勒布(Daniel S. Loeb)旗下的对冲基金。

② "第三点"基金最终于 2014 年卖掉了索尼公司的股票,获得约 20% 的收益。

持续贬值，有利于索尼产品的出口，但截至 2014 年 3 月 31 日，索尼的年度净利润还是从上年度的 430 亿日元转为亏损 1300 亿日元。

从上述事例可以看出，尽管索尼采用了美国式的公司治理模式，但其董事会不但不会迫使公司退出亏损的电子产品部门以增加股东福利，反而长期对亏损部门的追加投资视而不见。索尼的沉沦与银行"追贷"导致的不良投资不无关系。索尼的长期亏损部门及无效投资与詹森（M. C. Jensen）提及的 20 世纪 70~80 年代美国公司的投资行为①极为相似，所以单单引进外部董事和以高薪引进外国高管并不能从根源上解决问题。实际上，不仅仅是索尼公司，昔日扬名世界的 NEC、富士通、日立、松下、东芝、三洋和夏普等日本电器生产企业皆因类似原因而变得面目全非。

二　美国的公司治理转型：
从机构投资者积极主义到对冲基金积极主义

从索尼的案例可以看出，日本公司的内部治理改革并未取得良好的效果，积极主义投资等来自外部资本市场的压力才有可能改善日本的公司治理。二战以后，日本的经济、政治、技术、文化都与美国密切相关，所以研究现代日本必须先理解现代美国。从索尼的内部治理改革及"第三点"基金对其实施的跨境积极主义投资也可以看出美国的公司治理对日本的影响之深，因此在探讨日本公司治理转型时必须理解美国的公司治理转型，尤其是美国积极主义投资的来龙去脉。

众所周知，大多数投资者通常遵循"华尔街规则"（Wall Street rule），即卖掉手中业绩不佳的公司股票，也就是说对公司业绩不满意时选择退出。与"华尔街规则"相反，积极主义投资者积极干预公司经营，以提高公司的股价并获利。最早的积极主义投资者是 20 世纪 80 年代在美国出现的蓄意并购者（corporate raider，也称"公司掠夺者""企业狙击者""公司掳掠者"等）。蓄意并购者，对业绩不佳的公司启动敌对并购并夺取公司控制权，逐渐成为股票市场交易的新兴参与者，其实质是通过并购业绩不佳的公

---

① M. C. Jensen, "The Modern Industrial Revolution, Exit, and the Failure of Internal Control Systems", *Journal of Finance*, Vol. 48, No. 3, 1993, pp. 831 – 880.

司并改善公司经营来套利。① 除蓄意并购者外，积极主义外部大股东（activist blockholder，也称"积极主义区块持有人"）也积极干预业绩不佳公司的经营，以提高股价并获利。由于持有大量股份，外部大股东可以通过行使其投票权和威胁出售其股份致使股价下跌来影响公司经营方针并套利。② 随着支撑杠杆并购（leveraged buyout，又称"融资并购""举债经营并购"）的高收益债券市场的崩盘以及反敌对并购措施的引入，寻求公司控制权的蓄意并购者和积极主义外部大股东渐渐退出了资本市场。机构投资者积极主义开始取而代之，大型公共退休基金（public pension fund）③ 和共同基金（mutual fund）④ 等作为持股者，开始尝试通过股东提案及其他方式来影响公司管理，如美国的加州公务员退休基金（CalPERS）曾以积极干预被投资公司的治理而闻名。但是，布拉夫（A. Brav）等人指出，由于一些原因，机构投资者积极主义的影响未能充分显现，具体包括：其一，由于美国税法的相关条例，机构投资者出于分散风险的目的而同时投资多家公司，对某一公司的持股比例并不高，进而造成机构投资者之间的"搭便车"问题非常严重；其二，由于公务员退休基金与企业退休基金等机构投资者受到来自地方政府和客户公司的压力，基金经理难以干预被投资公司的经营及治理；其三，对于符合美国《1940 年投资咨询法案》薪酬规定的基金经理而言，严重缺乏激励机制。⑤ 此外，2014 年，加州公务员退休基金前首席执行官因受贿被判有罪，这也使人们普遍质疑巨额退休基金的治理水平。《关于加州公务员退休基金的特别审计报告》指出，一直强烈主张以股东的名义对被投资方进行强力干预的加州公务员退休基金本身却严重缺乏治理能力。加州公务员退休基金暴露出的问题使人们对机构投资者积极主义这一机制能否发挥作用存在较大的疑虑。

相对面向众多投资者的退休基金和共同基金，对冲基金有着不同的监管

---

① C. G. Holderness and D. P. Sheehan, "Raiders or Saviors? The Evidence on Six Controversial Investors", *Journal of Financial Economics*, Vol. 14, No. 1, 1985, pp. 555 – 579.

② J. Bethel, J. Liebeskind and T. Opler, "Block Share Purchases and Corporate Performance", *The Journal of Finance*, Vol. 53, No. 2, 1998, pp. 605 – 634.

③ 退休基金是收取定期缴款为雇员提供退休收入的金融机构。

④ 共同基金募集众多投资者的资金，然后购买不同的有价证券。

⑤ A. Brav, W. Jiang, F. Partnoy and R. Thomas, "Hedge Fund Activism, Corporate Governance, and Firm Performance", *The Journal of Finance*, Vol. 63, No. 4, 2008, pp. 1729 – 1775.

模式。美国关于"对冲基金"并没有严格的定义，但根据美国证券交易委员会对冲基金圆桌会议（SEC Roundtable on Hedge Fund）的相关讨论，对冲基金通常包括以下特征。首先，它是由个人投资者和机构投资者资助的私募基金（private fund）。这就意味着针对共同基金等公募基金（public fund）的监管法案并不适用于对冲基金。其次，职业经理人的薪酬与资产规模直接相关，绩效薪酬根据超过基准收益的超额收益进行支付。通常情况下，对冲基金向投资者收取 2% 的资产管理费和高于基准收益的 20% 的提成。上述特征表明对冲基金经理会有强烈的动力去获得更高的投资回报。

对冲基金可以专注于投资单一公司，因为它们较少受到投资监管要求的制约，能大大降低多个基金之间"搭便车"的问题。另外，由于投资者兑现期限最短为两年，对冲基金可以进行稳定的长期投资。与之不同，共同基金在投资者要求撤资时，必须立即出售持有的股票以回应投资者的要求，这导致共同基金很难专注于投资小型、流动性差的公司股票。同时，共同基金和基金经理必须履行的"谨慎规则"不适用于对冲基金，对冲基金只受到反欺诈条例的约束。对冲基金也不需要像共同基金那样面临信息披露的硬性要求，因为它们是针对少数富裕个人投资者和机构投资者的私募基金；对冲基金的客户不是以公司为主，通常也不会面临利益冲突的问题。

如上所述，对冲基金相对独立，实现投资盈利的动力更强。这一点在私募股权基金和风险投资基金中比较常见。然而，私募股权基金专注于私募交易，通常可以并购几乎所有股票；许多风险投资基金专注于公司上市前的投资。当然，我们也很难在它们之间划出明确的区分界限，尤其是私募股权基金和对冲基金之间存在许多重叠。

自 20 世纪 90 年代末以来美国有关对冲基金积极主义的研究中，布拉夫等人的研究最为全面，他们根据对冲基金提交的《附表 13D 报告》构建了一个积极主义对冲基金（activist hedge fund）样本。《附表 13D 报告》是 1934 年《证券交易法》第 13（d）节规定的强制性联邦证券法文件，如果投资者有兴趣影响公司管理，就必须在收购了上市公司 5% 以上的任何种类的证券后，在 10 天内向美国证券交易委员会备案。提交《附表 13D 报告》就意味着将通知市场，申报人可能会寻求对目标公司实施变更或寻求控制。特别是《附表 13D 报告》第 4 项要求申报人说明其收购股份的理由，尤其是如果打算从事并购活动，寻求出售发行人的任何重大资产、改变其资本或股利政策或提出其他类型的变更要求。积极主义对冲基金对许多小型公司的持股通常高于 5% ，但对大型公司的持股往往低于 5% 。例如，为了将没有提交《附表 13D 报告》的对冲基金积极主义投资活动也纳入其中，布拉夫等人基于积极主义对冲基金样本，将各种“对冲基金”和“积极主义”组合作为关键词，收集有关对冲基金积极主义的信息。最终，他们得到了 2001 ~ 2006 年 236 个对冲基金对 882 家公司进行的 1059 次投资事件的相关资料。2001 ~ 2006 年，积极主义对冲基金投资的目标公司数量不断增加，对目标公司提出的要求也各不相同，其中最常见的要求是提高公司价值，大约占提案总数的 50% ，自由现金流也是积极主义对冲基金关心的主要问题之一，还有反对公司并购以及要求公司出售资产等。至于与公司治理密切相关的案例，往往涉及取消并购防御措施、提高董事会的独立性以及削减过高的高管薪酬等要求。布拉夫等人的研究结果显示，有 40.6% 的干预取得了成功，25.8% 的案例是目标公司和基金之间达成了部分妥协，还有 21.4% 的案例以失败告终。[①]

由于对冲基金的投资期至少为两年，持股时间并没有相关批评者所认为的那么短。同时，与同行业其他公司相比，积极主义对冲基金选定的目标公司的市场账面比率、股息收益率均相对较低，要求目标公司提高公司价值和股东回报率。对冲基金开展积极主义投资活动的异常回报率约为 7% ，在随后的一年内没有逆转。而且，对冲基金很少追求对目标公司的控制权，在大多数情况下其与目标公司的关系是非对抗性的。对冲基金通过积极主义投资活动影响目标公司的经营管理，往往会令其股息、经营业绩都有所提高。

除了对冲基金之外，私募基金、风险投资基金和个人投资者也经常开展积极主义投资活动。克莱恩（A. Klein）和祖尔（E. Zur）根据 2003 ~ 2005 年提交的《附表 13D 报告》，确定了 151 只对冲基金和 101 个其他积极主义股东，以便分析导致积极主义投资的因素及最终影响。[②] 样本限定为持股比例为 5% 以上的投资项目，所以样本量相对较少。在 151 家对冲基金公司

---

① A. Brav, W. Jiang, F. Partnoy and R. Thomas, "Hedge Fund Activism, Corporate Governance, and Firm Performance", *The Journal of Finance*, No. 63, No. 4, 2008, pp. 1729 – 1775.

② A. Klein and E. Zur, "Hedge Fund Activism", *Journal of Finance*, Vol. 64, 2009, pp. 187 – 229.

中，只有 24 家对两家或更多公司进行了投资。其中，最引人注目的案例是挑战了时代华纳的卡尔·伊坎（Carl Icahn）① 旗下的对冲基金，共投资了 10 家公司；紧随其后的是钢铁伙伴（Steel Partners）旗下的对冲基金，投资了 8 家公司。不同类型基金开展的积极主义投资活动也有共同点：在提交《附表 13D 报告》时，股票价格立即上涨并延续多期；超过 60% 的干预目标得以实现；尤其常见的是任命新董事，有时还会积极提出股东提案，甚至争夺控制权。与其他文献的研究结论相比，克莱恩和祖尔的研究显示出，积极主义投资者通常以营利性更强、更安全、现金持有率更高的公司为目标，会针对自有现金流问题要求目标公司增加股票回购，同时寻求降低首席执行官的薪酬，并要求加大股息的发放力度。在提交《附表 13D 报告》后，很多目标公司的股息翻倍，导致其现金持有率下降、长期债务比率上升。相比之下，其他类型的基金则通常会要求企业改变经营战略、减少研发支出等。

根据杜克大学发布的《首席财务官杂志 2006 年秋季商业前景调查》（CFO Magazine Business Outlook Survey Autumn 2006），截至 2006 年，多达 40% 的美国上市公司已成为积极主义基金的投资目标。在所有的投资项目中，35% 为友好型投资，48% 为中立型投资，只有 17% 为敌对型投资。积极主义投资者经常与目标企业的管理层接触，因此，被投资公司中，30% 表示积极主义投资者的相关提案影响了公司管理政策，涉及公司战略、并购计划、董事任命、人事变动和财务策略等；在听取积极主义投资者的意见后，26% 的公司会采纳相关建议，15% 的公司表示在接受投资之后公司状况变得更加糟糕。在除日本以外的亚洲地区，积极主义投资者的活动甚至比在美国更频繁，其中关于战略决策的提案接近 80%，48% 的提案与财务问题有关，40% 的提案与公司并购有关。但仅有 4% 的亚洲公司认为与积极主义投资者打交道会导致其业绩变得更糟。②

基于上述统计结果可以认为，积极主义投资更可能改善目标公司的业

---

① 著名投资者卡尔·伊坎虽然仅持有时代华纳公司 2.6% 的股票，却在 2005 年挑战了该公司的管理政策，并最终赢得了大规模的股票回购。

② "CFO Magazine Business Outlook Surkey Autum 2006," https：//www.cfosurvey.org/07q1/html/Q4_ 06_ 1.htm.

绩，尤其是亚洲公司接受积极主义投资者的提案会获得更多的优势。① 总体而言，积极主义投资者不是企业价值的威胁，它们能够改善公司治理，有效提高公司价值。与 20 世纪 80 年代的敌对并购一样，对冲基金和私募股权基金所进行的积极主义投资也是金融创新的一部分，应该将其解释为宽泛的套利。接下来，本文将讨论美国积极主义投资基金进入日本的过程及日本公司采取的并购防御措施，并在此基础上探讨日本公司治理失败的深刻教训。

三 美国跨境积极主义投资者的进入与日本公司治理改革

1998 年，美国瑞波伍德（Ripple Wood）公司因投资濒临破产的日本长期信用银行②而备受瞩目。由此开始，日本的破产银行和破产公司成为美国重组基金（turnaround fund）关注的"猎物"。20 世纪 90 年代末，在美国积累了多年企业重组经验的投资基金纷纷来到日本。真山仁所著《秃鹫》、《秃鹫 II》以及《红区》等一系列描述"秃鹫投资者"③（vulture funds）和公司重组的经济小说风靡日本，日本广播协会（NHK）出品的周六电视剧《秃鹫》受到热议，甚至被日本东宝公司改编成电影，由此可见美国投资在日本的影响。

除秃鹫投资者之外，钢铁伙伴和村上基金（Murakami Fund）等也相继出现在日本，这些公司将投资目标瞄准那些股价长期停滞不前的公司。④ 如前所述，钢铁伙伴是美国最活跃的积极主义投资基金之一，由沃伦·利希滕斯坦（Warren Lichtenstein）于 1993 年创立。⑤ "钢铁伙伴－日本战略基金"

---

① 宫岛英昭・斋藤卓尔・胥鹏・田中亘・小川亮「日本型コーポレート・ガバナンスはどこへ向かうのか（下）—『日本企业のコーポレート・ガバナンスに関するアンケート調査』から読み解く一」、『商事法务』第 2009 号、2013 年 9 月、12－21 页。

② 日本长期信用银行成立于 20 世纪 50 年代初，因经营不善于 1998 年底宣告破产，2004 年经瑞波伍德改组后更名为"新生银行"。

③ "秃鹫投资者"就是专门处理有问题或者濒临破产的企业的证券公司，它们买卖倒闭的公司、消化坏账、清理破产后的遗留问题。

④ 胥鹏「どの企业が敌对的买収のターゲットになるのか」、宫岛英昭编著『日本のM&A』、东洋经济新报社、2007 年、197－221 页。

⑤ 钢铁伙伴控股公司（Steel Partners Holdings L. P.）于 2012 年在纽约证券交易所上市，股票代码为 SPLP。

（Steel Partners-Japan Strategic Fund Offshore LP）是钢铁伙伴为投资日本公司而成立的投资基金，利希滕斯坦是一般合伙人和代表。钢铁伙伴对苏东（Sotoh）和尤希路化学工业（Yushiro Chemical Industries）的突袭性敌对并购引起了公众的注目。截至 2003 年 3 月，钢铁伙伴已成为苏东、尤希路化学工业、帝国器官制药（Teikoku Organ Pharmaceutical）、天龙制锯（Tenryu）和日本斗牛犬公司（Bull – dog Sauce）等十几家上市公司的主要股东。增加利润分配是目标公司快速化解敌对并购的有利选择，为此这些公司的总股息与净收入的年增长率跃升了数倍①，其中苏东即以每股 500日元的分红向股东总计返还 75 亿日元，并成功化解了来自钢铁伙伴的敌对并购。

然而，敌对并购的威胁在日本似乎被夸大了。自 2005 年 5 月日本经济产业省及法务省共同制作并公布《为确保及提高企业价值和股东共同利益的并购防御指南》（以下简称"并购防御指南"）② 以来，并购防御措施接连不断地被日本企业所运用。根据并购防御指南，遇到以下几种并购，如果能够判断敌对并购对公司价值和股东共同利益构成威胁，就可以启动并购防御措施。其一，并购方损害其他股东的利益而获利的绿色邮件（greenmail）型敌对并购③。其二，虽然股东认为并购价格过低，但由于第二阶段并购条件不利或不明确，股东不得不出售的强压性两阶段（two-tier tender offer）敌对并购④。其三，没有提前协议并购而突然发起要约并购（tender offer bid），使目标公司高管没有时间寻找以更有利条件购买公司的"白马骑士"或者制定新的经营管理方案的突袭型敌对并购⑤，以及不向目标公司

---

① 胥鹏「どの企業が敵対的買収のターゲットになるのか」、宮島英昭編著『日本のM&A』、197－221 頁。

② 并购防御指南是指导性文件，不具有法律上的约束力。

③ 绿色邮件型敌对并购是指购买一定数量的企业股票之后，要求该企业高价回收自己的股票，如果该企业不同意回收，就威胁启动敌对并购。

④ 强压性两阶段敌对并购是指在第一阶段并购不劝诱并购全部股份，在第二阶段并购设定对被并购方不利的条件，或者不明确设定条件而进行要约收购的股份并购方式，也称"两段式并购"。

⑤ 关于突袭型敌对并购，美国国会于 1968 年通过著名的《威廉姆斯法案》（Williams Act），其中对短时间突袭型敌对要约收购等行为加以规制。参见田中亘「買収防衛策の限界を巡って一ニッポン放送事件の法的検討一」、『金融研究』第 26 巻法律特集号、2007 年、1－67 頁。

股东提供充分信息而损害公司价值的并购方信息披露不充分型并购①。

通常，目标公司在面临敌对并购时，由独立外部董事主导的董事会决定是否启动能够提高并购成本的并购防御措施。在钢铁伙伴对日本斗牛犬公司的敌对并购中，后者启动了由股东大会批准的并购防御措施。2002 年，钢铁伙伴提交了一份控股报告，称其收购了在东京证券交易所第二部上市的斗牛犬公司 5.05% 的股份。事实上，在钢铁伙伴对苏东和尤希路化学工业启动敌对并购后，斗牛犬公司已经连续两年增加股息，但钢铁伙伴仍然对其股东回报政策感到不满意，并于 2007 年 5 月 18 日启动要约并购，意欲收购斗牛犬公司的所有股份。对此，斗牛犬公司董事会明确表示反对并购。为降低敌对并购者的持股比例，斗牛犬公司董事会在普通股东大会上提议启动并购防御措施，即：除钢铁伙伴持股以外的每股可以无偿获得 3 股新股认购权；除钢铁伙伴以外的所有股东均可用一股认购权换取一股普通股，而"钢铁伙伴"及其关联方持有的股份认购权仅可获得 1584 日元并购价格 1/4 的现金（即 396 日元）。换句话说，这一对策意味着斗牛犬公司购买钢铁伙伴拥有的斗牛犬公司股票的价格与钢铁伙伴本身提出的并购报价相同，总金额超过 20 亿日元。事实上，这是对股东的利润回报，类似于增加股息或股票回购。作为回应，6 月 13 日，钢铁伙伴申请临时处置，要求东京地方法院对该防御措施发出禁令，认为其违反了股东平等原则。6 月 28 日，东京地方法院驳回了钢铁伙伴的申请。7 月 9 日，东京高等法院也驳回了钢铁伙伴的上诉，并称钢铁伙伴滥用股东权力。钢铁伙伴再次提出上诉，但日本最高法院于 8 月 7 日同样驳回了其上诉请求。日本最高法院认为此案适用股东平等原则（《公司法》第 109 条第 1 款），但鉴于除钢铁伙伴以外的大多数股东和相关方面均同意启动防御措施，并且启动程序不存在重大缺陷，故判定斗牛犬公司的做法并没有违背股东平等原则；加上斗牛犬公司已经对钢铁伙伴进行了有针对性的经济补偿，因而也不能判定其启动防御措施违反妥当性原则。

---

① 关于并购方信息披露不充分型并购，《威廉姆斯法案》对要约收购方的信息披露做了明确规定。但特拉华州最高法院于 1985 年在派拉蒙传播公司（Paramount Communications Inc.）对时代公司（Time Inc.）一案中，以股东基于无知或错误的信念而低价接受要约收购为由允许时代公司启动防御措施。也就是说，特拉华州最高法院确认了"仅仅说不"（just say no）就可以对非强压性敌对并购启动防御措施，这样要约收购方只能通过赢得代理权改选董事会来解除其所设置的防御措施。参见田中亘「買収防衛策の限界を巡って—ニッポン放送事件の法的検討—」、『金融研究』第 26 巻法律特集号、2007 年、1 - 67 頁。

要解释日本最高法院的这一判决存在一定的困难。一方面，目前尚不清楚如果斗牛犬公司不对钢铁伙伴相关方进行经济补偿，这种防御措施是否违背股东平等原则；另一方面，最为重要的是，由于大多数股东投票支持启动防御措施的股东大会议案，判决尊重斗牛犬公司防御措施的启动，但没有考虑到斗牛犬公司精心布局的交叉持股。[1] 可见，日本的预警防御措施类似于美国的"毒丸计划"[2]，但又有所不同。在美国，"毒丸计划"以拥有多数独立外部董事的董事会为先决条件。在日本，这一先决条件则奇怪地被股东大会表决所取代，股东大会不仅采用预警防御措施，而且防御措施的启动也需要股东大会的表决批准。日本式并购防御措施完全依赖其股权结构，有学者就曾一语道破在并购防御之前拥有交叉持股等稳定股东的玄机。[3]

事实上，不仅仅是类别股票（classes of shares）[4]，金字塔形的所有权结构以及日本的交叉持股等模式，都扭曲了上市公司一股一票的原则。就交叉持股模式而言，这些上市公司的高管通常仅持有一小部分股份，却实质上行使交叉持股的表决权。换句话说，他们通过交叉持股维持其经营控制权，共享所谓的"股东共同利益"。然而，日本上市公司的股权结构在 20 世纪 90 年代后期发生了重大改变，因为金融当局加大了对银行持股比例的限制，企业的交叉持股比例有所下降，这使一些日本公司可能成为敌对并购的目标。当然，像钢铁伙伴这样的积极主义投资者选择跨境进军日本，主要还是因为日本经济和股票价格停滞了 10 多年。

在备受关注的日本预警型并购防御措施的背后，可以看到日本一些公司的交叉持股结构支持了这一"最终防御措施"的复兴。在"最终防御措施"的支持下，斗牛犬公司断然启动了并购防御措施，使钢铁伙伴黯然败退。在日本企业相继采用预警型并购防御措施后，日本公司间的交叉持股比例又有

---

① 胥鹏・田中亘「買収防衛策イン・ザ・シャドー・オブ株式持合い―事例研究―」、『商事法務』第 1885 号、2009 年 12 月、4 -18 頁。
② "毒丸计划"指股权摊薄的反并购措施。
③ 参见胥鹏「買収防衛策イン・ザ・シャドー・オブ株式持合い」、『商事法務』第 1874 号、2009 年 8 月、45 -55 頁；胥鹏・田中亘「買収防衛策イン・ザ・シャドー・オブ株式持合い―事例研究―」、『商事法務』第 1885 号、2009 年 12 月、4 -18 頁。
④ 不同类别股票的利润分配请求权、剩余财产分配请求权、股东表决权相异，特别是 Alphabet（Google 的控股公司）、脸书（Facebook）及阿里巴巴等新兴高科技企业在美国发行的不按照出资比例行使表决权的类别股票。经过 2011 年修改商法及 2005 年制定公司法，日本公司也可以发行类别股票（公司法第 107、第 108 条），但数量很少。

所上升。与美国的"毒丸计划"相比，交叉持股使任何敌对要约并购方均不能通过赢得投票代理权（proxy contest）、改选董事会的方式来解除由股东大会批准的日本式防御措施。也正因如此，激活日本资本市场的改革被推迟，日本公司治理的改革宣告失败，日本由此进入了又一个"失去的 10 年"。

随着日本步入又一个"失去的 10 年"，日本股市持续低迷，日本政府对交叉持股的弊端以及资本市场作用的认识逐渐加深，日本金融厅要求从 2010 年度起上市公司必须披露交叉持股等信息。在此背景下，美国积极主义投资者"第三点"基金在 2013 年再次瞄准日本，向曾经驰名世界但股价长期低迷的索尼发起"挑战"。特别是 2012 年底自民党夺回政权后，第二次上台执政的安倍晋三内阁认识到经济发展的重要性，并回归到自民党以经济为中心的传统施政方略上，打破财界的层层阻挠于 2015 年出台了《公司治理准则》（Corporate Governance Gode）和《尽责管理准则》（Stewardship Code）。两个新准则旨在通过对话改善日本的公司治理，促进公司的可持续发展。2017 年修订后的《尽责管理准则》要求机构投资者必须披露其履行管理职责的相关计划，防止出现机构投资者的不尽责行为；《公司治理准则》2015 年的修订版也要求上市公司说明交叉持股的合理性，2018 年的修订版进一步要求上市公司披露削减交叉持股的方针，明确交叉持股表决权的行使准则。可见，日本在一定程度上已经意识到通过引入积极主义投资者来改善公司治理的重要性，并试图通过打破日本传统的公司交叉持股结构来削弱日本企业不适度启动并购防御措施的根基，进而为积极主义投资者的进入扫清障碍。

四 应对跨境积极主义投资者的启示

美国的经验告诉我们，投资易、去产能难。20 世纪 80 年代的敌对并购及 90 年代的积极主义对冲基金和私募股权基金等在资本市场施加的压力是强迫美国产能过剩公司去产能或退出市场的关键。反观日本，导致其经济"失去的 20 年"的原因则是亏损银行和赤字公司对从市场退出的抵制，特别是日本的金融机构和商业实体之间交叉持股，使强迫亏损银行和赤字公司退出的资本市场机制未能发挥作用。更为糟糕的是，无论是内部公司治理还是机构投资者的制约都不能强迫产能过剩的公司和银行退出赤字业务。美国积极主义投资者选择进军日本与日本经济和股票价格停滞了 10 多年密切相关，但日本的交叉持股结构式"最终防御措施"使这些跨境积极主义投资者黯然败退。正因如此，日本资本市场的改革被再度推迟，日本失去了去产能的良机，由此进入了又一个"失去的 10 年"。

研究美国跨境积极主义投资基金进入日本、挑战日本公司、影响其公司治理改革，以及日本应对敌对并购的经验教训，对中国的供给侧结构性改革和去产能具有重要启示。2017 年，由中国宝武钢铁集团、美国 WL 罗斯公司、中美绿色基金①、招商局金融集团联合组建的四源合（上海）钢铁产业股权投资基金中心（简称"四源合基金"）和重庆战略性新兴产业股权投资基金合伙企业，共同参与了重庆钢铁股份有限公司的破产重组。四源合基金的最大股东是美国 WL 罗斯公司，与钢铁伙伴一样，WL 罗斯公司也是一家以在钢铁行业兼并重组而闻名的私募基金。20 世纪 70 年代，许多美国钢铁企业陷入困境②，通过对美国钢铁厂的并购重组，钢铁伙伴和 WL 罗斯公司积聚了大量财富，并在不良资产的并购、重整和投资后的管理上拥有丰富的国际经验。这些跨境积极主义投资基金进入中国可能会超过或取代传统的绿地投资，对中国上市公司的公司治理产生重大影响。特别是随着中国开放资本市场力度加大，在不远的将来，包括跨境积极主义投资基金在内的各类外资基金可能会蜂拥而至，中国供给侧结构性改革和去产能的推进将为它们来华投资提供更多的机会。充分引进、利用并吸收美国兼并重组等基金的金融技术，不但有助于中国去产能等供给侧结构性改革的推进，也有助于中国资本市场提高服务实体经济的能力、促进中国资本市场的健康发展。

2016 年，几乎被人遗忘的美国学者傅高义的著作《日本第一：对美国的启示》被译成中文出版，这似乎也在提醒我们，当下的中国需要吸取 20 世纪 90 年代日本经济陷入停滞的教训。战后日本全盘学习美国，并在引进、吸收美国技术后，将其技术改善优势发挥得淋漓尽致。但从 20 世纪 80 年代起，美国已没有多少可供日本企业改善的技术。面对 20 世纪 90 年代后的技

---

① 中美绿色基金是由美国保尔森基金和中国中央财经领导小组办公室共同发起的纯市场化募资、运作的私募股权投资基金。

② M. C. Jensen, "The Modern Industrial Revolution, Exit, and the Failure of Internal Control Systems," pp. 831 – 880.

术革命，美国的微软、英特尔、苹果、高通、谷歌、脸书、亚马逊、特斯拉等企业迅速兴起，并取代了 IBM、GE 和 GM 等传统企业；而日本企业却一筹莫展，根本原因在于日本缺乏敌对并购、风险投资等资本市场机制来促进企业的新陈代谢。日本的转型经验告诉我们，发展"中国模式"的敌对并购、风险投资等资本市场机制，与研制芯片、人工智能、量子计算机技术一样重要，甚至更为重要。唯有如此，才能确保今后中国有更多能够超越华为、小米、腾讯、阿里巴巴等的创新型企业出现，才能为中国经济发展持续注入新活力。

（审校：叶　琳）

《日本文论》（总第 3 辑）

第 188~208 页

© SSAP, 2020

1998~2018年中国的日本经济研究

——基于 CSSCI 样本期刊的文献计量分析

张天舒　　于欣晔[*]

内容提要： 日本经济的发展实践曾经为中国的经济发展提供有益的经验。近 20 年来日本经济长期低迷，而近几年中国的日本经济研究也呈现萧条的状态，不少专门从事日本经济研究的学者"调头转向"，专门以日本经济为研究对象的学术期刊也遇到选题陈旧、稿源质量下降等困难。本文以 1998~2018 年发表于 CSSCI 期刊的日本经济研究论文为样本，分析近 20 年来中国的日本经济研究情况，发现这一时期中国学界对日本经济的研究总体表现为"繁荣高涨—波动向上—持续降温—显著下降"的过程，并重点分析了"繁荣高涨"和"显著下降"的原因。基于对 2000~2002 年和 2016~2018 年两个时段以及以高影响力作者为代表的研究主题演进的考察，分析了影响中国的日本经济研究的因素，并为未来中国的日本经济研究提供参考。

关 键 词： 日本经济研究　CSSCI 期刊　共词分析　高影响力作者

中国对日本经济的研究始于 20 世纪 60 年代，1963~1965 年，经国务

---

[*] 张天舒，吉林大学东北亚研究院《现代日本经济》编辑；于欣晔，吉林大学经济学院博士研究生。

院批准，北京、河北、辽宁、吉林等地的大学相继设立了专门从事日本研究的机构。1978 年全国日本经济学会成立，秘书处设在中国社会科学院日本研究所，自此中国有了研究日本经济的民间学术团体；1982 年以日本经济为研究对象的专业学术期刊《现代日本经济》创刊。20 世纪 80 年代中日关系进入"蜜月期"，中国对日本经济的研究也进入了"黄金时期"，具体体现为研究日本的学术机构林立，日本经济专业的研究人员和研究生培养数量不断增加，学术力量不断加强，《现代日本经济》的创立更为研究日本经济的学者提供了学术舞台和阵地。① 加上日本经济出现"泡沫"之前的蓬勃发展和中国的改革开放方兴未艾，特定的历史条件大大提高了中国学者对日本经济进行研究分析的热情。

但是，进入 20 世纪 90 年代后，情况发生了一些变化，日本经济开始出现萧条，"失去的 10 年"等提法见诸报端。时至今日，日本经济在持续的低迷中度过了"失去的 20 年"甚至"失去的 30 年"。其间，中国的经济发展从一路高歌到平稳向前，1998～2008 年国内生产总值年均增长率为 9.9%，2008～2017 年年均增长 8.1%，中国经济从高速增长平稳进入增长调整期，经济发展进入新常态。江河日下的日本经济和迅猛发展的中国经济形成鲜明对比，尤其是 2010 年中国国内生产总值总量超越日本成为世界第二大经济体，对日本造成巨大冲击。与此相伴的是，两国间由历史认识和民族感情问题、领土问题、国家安全等问题引起的政治矛盾频发、纠葛不断，双边关系"忽冷忽热"，屡屡出现波动，陷入了"周期性恶化"的困境且持续至今。② 近几年，中日关系不断释放出"解冻""回春"的积极信号，继李克强总理和安倍晋三首相相继实现互访后，中国国家主席习近平也将于 2020 年正式对日本进行国事访问。日方还邀请习近平主席对日本进行国事访问。2020 年伊始，中国遭遇新型冠状病毒肺炎疫情，日本从政府到民间所显示出的友好态度及大力援助，又为日渐升温的中日关系注入一针强心剂。

回顾数十年来中国的日本经济研究发展历程可以看出，中日两国政治关

---

① 张季风：《30 年来中国的日本研究概况——中华日本学会 2011 年年会暨学科综述研讨会发言摘要（2011）》，《中国的日本经济研究 30 年》，2011 年，第 32～36 页。
② 王广涛：《关于中日历史和解的思考》，《日本学刊》2019 年第 6 期，第 96 页。

系的"冷热"影响着中国学者从事日本经济研究的整体学术环境。同时，日本经济的"繁荣和萧条"为中国学者提供了日本经济研究正反两方面的研究主题，中国经济自身发展的需要则形成了对日本经济研究中相关经验的需求。那么，所谓的日本经济"失去的10年、20年、30年"是否真的意味着日本经济穷途末路、一无是处？对此，早有学者提出质疑，认为"日本经济失去20年"是一个伪命题，对日本经济存在一定的误读，有可能影响到我们对日政策的判断。① 而且，中国经济的快速发展与超越也不能全盘否定对日本经济进行研究的学术价值和现实意义，未来中国经济的发展更不可能全然不顾对既为中国近邻又是世界第三大经济体的日本因素的考量。另外，未来，中日政治关系的回暖必然推动双方在经贸领域的合作，中日合作的经济基础和前提条件、合作领域和方向、合作落实的具体方案、合作的实效、合作的经验总结等诸多问题，都需要中国学界追踪关注、深入研究。因此，现实的需要有望引起学术关切，带动新一轮日本经济研究的热情，预计未来"问题更聚焦、视角更多元、研究更深入、观点更包容、讨论更热烈"将成为中国的日本经济研究趋势。但短时间内要改变此前形成并持续至今的一系列难题，如中国的日本经济研究机构归并分流、专门从事日本经济研究的学者"调头转向"、日本经济研究主题罕有新的热点等，并非易事。

基于数据的可获得性，本文拟选取1998～2018年作为研究区间，分析考察中国的日本经济研究状况。此时期是中日经济"此消彼长"的20年，总结回顾这20年间中国学者的日本经济研究现实状况、主题演进、影响因素等，有助于客观认识中国学者对日本经济研究的贡献和意义、经验和不足，帮助身处"尴尬境地"的从事日本经济研究的中国学者看清来路、认定方向、突破困境。

一 研究方法与数据来源

本文将运用文献计量分析的方法，通过对文献数据高频关键词进行共词分析，并绘制科学知识图谱，再现知识发展进程和结构关系。文献计量分析

① 张季风：《重新审视日本"失去的二十年"》，《日本学刊》2013年第6期。

是近几十年国内外兴起于情报学和文献学等学科的重要分析工具。[①] 应用文献计量分析方法有助于本文科学客观地、定量地描述过去 20 年间中国的日本经济研究的现实状况，归纳和呈现其主题演进和发展脉络，总结其特点、贡献和意义、经验与不足。

本文以"中文社会科学引文索引"（CSSCI）来源期刊为基础，以 1998~2018 年为检索期间，在"文献分类目录"项下选择"经济与管理学科"子库，检索条件以"日本"为主题词，获取检索期间内有关日本经济方面的研究文献作为统计分析的基础数据。如无特殊说明，文章所用数据均来源于此。

本文通过对关键词进行共词分析，使用词频软件整理和筛选 1998~2018 年"日本经济管理"相关 6000 余篇文献的关键词。在关键词处理过程中，首先，合并同义同源词语，如将"美利坚合众国"和"美国"等意义相同的关键词合并成"美国"。其次，对与经济无关的低频率关键词进行适当筛选，如适当删除"革命"等与日本经济无关的关键词。最后，根据多诺霍（Joseph C. Donohue）等人提出的高频词汇边界公式（I_1 = 关键词词频为 1 的数量），确定关键词的数量。[②]

$$T = (-1 + \sqrt{1 + 8I_1})/2 \qquad\qquad (1)$$

利用公式 1 可以计算得到高频关键词的数量，再根据高频关键词数量确定关键词出现阈值。即，若 $T = 100$，且第 100 个关键词出现的频数为 6，则将出现频数为 6 以上的关键词纳入研究范畴。

完成对关键词的筛选和处理后，再采用 Endnote 与 Vosviewer 软件对关键词进行可视化聚类分析，以展示 20 年间中国的日本经济研究方向与重点的转变。同时，为了细化研究方向变迁，本文还对 2000~2002 年和 2016~2018 年这两个时期的相关文献关键词以及 58 位高影响力作者的研究成果关键词进行了可视化聚类分析。

[①] 参见钟伟金、李佳《共词分析法研究（一）：共词分析的过程与方式》，《情报杂志》2008 第 5 期，第 70~72 页；陈悦、刘则渊等《科学知识图谱的发展历程》，《科学学研究》2008 年第 3 期，第 449~460 页。

[②] J. C. Donohue, *Understanding Scientific Literatures: A Bibliometric Approach*, Cambridge: The MIT Press, 1973.

二 描述性统计：中国的日本经济研究现状

日本经济研究属于一级学科"理论经济学"下的二级学科"世界经济"之下的三级学科，属于国别经济研究学科。评价一个学科的发展水平，通常有两大类指标，一类是学术作品的产出型指标，主要指学术成果及其影响力，另一类是学科生产投入要素的投入型指标，包括师资队伍、各种平台（学位点、重点实验室、研究基地或中心）等。[①] 本文基于 CSSCI 期刊样本数据，主要从学术产出层面分析考察 1998～2018 年中国的日本经济研究学术成果及其影响，以便清晰地认识现阶段该领域的研究水平及 20 年来的发展变化。

（一）日本经济研究领域的发文数量

自 1986 年国家教委开展国家重点学科评选、确立起中国的学科评估制度至今，近 40 年来历经数次制度变迁。此间，无论理念和指导方向如何调整，在专业学术平台发表学术论文的数量和质量都是评价体系不可或缺的重要指标。正如一些学者所认为的，"对一个学科的评价本质上应是对学科生产能力的评价"[②]。专业性学术期刊发表论文的数量在一定程度上能够反映一定时期内该领域研究者的人员数量、研究能力、科研产出水平。图 1 对比了 1998～2018 年发表于 CSSCI 期刊的日本经济研究成果与"经济与管理学科"大类下发表文章总数，可以看出，日本经济研究论文的发表数量在 1998～2008 年呈波动上升态势，2008 年达到顶峰后开始出现逐年下降的趋势。总体上看，日本经济研究的成果产出和"经济与管理学科"类论文发表数量的变动趋势相符合，2000～2002 年其涨幅甚至超过了"经济与管理学科"大类的总产出，但值得注意的是 2016～2018 年日本经济研究论文发表数量急剧下降，大大高于大学科类别成果产出的下降幅度。本文也将这两个时期作为重点考察区间，选取此时段发表的重要学术论文的关键词，运用共词分析的方法，并结合相应时期中日经济的现实情况，进一步分析日本经济研究的主题变迁及其动因。

---

① 刘小强、彭颖晖：《从学科生产能力看一流学科评价》，《高等教育研究》2018 年第 11 期，第 13～19 页。

② 刘小强、彭颖晖：《从学科生产能力看一流学科评价》，第 13～19 页。

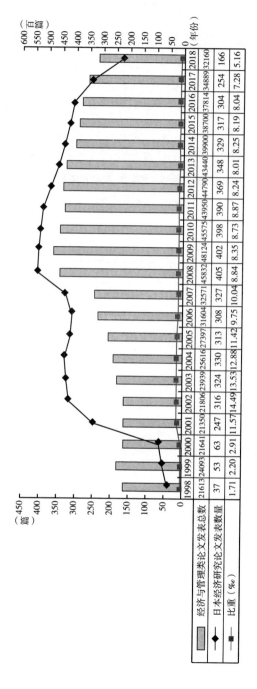

图 1 1998～2018 年日本经济研究的成果发表情况

资料来源：根据中国知网相关数据制表。

（二）日本经济研究的主要机构

学科生产能力包括内在隐形性、整体综合性、相对稳定性三个特征。[①]学科的整体综合能力是指学科将各种"生产要素"（科研人员和各种资源）投入一个有机的组织系统，从而形成互动和合力，而非各要素的简单相加。换句话说，从事某一学科研究的机构的数量、规模，以及科研人员的数量、能力、素质等，能够体现这一学科的整体综合研究水平，本文将其称为"研究机构的活跃度"。以作者所在一级单位于 1998～2018 年在 CSSCI 期刊发表论文总量为测量指标，表 1 列举了排名靠前的研究机构，从中可以看出中国从事日本经济研究的主体力量的分布情况。

表 1   1998～2018 年从事日本经济研究的主要机构

排名	研究机构	发文数量
1	吉林大学	455
2	中国社会科学院	409
3	南开大学	244
4	中国人民大学	169
5	复旦大学	158
6	东北师范大学	144
7	上海社会科学院	132
8	北京大学	132
9	辽宁大学	131
10	厦门大学	96
11	武汉大学	88
12	对外经济贸易大学	86
13	上海财经大学	73
14	北京师范大学	60
15	东北财经大学	54
16	河北大学	49
17	中南财经政法大学	41

---

① 刘小强、彭颖晖：《从学科生产能力看一流学科评价》，第 13～19 页。

续表

排名	研究机构	发文数量
18	西安交通大学	34
19	中山大学	31
20	天津社会科学院	31
21	上海国际问题研究院	31

（三）日本经济研究的作者队伍

论文发表数量是学科水平评价在数量方面的指标，学术成果影响力则是学科水平在质量方面的充分体现，是某一学术实体（学者、论文、机构或期刊等）在学术方面对其他学术实体和科学发展产生的理论和实践的影响程度。[①] 已经发表的论文等学术成果可以看作学术思想等知识产出的物质载体，其主体生产者则是从事某一特定领域研究的学者，即论文的作者。因此，以学术论文的作者为主体观察对象，经过对发表论文数量、被引用量、单篇被引率、发布研究成果的期刊的影响力等指标的统计计算，可以识别出日本经济研究领域的高影响力作者。表 2、表 3、表 4 分别以论文发表数量、被引用总量及单篇被引率、论文发表期刊影响力为标准，对具有高影响力的作者进行了排序。在此，还需要对所确定样本量的合理性进行解释，表 2、表 3、表 4 分别列示的 30 位高影响力作者有部分重合，按人数共 58 人，分别来自中国社会科学院、吉林大学等 30 个单位，发表论文近 300 篇，与样本总量（6002 篇论文）之比为 1:20，在可用性和置信性方面均满足操作软件对样本量的要求。

表 2　1998～2018 年日本经济研究领域的高影响力作者（按论文发表数量及被引用量排序）

序号	第一作者	单位	篇数	总被引量
1	刘昌黎	东北财经大学	56	116
2	江瑞平	外交学院	41	494
3	张季风	中国社会科学院	30	268

[①] 高志、张志强：《个人学术影响力定量评价方法研究综述》，《情报理论与实践》2016 年第 1 期，第 133～138 页。

续表

序号	第一作者	单位	篇数	总被引量
4	冯昭奎	中国社会科学院	18	231
5	金仁淑	中国政法大学	18	108
6	庞德良	吉林大学	17	190
7	车维汉	上海财经大学	16	228
8	平力群	天津社会科学院	15	162
9	张乃丽	山东大学	15	150
10	苏杭	东北财经大学	14	173
11	陈志恒	吉林大学	13	304
12	刘瑞	中国社会科学院	13	141
13	姜跃春	中国国际问题研究所	13	125
14	叶琳	中国社会科学院	13	8
15	徐长文	商务部国际贸易经济合作研究院	12	190
16	李玉潭	吉林大学	12	150
17	田中景	海南师范大学	12	111
18	徐梅	中国社会科学院	12	102
19	李毅	中国社会科学院	12	71
20	施锦芳	东北财经大学	12	72
21	崔健	吉林大学	12	63
22	尹晓亮	南开大学	12	69
23	陈友骏	上海国际问题研究院	12	43
24	崔岩	辽宁大学	12	42
25	张舒英	中国社会科学院	12	46
26	余永定	中国社会科学院	11	365
27	陈虹	中国社会科学院	11	243
28	全毅	福建社会科学院	11	215
29	杨书臣	河北大学	11	223
30	王厚双	辽宁大学	11	78

表 3　1998～2018 年日本经济研究领域的高影响力作者（按被引用量排序）

序号	第一作者	单位	篇数	被引用量	篇均被引用量	篇均被引用量排名
1	林毅夫	北京大学	5	1535	307	3
2	刘昌黎	东北财经大学	56	1233	22	25

序号	第一作者	单位	篇数	被引用量	篇均被引用量	篇均被引用量排名
3	李晓	吉林大学	16	956	60	17
4	李国平	北京大学	8	626	78	16
5	于津平	南京大学	3	557	186	9
6	江瑞平	外交学院	41	494	12	29
7	关志雄	日本产业经济研究所	4	449	112	11
8	袁新涛	西安交通大学	1	437	437	1
9	沈铭辉	中国社会科学院	9	421	47	18
10	梁琦	南京大学	2	407	204	8
11	朱瑞博	中国浦东干部学院领导研究院	1	374	374	2
12	余永定	中国社会科学院	11	365	33	21
13	潘成夫	广东商学院	4	359	90	13
14	陈志恒	吉林大学	13	304	23	23
15	胡鞍钢	清华大学	8	303	38	19
16	刘中伟	北京科技大学	3	285	95	12
17	薛敬孝	南开大学	8	279	35	20
18	李仙娥	西北大学	1	279	279	4
19	张楠楠	杭州市规划编制中心	1	271	271	5
20	黄群慧	中国社会科学院	3	269	90	13
21	张季风	中国社会科学院	30	268	9	30
22	马晓河	国家发展和改革委员会	3	266	89	15
23	杨亚琴	中共上海市委研究室	1	261	261	6
24	朱真丽	复旦大学	1	255	255	7
25	彭支伟	南开大学	2	250	125	10
26	陈虹	中国社会科学院	11	243	22	23
27	冯昭奎	中国社会科学院	18	231	13	28
28	车维汉	上海财经大学	16	228	14	27
29	黄梅波	厦门大学	8	227	28	22
30	杨书臣	河北大学	11	223	20	26

表4 1998～2018 年日本经济研究领域的高影响力作者（按论文发表期刊影响力）

序号	作者	个人综合影响因子加总	序号	作者	个人复合影响因子加总
1	刘昌黎	69.452	1	刘昌黎	107.494
2	张季风	36.316	2	张季风	57.374
3	江瑞平	33.832	3	江瑞平	54.094
4	陈虹	33.516	4	陈虹	51.428
5	施锦芳	30.73	5	施锦芳	46.667
6	徐长文	30.128	6	徐长文	45.384
7	刘瑞	27.868	7	刘瑞	43.758
8	苏杭	26.364	8	苏杭	41.39
9	叶琳	25.384	9	叶琳	40.478
10	张舒英	25.082	10	冯昭奎	39.17
11	冯昭奎	25.004	11	张舒英	38.997
12	徐梅	24.102	12	徐梅	38.085
13	崔岩	22.598	13	崔岩	35.717
14	金仁淑	22.532	14	金仁淑	35.396
15	李新功	21.694	15	余永定	33.126
16	余永定	21.616	16	李新功	32.953
17	姜跃春	20.87	17	陈友骏	32.091
18	陈友骏	20.27	18	姜跃春	31.695
19	李毅	18.84	19	李毅	30.299
20	王海峰	18.83	20	平力群	28.638
21	平力群	17.864	21	王海峰	28.365
22	林昶	17.472	22	林昶	27.824
23	张晓兰	17.256	23	张晓兰	26.425
24	赵瑾	17.248	24	尹晓亮	26.22
25	尹晓亮	16.804	25	赵瑾	26.17
26	吴德烈	15.064	26	吴德烈	22.692
27	陆燕	15.064	27	佟福全	22.692
28	佟福全	15.064	28	陆燕	22.692
29	杨书臣	13.862	29	贺平	21.978
30	贺平	13.784	30	李彬	21.978

三 计量结果及分析

接下来，将对 1998~2018 年日本经济研究的主题变迁进行分析。通过选取相关文章的关键词进行共词分析，可以识别出 1998~2018 年日本经济研究领域受到广泛关注和热议的研究主题；再结合中日经济发展的实际状况，则能评估其研究的时宜性和贡献度。考虑到 2000~2002 年和 2016~2018 年中国的日本经济研究出现了不同于"经济与管理学科"大类别的研究发展趋势，本文将重点以这两个时期为考察区间进行分析。

（一）2000~2002年：日本经济研究的繁荣活跃期

2000~2002 年是中国学界对日本经济进行研究的活跃期，主要表现为研究成果丰盛、研究主题广泛、研究主题关联度高、系统性强、影响力大。图 2 对 2000~2002 年日本经济研究成果的关键词进行了分析，可以看到这一时期的研究主题主要集中于以下四个方面：一是日本宏观经济形势及经济政策；二是日、中、美双边经济及多边经济基础上的世界经济及区域经济；三是以财政金融为核心，向上延伸至日本宏观经济、对外经济关系，向下涉及产业结构、企业管理；四是 1997 年亚洲金融危机影响下的中日贸易、东亚区域经济、国际货币制度中日本作用和角色的讨论。

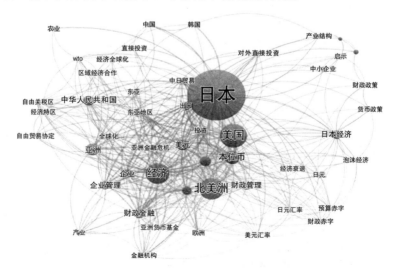

图 2　2000~2002 年日本经济研究的主题关键词

2000～2002 年，中国学界对日本经济的研究呈现出繁荣、活跃的状态，这种现象与此前日本经济的发展状况及变化有很大关系。二战后的日本经济自 20 世纪 40 年代后期开始复苏，历经 1956～1973 年的高速增长、1973～1985 年的曲折增长，1985 年出现泡沫，至 90 年代初泡沫破灭，日本经济开始步入衰退通道，普遍认为 1990～2000 年日本经历了第一个"失去的 10 年"。为应对经济衰退，日本政府在 20 世纪 90 年代陆续出台了一系列提振经济的政策措施，包括调整经济结构在内的改革举措，货币财政政策和工具及其适宜性和有效性与对中国的影响等，诸多问题引起了中国学者的关注。[①] 对于日本第一个"失去的 10 年"，大部分学者未持绝对消极的态度，而是认为日本经济在经历此番阵痛和调整后未来将走向复苏。当然，也有学者持相反的意见，认为这只是日本经济一蹶不振的开端，日本经济未来将陷入持续低迷。对日本经济未来走向的不同预期，在中国学术界引起了广泛的讨论。[②] 同时，日本经济经历由盛转衰的第一个"失去的 10 年"，探索其原因和影响也为中国学者提供了诸多研究课题，不少学者着手分析日本泡沫经济产生的原因，为日本经济"把脉开方"或者"预见未来"，并为中国经济发展提供借鉴和启示。[③]

① 相关研究成果参见王洛林、余永定、李薇《20 世纪 90 年代的日本经济》，《世界经济》2001 第 10 期；陈国进《日本金融制度变迁的路径依赖和适应效率》，《金融研究》2001 年第 12 期；傅钧文《小泉的经济结构改革及其对我国的影响》，《世界经济研究》2001 年第 4 期；胡方《近年来日本企业制度改革的内容与影响》，《管理世界》2001 年第 4 期；范纯《日本经济环境变化与经济体制改革》，《现代国际关系》2001 第 11 期；俞晓军《日本的生产方式转型分析》，《中国工业经济》2002 第 7 期；刘小川、王盛《日本政府的中小企业扶持政策透视》，《现代日本经济》2002 年第 1 期；王朝才《日本 90 年代以来的财政政策》，《财政研究》2002 年第 7 期。
② 相关研究成果参见范纯《日本经济形势特点与前景》，《现代国际关系》2002 年第 2 期；张季风《2001 年日本经济展望》，《当代亚太》2002 年第 3 期；马建堂《日本经济：全面衰退、积重难返、教训深刻》，《世界经济》2002 第 1 期；庞德良《论日本公共投资困境与经济衰退长期化》，《财贸经济》2002 年第 2 期；姜跃春《日本经济持续低迷及其前景》，《国际问题研究》2002 第 4 期。
③ 相关研究成果参见田中景等《日本经济增长的制约因素及其前景》，《世界经济》2000 年第 8 期；项卫星等《日本金融体制的结构性缺陷与金融危机——对日本金融体制模式及其改革的重新审视》，《东北亚论坛》2000 年第 2 期；李维刚《对日本泡沫经济的再反思》，《现代日本经济》2001 年第 2 期；王胜今、董伟《由美日企业制度比较分析日本经济衰退之根源》，《日本学刊》2001 年第 6 期；江瑞平《制约日本经济持续回升的五大难题》，《世界经济研究》2001 年第 4 期；周见《日本经济的回顾与展望》，《世界经济》2001 年第 2 期；马文秀《浅析日本失业率不断攀升的原因》，《现代日本经济》2001 年第 1 期；施明义等《日本的三个转折点与近年经济的持续衰退》，《当代经济研究》2001 年第 12 期；榊原英资、李薇、邓宝凌、何帆《日本为何难以推进结构性改革》，《国际经济评论》2002 第 Z2 期；王少普《日本经济的主要问题及其对策评论》，《世界经济研究》2002 年第 2 期；雷鸣《近期日元大幅贬值的原因、影响及对策》，《东北亚论坛》2002 年第 3 期。

　　在 20 世纪 90 年代或者说 1985 年泡沫经济开始以前，日本经济在近 40 年的长时间段里基本保持着恢复向上、高速发展、曲折向上的良好发展态势。这一阶段的日本经济发展实践可以为中国的全方位深化改革、经济转型提供成功经验。而且，日本是与中国地理相近又有着深厚历史渊源的邻国，中国学者问道日本，研究总结日本的宏观经济政策、法律制度、经济外交战略等各方面的实践和经验，对思考中国经济的发展建设具有现实需求和意义。①

　　2001 年中国正式加入世界贸易组织（WTO），实现了由经济对外开放向发展开放经济的转变。自此，中国国民经济的运行将不仅取决于国内因素，也受到国际因素的影响；中国在对经济发展实施宏观调控时，不仅需要考虑本国国情，也要综合权衡整个世界经济的走势。② 因此，这一阶段，中国各界对经济全球化与区域经济一体化的讨论和关注空前高涨。日本作为东亚乃至世界的重要经济体，其经济发展状况、对外政策取向及其对中国的影响③，中国与日本在政治经济领域的竞争与合作问题④，以及中国参与区域或国际经济合作中的日本因素⑤等诸多问题亟待厘清和解答。

---

① 相关研究成果参见庞德良《战后日本北海道开发及其新方向》，《现代日本经济》2002 年第 6 期；刘志仁《日本推进农村城市化的经验》，《中国农村经济》2000 年第 3 期；吴涧生《日本经济发展的经验与教训及对我国的启示》，《宏观经济研究》2002 年第 8 期。

② 逢锦聚：《要着力研究在经济全球化进程中如何保持国民经济健康发展——2001 年我国宏观经济形势分析与 2002 年经济形势展望》，《南开经济研究》2002 年第 1 期，第 40～44 页。

③ 相关研究成果参见薛敬孝《日本产业结构调整的趋向》，《现代日本经济》2000 年第 6 期；徐之先等《日本政治经济外交形势及政策取向》，《现代国际关系》2001 年第 2 期；江瑞平《论日本经济萧条对东亚及中国经济的影响》，《日本学刊》2001 年第 6 期；刘昌黎《小泉东盟五国之行与"小泉构想"》，《现代日本经济》2002 年第 4 期；关志雄《日元贬值对亚洲经济及日本经济的影响——兼驳斥中国经济威胁论》，《国际经济评论》2002 年第 Z1 期；林晓光《战后日本的经济外交与 ODA》，《现代日本经济》2002 年第 6 期；刘昌黎《日元国际化的发展及其政策课题》，《世界经济研究》2002 年第 4 期；张祖国《日本贸易政策的转变——从否定到利用地区主义》，《现代国际关系》2002 年第 5 期；高连福《日本外贸政策的重大变化》，《当代亚太》2001 年第 8 期。

④ 相关研究成果参见高连福《东亚货币合作出现加强趋势》，《当代亚太》2000 年第 11 期；庞德良等《中、日、韩金融合作与东北亚区域经济发展》，《东北亚论坛》2002 年第 4 期；张季风《20 世纪 90 年代中日经贸关系的发展与特点》，《日本学刊》2001 年第 3 期；江瑞平《发展中的中日经贸关系：态势、机遇与挑战》，《外交学院学报》2001 年第 2 期；陈建安《东亚合作中的中日经济关系》，《日本学刊》2002 年第 6 期；王延中《中国经济形势与中日经贸发展前景》，《日本学刊》2002 年第 6 期。

⑤ 相关研究成果参见陈建安《经济全球化中的东亚经济合作》，《世界经济文汇》2001 年第 4 期；赵瑾《日美贸易摩擦的历史演变及其在经济全球化下的特点》，《世界经济》2002 年第 2 期；刘昌黎《论日韩自由贸易区》，《世界经济》2001 年第 11 期。

可见，2000～2002年，随着日本经济的波动变化，加上中国经济发展以及经济全球化背景下中国经济走向世界舞台的现实需要，中国对日本经济的研究达到了空前繁荣活跃的高度。

（二）2016～2018年：日本经济研究的衰弱期

根据前述测评，2016～2018年是中国对日本经济研究的相对衰弱期，主要表现为研究成果大幅减少、研究主题少且分散、关联性和系统性小、影响力弱。如图3所示，分析2016～2018年日本经济研究的主题关键词，可以发现这一时期的研究主题主要集中于以下几个方面。其一，分析日本经济长期低迷的原因，诸多因素中人口老龄化成为被普遍认同的重要原因；其二，围绕"安倍经济学"展开的研究，尤其是对日本经济改革、财政政策和货币政策等领域的关注；其三，"一带一路"建设下的中日及东亚区域政治经济关系；其四，美国特朗普政府时期的日美经济关系，主要关注货币金融领域。

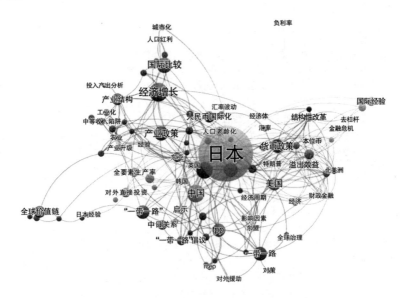

图3　2016～2018年日本经济研究的主题关键词

在此阶段，中国的日本经济研究趋于萧条，与长期低迷的日本经济现实不无关系。2012年底安倍晋三再次当选日本首相，声称"将拯救国家于危难"。为扭转日本经济长期低迷的现状，安倍上台伊始便提出了三项促进经济增长的举措，即积极的金融政策、灵活的财政政策和经济增长战略，被媒体称为"安倍经济学"。针对这一新生事物，2013 年，中国学界不乏围绕"安倍经济学"，介绍所谓"三支箭"的经济举措及其效果的研究①；2014年，日本国内外质疑"安倍经济学"的声音此起彼伏，此中不乏中国学者对"安倍经济学"的质疑和否定②；2015 年，有关"安倍经济学"有效性的论断，包括中国在内的国际社会基本以一边倒的否定态度定调定论③。姑且不论"安倍经济学"是成功还是失败，至少在 2013～2015 年，它为中国学术界研究日本经济提供了可资探讨的话题。

2016 年以后，日本经济的现实状况证实了"安倍经济学"的失败，"安倍经济学"失败成为定论，也就失去了热议和讨论的必要。而且，自 20 世纪 90 年代日本经济开始陷入低迷至今，中国学者对其经济衰退的原因做了抽丝剥茧的分析，中国学者对日本经济在战后至泡沫经济开始之前的成功经验也进行了全方位的梳理和总结。日本长达 20 余年的长期经济低迷使得在学术上对日本经济进行研究难有新的话题和亮点。

中国对日本经济的研究日益衰落也与中国经济发展及中日在世界经济格局中的地位变化密切相关。中国经济在 2008 年全球金融危机后依然表现出色，2010 年中国的 GDP 超过日本，之后中国经济总量一直稳居世界经济第二位，至 2018 年中国的 GDP 已经达到日本的 2.5 倍。也就是说，2008～2018 年，一边是日本经济的萧条，一边是中国经济的高速发展。世界经济格局也在发生变化，中美两国在经济领域的竞争和博弈日益增强，某种意义

① 相关研究成果参见伞锋、张晓兰《安倍经济学能拯救日本经济吗?》，《东北亚论坛》2013 年第 6 期；朱海燕《"安倍经济学"解析》，《现代日本经济》2013 年第 6 期；刘瑞《日本长期通货紧缩与量化宽松货币政策——理论争论、政策实践及最新进展》，《日本学刊》2013年第 4 期；吴庆《安倍经济学的要点在"第三支箭"》，《中国发展观察》2013 年第 7 期；陈志恒《解读"安倍经济学"：国外学者观点述评》，《国外社会科学》2013 年第 6 期；高海红、陈思翀《安倍经济学经济增长战略的目标、内容和评价》，《国际经济评论》2013 年第 5 期。
② 相关研究成果参见陈友骏《"安倍经济学"的构想与困境》，《太平洋学报》2014 年第 2 期；任云《"失去的 20 年"与"安倍经济学"增长战略》，《国际经济评论》2014 年第 4 期；吕守军《安倍经济学对劳动力市场的结构性改革研究——基于法国调节学派基础理论的分析》，《教学与研究》2014 年第 3 期。
③ 相关研究成果参见张季风《"安倍经济学"的挫败与日本经济走势分析》，《日本学刊》2015年第 1 期；姜跃春《"安倍经济学"的困境与日本经济前景》，《国际问题研究》2015 年第 2期；陈东琪等《竭泽而渔的安倍经济政策》，《宏观经济研究》2016 年第 10 期。

上取代了以 1985 年"广场协议"为代表的美日经济博弈，中国取代日本成为美国在世界经济领域最主要的竞争对手。这种世界经济格局的变化，在学术研究领域反映为：20 世纪末 21 世纪初，在区域经济、世界经济研究领域，多以美日为主体研究对象，研究美日经济发展、互动关系及其对中国的影响以及中国的对策等；而近十年来，涉及日本的区域经济、国际政治经济研究中，多以中美两国为主体研究对象，日本只是作为其中的影响因素或多或少地存在，而且多是从政治的角度对日本在其中的作用和影响进行分析与考量。

当然，2016 ~ 2018 年中国的日本经济研究呈现衰落趋势也并不完全是因为日本经济地位下降造成日本经济研究的重要性趋弱。从大的方面看，可以归因为中日经济发展及二者相对地位的改变；从日本经济研究学科动态发展的视角分析，可以认为这一时期，随着经济学科的研究范式、研究方法、期刊导向甚至学术论文的传播方式等发生变化，都或多或少地对本文以经济与管理类 CSSCI 期刊作为研究样本时，日本经济研究在发文数量、活跃度等方面表现欠佳产生了影响。具体而言，第一，一些期刊对文章的深度有了更高的要求，例如《日本学刊》刊发的文章对长度和深度都有所拓展，每期发文数量自然会相应地减少。第二，一些经济与管理类 CSSCI 期刊更多地采用计量研究论文。例如，此前以日本经济为单一话题的文章可能刊登在《世界经济》《财贸经济》等 CSSCI 期刊上，而现在这类期刊以日本为主题词的文章变少了。这是因为期刊选文方向发生了变化，引用率也随之变化，进而对学者选择研究主题也起了引导作用。这一时期，一些以日本经济为主题的论文可能集中在非 CSSCI 期刊上（占比达 89.5%），但发表在非 CSSCI 期刊上的研究论文并没被本文纳入样本数据。第三，此前跨国研究较多，例如中日、中韩、中美等的比较与借鉴。随着研究方法的更新和变迁，实证分析和计量分析文章开始增加，使用经济学模型对某一经济问题进行分析的论文占比上升，很多论文不再纯粹对某一国别进行研究。这是学界的一个整体趋势，并不是日本经济研究所特有的，美国经济研究、韩国经济研究、俄罗斯经济研究等都是如此。这些研究领域的论文题目不会反映出具体国名，利用主题词检索可能无法检索到。因此，单凭主题或关键词来统计评价日本经济研究的现状，可能是仅仅局限在传统的"国别比较研究"领域。换言之，并不是说学者不再研究日本经济，而是一些学者开始关注更具一般性的问题，涉及的内容会有一些国家对比，包括日本，但在关键词上反映不出来。第四，科研单位和高校等开始创办自己的非核心期刊类刊物，例如复旦大学日本研究中心创办的《日本研究集林》。同时，当前对日本经济的研究更加关注社会热点和现实问题，时效性较强，在《世界知识》、环球网、人民网、微信公众号等公众读物和新媒体平台上发表的文章较多，比较活跃。简言之，学者发文和引起公众关注的渠道更加多元化，不仅仅体现为在核心期刊上发表。

上述因素综合作用导致了 2016～2018 年中国的日本经济研究整体表现出趋弱之势，如 21 世纪之初那样空前高涨的研究热情不再，但是从实际情况来看，也许并没有数据显示的那样悲观。另外，本文所提取的样本数据覆盖不广，未来将进一步关注其他日本经济研究成果的演变情况。

（三）高影响力作者关注的日本经济研究主题

本文还分析了 58 位高影响力作者的日本经济研究主题关键词。高影响力作者研究日本经济时关注的主题，主要集中在以下五个方面。其一，以日元贬值、通货紧缩、泡沫经济为关键词，对不同时期的日本经济现象进行描述和分析。其二，围绕"安倍经济学"，对日本经济增长目标、财政金融和产业政策展开讨论。其三，以中日关系为主线，横向扩展至东亚、亚太乃至世界经济关系，纵向涉及中日经贸关系、中日经济合作、亚洲区域货币合作。其四，基于对日本国内现实经济状况、中日经济关系、日本在亚洲区域经济的地位及影响力的认识，探讨日本经济对日美关系和世界经济的影响。其五，在 1997 年亚洲金融危机和 2008 年全球金融危机的背景下，关注日本企业状况、中日经贸关系、亚洲区域经济、日美经济关系等（见图 4）。

这些高影响力作者之所以在学术界产生较大的影响力，总结其研究特点，大致可以归纳出以下四点。第一，以时间为线索，在纵深方向对日本经济发展的历史背景、现实状况、演进历程、影响因素、未来趋势等有总体把握（以张季风、李晓为代表）。第二，对日本代表性产业、优势产业的发展过程和发展经验有深入了解，因此对日本产业政策和财政政策、货币政策的适宜性与效用的评估及分析把握准确（以庞德良、赵瑾为代表）。第三，关注日本对外经济政策导向的演进，实时解读日本在区域经济、世界经济舞台上的活动和影响（以冯昭奎、刘昌黎为代表）。第四，在政治经济互动视角

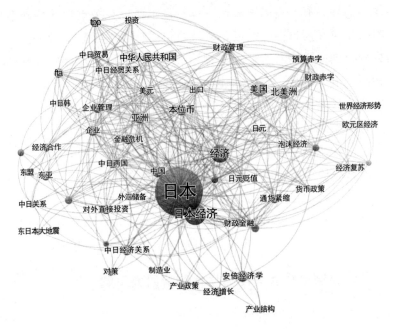

图 4 高影响力作者的日本经济研究主题关键词

下，分析中日双边经济关系，东亚区域经济，中日在世界经济舞台上的活动、互动及影响（以江瑞平、姜跃春为代表）。

仔细观察图 2 和图 4 还可以发现，对高影响力作者研究主题的关键词进行共词分析所得出的结果与日本经济研究繁荣活跃期的研究主题聚类有很大相似之处，研究特征主要表现为研究主题关联度高、系统性强、研究深入。

结　语

综合前述研究可知，1998～2018 年，中国对日本经济的研究总体趋势大致可以分为"繁荣高涨（2002 年之前）—波动向上（2002～2008 年）—持续降温（2008～2016 年）—显著下降（2016～2018 年）"的过程。造成此种现象的影响因素，既有日本经济研究学科动态发展呈现出的变化，包括研究范式、研究方法、期刊导向甚至是学术论文的传播方式等，也与日本经济自身发展状况、中国经济发展状况、中日两国的政治关系、中日在区域经济和世界经济格局中地位和影响力的相对变化等密切相关。可以说，这 20 年间，中国学者的研究比较准确、完整、动态地呈现了日本经济的发展历程和现实面貌，对日本经济活动和影响进行了深入的解读，并总结了日本经济发展正反两方面的经验教训，以为中国经济发展提供可咨参考的经验。

当前，面对看似"无药可救"的日本经济，中国的日本经济研究也陷入萧条。但是，日本经济并非一无是处、毫无研究必要，也并非一潭死水无处下手。未来，从事日本经济研究的学者以及经济学科期刊的采编人员可以从以下几个方面进一步挖掘日本经济研究的角度、内容和意义。

第一，关注日本的新兴产业发展动态，如新能源汽车、生物医药、工业互联网与智能制造、大数据、5G 通信技术、新材料、现代化工等全球性新兴产业。日本是传统的科技强国，新产业、新业态的发展也是中国当下关注的发展重点，日本新兴产业的发展动态、日本政府促进新兴产业发展的相关举措，值得中国学术界关注和研究。

第二，加强产业关联方面的研究。此前的日本经济研究多数停留在单一的产业领域，往往围绕单个产业的现状、背景、政策措施及发展历程、效果和影响、结论和启示等，进行梳理、分析、总结和论证。在动态的经济系统中，日本产业发展及产业间关联的问题值得学者关注和研究。

第三，实时且持续地关注日本国内经济动态，分析日本的对内经济政策及溢出效应，加大研究观测时间轴的长度，以便在分析日本经济动态和政策措施时，能够呈现出相对充分的时间段内的经济状况变动、解读不同状况下的经济行为、准确评估其适宜性和效果、综合全面地分析其原因和影响。"安倍经济学"失败后，日本经济的前景和未来、方向和出路依然是备受关注的问题，日本自身的经济发展对中日政治经济关系乃至区域和国际关系依然有重要影响，因此仍需要实时关切。

第四，实时且持续地关注日本对外政策导向，关注日本对外贸易，直接投资，跨国公司运作，国际合作领域的动态、举措和问题。不管是在本国市场开放还是在第三方市场合作方面，日本都先行于中国，具有相关经验，可以为"一带一路"建设提供有益参考。

第五，关注未来中日经贸关系，探讨有益的中日合作模式。日本国际贸易投资研究所首席经济学家江原规由认为，贸易保护主义给全球经济带来重大影响，作为世界第二大和第三大经济体，中日两国互相合作的意义重大。今后中日之间的经济交流或可在三个重要领域有所作为：一是中国对日投资；二是中日企业以多种合作形式开拓第三方市场，不断涌现新商业模式，对未来世界经济起到支撑作用；三是中日两国在第四次工业革命中的交流合作。诸多研究议题值得关注。

第六，关注中日关系走向及其影响下的世界政治经济、区域经济。日本目前依然是世界第三大经济体，其经济实力及在区域、国际政治经济舞台的影响力不可小觑。中日两国在经济各领域的合作、竞争依然是中国学者研究和关注的热点问题，未来研究如能加强对区域经济、全球化背景下相关多个经济主体经济活动的互动影响的分析，进一步深入细化对国际产业分工影响下各经济主体产业结构动态变化和竞争力的分析，将是对以往研究的有益补充。

（审校：叶　琳）

Table of Contents & Abstracts

Abstract: Since Japan became the world's second largest economic power in the 1980s, Japan has been eager to enhance its political influence and seek to play a role in international affairs that matches its economic strength. In the past 40 years, Japan has taken some unique measures, such as building consensus between the government and the public through continuous policy debates, prudently handling the relationship with the U. S. , playing the role of economic chips such as foreign investment and aid, enhancing the communication and attraction in the cultural field, gradually breaking through the "Peace Constitution" in the military field, and promoting the reform of strengthening centralization and improving the efficiency of decision-making, in order to explore and promote the process of national political transformation and supporte Japan's pursuit of the "dream of a big country" Japan's national political transformation is the result of the interaction of various internal and external factors, especially its own cognitive bias and behavioral defects. Japan has not solved the problem of national positioning, which makes it difficult for it to play a leading role in international affairs, and it is far away from the realization of its "great power dream" .

Keywords: Political Transformation; Overall National Strength; National Orientation; Japan – U. S. Alliance

Japanese Diplomacy in Asia

Miyaki Taizo / 39

Abstract: The existing studies on Japanese diplomacy in the postwar era mainly focuses on Japan – U. S. relations. However, it becomes more necessary in recent years to conduct studies on Japan's relations with other Asian countries. Japanese diplomacy in Asia in the postwar era can be regarded as a shift from a pattern of "Japan and Asia" to that "Japan in Asia". It contributes to the understanding of Japanese diplomacy in Asia in general if the concept of Asia from Japanese perspective and characteristics of Japanese diplomacy in different stages of development are examined. It has currently entered an era in which Asian diplomacy will have a huge impact not only on Japanese diplomacy but also on Japanese domestic politics.

Keywords: Japan; Asia; Diplomacy in Asia; Regionalism; Japan – U. S. Relations

From Power Shift to Paradigm Shift

—Changes of Japan's Perception of "China's Rise"

Wang Guangtao / 57

Abstract: With China's increasing comprehensive national power and relative decline of Japan, Japanese perception of China has become negative since the end of Cold War, among which the "China Threat Theory", the "China Collapse Theory" and "China Impact Theory" are prominent. Based on the perspective of power transition, this article analyzes the complex impact of the above-mentioned Japanese perception of China on Sino – Japanese relations in the context of the power shift from Japan to China and explores the possibility of paradigm shift relating to Japanese perception of China, as well as ways of promote positive changes of Japanese perception from the Chinese perspective.

Keywords: Sino-Japanese Relations; Power Shift; Paradigm Shift; Perception of China

An Analysis of Japan's Two Modern Transformation from the Perspectives of Historical Sociology

Zhou Weihong / 76

Abstract: From the perspective of the modernization theory, Japan's modernization transformation can be divided into two historical stages. By analyzing the history of Japanese society in those two stages, it can be concluded that Japan, as a "catch-up" country, compresses those two stages into a single stage in the process of moving towards modernization. Therefore, the development of Japanese social modernization presents the characteristics of "space compression", reflected the lack of individualism, the emergence and disintegration of modern family, the coexistence of democratic politics and aristocratic politics and the dual economic structure, which results in a mixture of the traditional and modern cultures together with eastern and western ideologies and institutional structures in the process of modernization. Japan's way to deal with the problem of the integration of tradition and modernization in the social transformation remain complicated and is worthy of further observation.

Keywords: The Modernization Theory; Modern Transformation; Social Change; Compression Modernization

· Social and Cultural Research ·

Ancestral Temple, State Ancestor and National History
—China – Japan Historical Exchanges

Kuroha Ryota / 110

Abstract: The ancient Japan introduced the legal system from China and made some appropriate amendment according to the situation of Japanese society and differences in social and cultural terms between Japan and China. For instance, the rules relating to the ancestral temple, which had not previously existed in Japan, were removed from the decree when introduced from China. But since then, the term "ancestral temple" had taken root in Japan, which didn't mean that Japan had created the temple, but that other things that existed in Japan were regarded as the temple. It was previously thought that in the early days of the Heiwa era (in the ninth century), the emperor's mountain mausoleum was regarded as the ancestral temple. Entering the Heiwa era of peace, Japanese emperor's ancestors gradually became gods in the Japanese perception, and the way of Japanese government in conducting sacrifice ceremony for the emperor's ancestors also changed. On that basis, Japanese historical perception, in which the emperor is the descendants of God and all the families below the imperial family also have a long tradition, was formed, which should be attributed to the fact that Japanese began to learn Japanese history and interpret the historical texts such as Nihon Shoshiki since the early days of Heiwa era.

Keywords: Japan; Ancestral Temple; State Ancestor; Sacrifice Ceremony; Shrine

· **Political and Diplomatic Research** ·

The Driving Factors of Japan's National Strategy

Sun Cheng / 123

Abstract: This paper attempts to analyze the such factors as nationalism, conservatism, power transition, geopolitics and alliance that have impact on Japan's national strategy. In terms of internal factors, nationalism serves as the fundamental ideology that dominates Japan's strategic direction in a specific time and under specific international environment. Politically, the influence of conservatism dominated by Japanese nationalism is much greater than that of other

Western countries, which can, under certain condition, turn to radical conservatism. Economically, Japan's characteristics of "late development" and the international environment of globalization ensure it to play a unique role in the process of power transition in East Asia, which is quite different from other power transition in the history. In terms of external factors, based on the international environment of East Asia and Japan – U. S relations in the postwar era, Japan chooses the theory of maritime power as the basic idea for its national orientation and strategy. Japan's dual attitude of nationalism and pragmatism towards Japan – U. S. alliance also has profoundly impact on the choice of Japan's national strategy.

Keywords: Japan's National Strategy; Nationalism; Power Transition; Maritime Power; Japan – U. S. Alliance; Positive Pacifism

· Economic Research ·

Cross-border Active Investors and the "Lost Twenty Years" of Japanese Economy

Xu Peng, Liu Hong and Yang Gongyan / 171

Abstract: The article, focusing on the reasons of Japan's economic decline from a new perspective, argues that the excessive credit support from independent banks and the refusal of zombie enterprises to withdraw are the main causes of the Japanese economy falling into the "lost twenty years", in which difficulties of zombie enterprises to withdraw are mainly due to the lack of pressure from the external capital market in Japan. The case of large companies such as Sony shows that the introduction of external supervisors or highly-paid foreign executives does not improve corporate governance, and positive capital market pressure is the only solution. Although cross-border active investors from countries represented by U. S. have entered Japan after the global financial crisis, their M & A have encountered defensive measures from Japanese companies, which have prevented them from playing their due role in Japanese corporate governance. Therefore, only by further promoting Japanese corporate governance reform and enhancing the role of cross-border active investors in it, can zombie enterprises smoothly withdraw from the market and then the vitality of Japanese economy will be stimulated.

Keywords: Cross-border Active Investors; Zombie Enterprise; Withdraw from Market; Corporation Governance Reform

Chinese Studies on Japanese Economy from 1998 to 2018
—A Bibliometric Analysis Based on CSSCI Journals

Zhang Tianshu and Yu Xinye / 188

Abstract: The development of Japanese economy provided useful experience for China's economic development. However, in the past twenty years, Japanese economy has been in depression. In that context, Chinese studies on Japanese economy in recent years have been also in a recession, with many scholars in this field switching to other field and the quality of articles published on related journals decline. The article, examining the articles on Japanese economy published on CSSCI journals from 1998 to 2018, argues that the development for Chinese studies on Japanese economy have undergone a process from rise, fluctuation, decline to dramatic recession and analyzes the reasons for the rise and recession. It focuses on the changes of topics of representative scholars and driving factors for the development of the studies, which may provide some reference for the development of Chinese studies on Japanese economy in the future.

Keywords: Japanese Economy Study; CSSCI Journal; Co-word Analysis; High-impact Author

《日本文论》征稿启事

　　为了促进日本研究学科发展，2019 年日本学刊杂志社创办学术集刊《日本文论》。《日本文论》将以半年刊的形式，由社会科学文献出版社出版发行，期待广大海内外学界同人惠赐高水平研究成果。

　　一、《日本文论》将以专题形式刊发重大理论研究成果；注重刊发具有世界和区域视角、跨学科和综合性的比较研究，论证深入而富于启示意义的成果；注重刊发应用社会科学基础理论的学理性文章，特别是以问题研究为导向的创新性研究成果。

　　二、本刊实行双向匿名审稿制度。在向本刊提供的稿件正文中，请隐去作者姓名及其他有关作者的信息（包括"拙著"等字样）。可另页提供作者的情况，包括姓名、职称、工作单位、通信地址、邮政编码、电话、电子邮箱等。

　　三、本刊只接受电子投稿，投稿邮箱：rbyjjk@126.com。

　　四、论文每篇不低于 1 万字。请附 200~300 字的中文及英文摘要和 3~5 个关键词。稿件务请遵守学术规范，遵守国家有关著作、文字、标点符号和数字使用的法律及相关规定，以及《日本学刊》现行体例的要求（详见日本学刊网 http：//www.rbxk.org）。

　　五、切勿一稿多投。作者自发出稿件之日起 3 个月内未接到采用通知，可自行处理。

　　六、本刊不收版面费。来稿一经刊出即付稿酬（包括中国学术期刊电子版和日本学刊网及其他主流媒体转载、翻译部分）和样刊（1 册）。作者未收到时，请及时垂询，以便核实补寄。

图书在版编目（CIP）数据

日本文论 . 2020 年 . 第 1 辑：总第 3 辑 / 杨伯江主编
. -- 北京：社会科学文献出版社，2020.10
ISBN 978 - 7 - 5201 - 7294 - 3

Ⅰ. ①日… Ⅱ. ①杨… Ⅲ. ①日本 - 研究 - 文集
Ⅳ. ①K313.07 - 53

中国版本图书馆 CIP 数据核字（2020）第 175053 号

日本文论 2020 年第 1 辑（总第 3 辑）

主　　编 / 杨伯江

出 版 人 / 谢寿光
组稿编辑 / 祝得彬
责任编辑 / 郭红婷

出　　版 / 社会科学文献出版社 · 当代世界出版分社 （010）59367004
　　　　　　地址：北京市北三环中路甲 29 号院华龙大厦　邮编：100029
　　　　　　网址：www.ssap.com.cn
发　　行 / 市场营销中心 （010）59367081　59367083
印　　装 / 三河市尚艺印装有限公司

规　　格 / 开 本：787mm × 1092mm　1/16
　　　　　　印 张：13.75　字 数：233 千字
版　　次 / 2020 年 10 月第 1 版　2020 年 10 月第 1 次印刷
书　　号 / ISBN 978 - 7 - 5201 - 7294 - 3
定　　价 / 68.00 元